职业经理人素质培育丛书

资助项目：会计学湖南省一流本科专业建设点、商科类专业**
湖南省学位与研究生教学改革项目（2021JGYB173）、国家**
铸牢中华民族共同体意识专项项目（ZL21086）、吉首大学教**
民族地区高校四位一体的新商科人才培养模式研究"。

Virtual Business Social Environment

虚拟商业社会环境模拟

欧阳胜／主编

李政忙／副主编

 经济管理出版社
ECONOMY & MANAGEMENT PUBLISHING HOUSE

图书在版编目（CIP）数据

虚拟商业社会环境模拟/欧阳胜主编；李政忙副主编．—北京：经济管理出版社，2022.8
（2024.1重印）
ISBN 978-7-5096-8679-9

Ⅰ.①虚…　Ⅱ.①欧…②李…　Ⅲ.①企业经营管理　Ⅳ.①F272.3

中国版本图书馆 CIP 数据核字（2022）第 156371 号

组稿编辑：郭丽娟
责任编辑：郭丽娟　白　毅
责任印制：黄章平
责任校对：王淑卿

出版发行：经济管理出版社
　　　　　（北京市海淀区北蜂窝 8 号中雅大厦 A 座 11 层　100038）
网　　址：www. E-mp. com. cn
电　　话：（010）51915602
印　　刷：北京虎彩文化传播有限公司
经　　销：新华书店
开　　本：720mm×1000mm/16
印　　张：20.25
字　　数：352 千字
版　　次：2022 年 10 月第 1 版　2024 年 1 月第 2 次印刷
书　　号：ISBN 978-7-5096-8679-9
定　　价：75.00 元

前　言

　　培养经济管理人才具有一定的特殊性，由于市场经济快速发展，早期对经济管理类人才的需求较大，随后经济管理类各专业也得到了快速发展，专业类别越来越细化，专业数量也越来越庞大。随着"大众创业、万众创新"的影响，创业企业数量越来越多。创业企业一般具有小而精的特点。技术创业企业认为，经济管理专业人才无法直接创造价值，除营销人员外，其他人员都是人力资源的浪费；还有些企业认为，经济管理人才并没有特殊的价值，可替代性很强，普通人只要通过一些"速成班"的短期培训就可以胜任企业管理的需要。大部分企业对经济管理人才的需求在减少。另外，服务于企业的经济管理人才培养体系出现两种情况：一种情况认为大学期间所有遇到的知识都重要，都需要学习，学生加入了很多社团，参加了很多活动，虽然个人能力有所提高，但所学专业知识无法形成体系，毕业后在企业的实际应用中不能发挥专业优势，与其他专业学生培养的能力相类似；另一种情况则认为学生应只专注于自己喜欢的一个领域，深入研究，再考研等，未来服务于大中型企业。而快速增长的创业企业对人才的需求增加，目前缺乏适用的经济管理人才，导致创业企业的成功率不高，就算通过"风口"等创业成功的企业，也难以做大做强。

　　本书以新道科技公司开发的 V 综平台为主线，结合经济管理人才培养的特色，设计出一套适用现代创业企业需求的人才培养体系。本书共设置了 40 多个可选择的体验岗位、可扩展的 5~12 个不同的管理单位、同时满足 40~200 人的模拟实习场景。从岗位学习到岗位体验，从岗前培训到职场体验，从被动学习到主动解决问题，从任务操作到整体认识，在 10 天的课程中，使学生完成从局部到整体、从被管理者到管理者、从在校生到职场新秀的快速转变，这个体系能快速适应创业企业灵活多变的需求。通过本课程的学习，能为企业培养急需的人才。

本书首先从课程、专业到跨专业的"三位一体"教学体系开始介绍；其次分析创新创业背景下人才的需求特点，结合实际情况，设置了课程讲授模式及整体安排；最后利用新道科技公司开发的 V 综平台使用手册，系统地分析了软件操作的相关流程。本书可作为经济管理各专业的专科生、本科生及研究生的实践教学指导教材，还可作为经济管理类教学及企业岗前培训的参考资料。

目　录

虚拟商业社会环境模拟

第一章 "三位一体"实践教学体系构建

《中华人民共和国高等教育法》明确规定："高等教育的任务是培养具有社会责任感、创新精神和实践能力的高级专门人才。"经济管理专业是一门应用性较强的学科，受行业隐私的特殊性影响，该专业学生无法利用专业知识进行企业实践。因此，需要打造校内的经济管理实践教学体系，努力为学生提供理论与实践相结合的教学平台。该教学体系的建立，既可以满足地方培养高素质应用型、创新型经营管理人才的需要，也是创新实践教学模式的有效补充，更利于推进地方经济快速发展，是提高当地企业经营管理水平的必要条件。因此，经济管理实践教学体系的建立对地方经济管理人才的培养具有重要的理论与实际意义。

一、高校经济管理实验教学中心建设理念

从经济管理实践对管理者基本能力与素质的要求出发，以服务地方社会经济发展为目标，以实现为地方培养能够从中小企业基层管理工作做起、留得住、用得上的具有职业经理人潜质和素养的应用型、创新型高级专门经营管理人才为着眼点，构建经济管理教学与实践体系。本体系突出实用性、前瞻性需要与可实现性相结合的建设理念，通过构建有效的创新能力实践教学体系和"产、学、研"合作机制，培养学生职业经理人潜在的素质和创新能力。

（一）更新实验教学观念

更新实验教学观念是经济管理专业综合实验室建设的先导。在经济管理专业综合实验室建设的过程中，我们将以夯实基础为指向，以提高素质为核心，以加强能力为要点，以培养人才为目标，推进实验室管理创新、制度创新、结构创新、内容创新。

（二）改善实验教学条件

改善实验教学条件是经济管理专业综合实验室建设的基础。在实验室建设过程中，为充分发挥投资效益，我们将遵循"教学上要适用、经济上要合理、技术上要先进、操作上要可行、内容上要创新"的指导思想，对经济管理专业综合实验室进行全面改造，充实实验室内涵，扩充设备套数，提高设备档次，优化实验教学环境，改进实验教学方法。

（三）推进实验实践教学体系改革

推进实验实践教学体系改革是经济管理专业综合实验室建设的重点。经济管理专业综合实验室的建设将打破经济管理专业的传统界限，将实验分成理论验证性实验（加深对课程内知识点的理解）、专业综合性实验（连通专业内的知识点）、跨专业模拟仿真实验（理解专业在社会中的作用）三个不同的层次，将各个实验（实践）内容进行交叉、渗透、融合，先开设验证性实验，再开设专业性实验，然后开设跨专业仿真综合性实验，使经济管理实践体系在整体构建上实现从低到高、从基础到专业，使学生从被动接受知识转为主动进行科学探讨。本书构建了新的大学经济管理专业教学体系，并且按照这一新的教学体系组织教学内容。

（四）壮大实验教学队伍

加强实验教学队伍是经济管理专业综合实验室建设的关键。为了保证经济管理专业综合实验室的可持续发展，一方面可通过交流、考察、培训、进修等方式进一步提高实验室现有教师队伍的业务水平和工作能力；另一方面实验室可引进勤奋、敬业、扎实、肯干的教师和优秀毕业生加入经济管理专业实验教学队伍，确保经济管理专业实验教学的质量。

（五）构建实验教学网络

构建实验教学网络是经济管理专业综合实验室建设的特色。在经济管理专业综合实验室内部建立实验教学局域网、广域网，在没有版权限制的条件下，可以开放到互联网中，建立基于网络的经济管理专业综合仿真实验系统，并实现实验教学安排、实验教学管理的现代化。

二、建立"课、专、跨""三位一体"的经济管理实践教学体系

建立适合高校"课、专、跨""三位一体"的经济管理实践教学体系，即整合现有资源，以企业经营为主线，结合经济管理专业理论基础，构建跨经济管理

专业的综合性实践教学体系；整合经济管理专业的大学一、二、三年级所学理论课程，根据经济管理专业的特殊性，建设一个跨专业的综合实践教学体系；以企业为核心，综合各理论课程的联系性，建立一个跨专业的综合实践体系。

（一）课程实验平台的建立

针对经济管理各专业人才培养的特点与社会对本专业人才的要求，配合为人才培养方案所设置的课程内容，建立以课程为主线的理论课程验证性平台。该平台的建立主要针对理解理论课程知识点的需要。此外，还需要购置理论课程验证性教学软件。教师在进行理论课程的教学过程中，为了更深入地理解理论与实际的关联性，将理论知识与实际应用相结合，从而建立该平台。如在经济管理核心课程管理学原理中，在对管理对象及职能的理解上，可通过课程教学软件，设定实验项目，在实验项目中验证人、财、物管理的区别；验证计划、组织、领导、控制在管理过程中的作用，并应用到实际生活中。经济管理类还有市场营销原理、经济学原理、统计学原理、电子商务、管理信息系统等基础性理论课程。本实验平台以经济管理专业课程为主线，从探索以企业为中心的政策流程出发，将经济管理内各专业课程进行有机整合，通过建立相互关联的实验室和开展综合实验项目，打造基于经济管理各专业的实验教学体系。

本实验平台主要是整合现有计算机设备，结合部分课程实验教学软件，完成文科类各专业课程的实验。

（二）专业特色的综合实验平台

在理解课程教学的基础上，将各关联课程结合起来，形成专业性的实验教学平台，该平台在思维上脱离了课程本身，主要从人才培养方案的专业目标出发，培养综合型人才。

专业综合实验平台的主要功能：模拟经济管理各专业各个岗位的主要职责，让学生从专业的特殊性出发来区别经济管理各专业与其他专业培养目标的不同点，并通过实验操作，了解本专业在市场需求中所必须理解的知识，掌握本专业需操作的所有流程。通过流程了解本专业各环节工作的内容及所需要的技能；了解经济管理各管理部门岗位的设置情况及业务流程；为学生提供模拟演练的实践环境，能够让学生分角色轮岗实习，达到掌握所有管理职能部门实务操作技能的目的；解决经济管理各专业课程设计、认识实习、专业实习和毕业实习的问题。在课程实验室建设的基础上，利用现有硬件平台，购置专业软件，模拟本专业的实践来深入理解专业的知识及重要性。如针对工商管理专业，可通过沙盘模拟软件让学生了解企业管理的全过程，树立全局思维观，使其在实际操作中意识到本专业的地位，让学生知道在企业运营中不能只重财务或生产。在模拟中，学生作为工商企业的管理者应该从全局角度均等分配资源，保证企业在合理计划、组织、领导及控制中完成六年经营。其他专业也可根据专业人才培养方案的目标通过专业综合软件，促进学生对专业知识的理解。

（三）跨专业综合实验平台

跨专业综合实验平台的目的是在理解专业知识之外，还需理解经济管理各专业的关联性；相互的作用是什么；离开其他专业的支持，本专业的地位如何。根据这一要求，结合学校现有的资源条件，可建立跨专业的模拟仿真实验平台，让学生在仿真操作中理解各专业间的相关性。可根据各专业目标的不同，建立多种功能的仿真模拟平台。

1. 企业管理沙盘模拟对抗实验室

根据职业需要，分别设立经济管理各专业职能主管独立办公室，如总经理办公室、财务主管办公室、营销主管办公室等。建立集中交流室，建设多个模拟谈判及交流实验室，使经济管理各专业学生在实验中模拟各职能角色，在不同环境下与过程中模拟演练。营造各角色的职业环境，使学生熟悉各角色的特点，培养驾驭角色及其灵活应变的能力。本实验室的主要功能有三个：①模拟制造企业，开展企业之间的模拟对抗运营。以沙盘形式，直观展现制造企业的运营流程，学生通过角色演练，在分析市场、确定市场份额、制定战略、组织生产、整体营销、资金运作、提高知名度及品牌建设等一系列活动中深刻理解商业活动，能够满足经济管理各专业学生在就业前对企业整体的认知，达到对以企业为核心的供应链的理解；模拟企业的综合实训，满足企业管理相关专业学生的毕业实习需求。②模拟商业连锁企业运营，开展客户需求沙盘模拟对抗。以沙盘形式，直观展现商业连锁企业的运营过程。学生通过角色演练，在分析市场、确定市场份额、制定战略、组织货源、整体营销、资金运作等一系列商业活动中深刻理解商业活动，能够满足经济管理各专业学生就业前的整体知识整合，达到对商业企业的整体认知；模拟企业综合实训，满足商贸专业学生的毕业实习需求。③模拟企业物流管理流程，开展物流沙盘模拟对抗。以沙盘形式，直观展现企业物流运营过程，学生通过分角色演练，开展物流运营沙盘对抗，能够满足经济管理等专业学生就业前对专业的整体认知；模拟企业综合实训，能够满足物流供应链等专业学生的毕业实习需求。

此类实训室可以共用场地，仿照企业环境建立一个能同时容纳2~3个教学班的模拟操作的空间，营造企业氛围，让学生学会团队合作，理解企业文化，投身企业经营。

2. 大学生创业模拟实验室

大学生创业是近几年解决学生就业的重要方法，在大学生创业的潮流中，由于经济管理学生具有专业优势，能起到主导作用，但在创业的实际过程中却有很多困难，为了避免可预见性的困难，经济管理专业院校必须建立大学生创业模拟实验室。本实验室的主要功能有：大学生创业模拟实验室模拟企业的运行，指导大学生进行模拟创业的实践。在教师的指导下，每5名学生组成模拟企业或团队，参与体验。教师为学生设定经营目标，让学生分工亲自管理所运营的团队，包括创业计划设计、创业筹备（申报）、创业沙盘对抗等，并对出现的问题和运营结果进行有效分析与评估，从而对企业管理中的各种知识技能有更深切的体会与感受，以达到提升综合管理技能与分析解决问题的能力的目的，解决经济管理所有专业学生的创业实训。

3. 企业营销调研情景模拟实训室

为了促进创业学生对市场的了解，必须让学生掌握市场调研的方法。本实验室的主要功能为：教师或学生通过企业营销调研情景模拟实训室（CATI-计算机辅助电话调查系统），利用对数据的实时采集和挖掘，来支持相关的市场调查、信息收集工作。间接来看，该实验室能帮助学生加强市场调查预测分析能力；能够促进品牌市场占有率、消费者行为学等与本专业相关的内容的研究；能够在开展学生创新型实习的同时，加强系内教学科研工作，承接校内外大型营销项目。

三、建设成效及总结

本教学体系的建设实施，能够突破原有计算机模拟实验教学的不足，为学生搭建了开放实验和创新能力培养的平台。利用该教学体系能培养出一支高水平的专业教学及技术队伍，进一步提升为地方经济社会发展服务的能力。

（一）突破原有计算机模拟实验教学的不足

跨专业综合实践教学体系将拟构建成层次化（管理结构及分工）、模块化（专业划分部门）、综合化（正确计划及管理决策）的情景模拟实践教学体系，突破原有计算机模拟实验教学体系的约束，提高实验（实训）中对现实经济管理的模拟程度，增强实验（实训）效果。

（二）搭建起学生开放实验和创新能力培养的平台

跨专业综合实践体系直接服务和受益的学生包括经济学、管理学、法学、文学等本科生和硕士生。另外，可向全校所有选修经济管理类专业课程的学生开放，间接服务全校各专业学生。依托本实践教学体系，还可完成学生学科竞赛、创新创业等项目，同时可为教学科研提供数据支持。

（三）培养出一支高水平的专业教学及技术队伍

随着跨专业综合实践教学体系的实施，学校将建成一支高水平的教学及技术队伍，将拥有自己开发教学软件、编写实验教材的能力。该教学体系还能满足教师和学生的实证研究、教学案例开发、教学软件开发、企业管理软件开发、精品课程建设等方面的需要。

（四）进一步提升为地方经济社会发展服务的能力

跨专业综合实践教学体系的实施，还将满足地方企业员工进修培训、企业新员工岗前培训、企业管理咨询、企业市场调查等社会需要，实现产、学、研的有效结合，为地方经济建设服务。

通过跨专业实践教学体系的实施，学生在仿真的企业和社会经济运作环境中切身体会管理的全过程，更全面、系统、规范地掌握各个业务环节的主要操作技能，提高对管理的感性认知和岗位技能，从而加深对所学理论知识的理解，实现理论与实际的有效结合。

第二章 "大众创业、万众创新"背景下地方高校文科实践教学体系建设的作用

随着经济社会的不断进步，我国为了顺应时代发展要求，不断释放中国民众的创造力，提出"大众创业、万众创新"的发展新思路。"大众创业、万众创新"也是对高校文科教学提出了新要求。"双创"背景下的地方高校文科各专业也应该注重虚拟仿真、实践教学环境的构建，这既是高校教学改革的一个重要方面，也为高校科研水平的提高提供了保障，同时更为培养具有创造力和创新性的高素质人才奠定基础。

一、"大众创业、万众创新"背景

（一）"大众创业、万众创新"的提出背景

当前，我国关于企业和人才发展的政策虽然众多但却没有形成系统，真正执行落实起来还有一定的难度，同时创新资金投入不足导致人才对于创新发展的积极性并不高，创新主体活力不足等导致我国经济形势的发展不容乐观，必须寻找新的动力和突破口以增强活力、蓄势待发。"大众创业、万众创新"的思想浪潮正是在这个背景下应运而生。

（二）"大众创业、万众创新"的主要内容

《国务院关于大力推进大众创业万众创新若干政策措施的意见》（以下简称《意见》）提出"大众创业、万众创新"的主要内容包括创新体制机制，实现创业便利化；优化财税政策，强化创业扶持；搞活金融市场，实现便捷融资；扩大创业投资，支持创业起步成长；发展创业服务，构建创业生态；建设创业创新平台，增强支撑作用；激发创造活力，发展创新型创业；拓展城乡创业渠道，实现

创业带动就业；加强统筹协调，完善协同机制。各个行业领域根据《意见》中的具体要求完善体制机制，开展创业创新引导。

（三）"大众创业、万众创新"对地方高校文科专业实践所提出的要求

"大众创业"与"万众创新"是相辅相成、相互促进的关系。一方面，大众的勇敢创业才能促使万众重视创新、勇于创新。同时，只有大众创造了广阔的市场前景，才能激发更多的创新欲望。另一方面，只有在万众创新的前提下，大众才愿意去创业、积极去创业。在这种全民创业创新的趋势推动下，我们也看到了"大众创业、万众创新"对高校文科专业实践课程活动提出了新的要求。高校在培养文科专业人才时，只有激发学生学习与实践的兴趣与愿望、充分发挥年轻人的主观能动性，才能取得较好的教学效果，最终实现预期目标。文科学生都是思想活跃、比较有想法的人，他们接受新鲜事物速度较快，同时不容易受到传统观念的束缚。各地区高校根据"大众创业、万众创新"的精神指示开展高校文科专业实践环境的发展和改革，不拘泥于仅有的教学模式，重视实践环境的营造，使学生们体验各类丰富多彩的实践课程，这不仅使学生在学校里能充分掌握所学知识，同时也有利于他们在步入社会以后解决就业问题。

二、"双创"背景下地方高校文科课程中进行实践教学的必要性

在"大众创业、万众创新"的背景下提出在地方高校文科课程中进行实践教学是推进和加快教育教学改革、提高高校文科教育教学水平、进行战略性教学突破的必然要求。

（一）实践教学是地方高校文科专业的主要内容

对于高校文科专业知识的教授不应只是拘泥于书本上的知识，教师也应具备开拓创新的精神，善于学习总结，借鉴先进经验，将实践教学真正融入文科专业知识的传授中去。一切不顾实践的学习都是没有现实意义的，尤其是在"双创"的大背景下，没有实践与创新的学习都是纸上谈兵。因此，实践教学应是地方高校文科专业的主要内容。

（二）创新教学模式的大环境要求地方高校文科专业进行实践改革

原有的教育模式已经不能完全适应社会的不断发展和高校文科专业人才对于知识的渴求，教育体制改革的要求日益迫切。目前，我国地方高校文科专业的学生实践能力较差，这制约着我国创新型人才的培养。这种现象的出现是小学、中学乃至部分高校对文科实践的忽视所导致的结果。有些高校管理人员认为理科专

业才需要进行实践操作，而文科专业只要熟记书本上的内容便可，这种想法是完全错误的。教育改革创新促成了高校对文科专业实践环境的高度重视和积极建设。

（三）实践教学在促进地方高校文科专业不断发展中发挥着重要作用

高校文科实践教学包含着多方面的内容：文科专业实践平台的建设和科学应用、开展社会实践调查和撰写报告、收集整理各类资料……这都有利于高校文科专业学生在实践过程中充分收集到与本学科相关的一些资料信息，同时在论文创作时可以更好地理解和运用各种资料信息，增加选题资源的多样性、创新性和社会真实性。这种做法既开阔了学生的视野，也有利于他们更好地认识社会感知社会，同时这也是"大众创业、万众创新"对于新社会人才的基本要求。

（四）文科专业实践的提出和应用有利于提高高校的科研水平

民族地区高校科研水平的高低既受到教师队伍整体素质的影响，也受到各学科专业实践能力高低的影响。科研是离不开实践的，一个高校，越是注重专业实践的开展，学生和教师从中的收益就会越大，对于知识的理解也就越深刻。因此，文科专业实践的提出和应用直接决定着学校科研水平的高低。

三、以吉首大学大文科实训中心为例，开展民族地区高校文科专业实践平台发展进程研究

在"大众创业、万众创新"的背景要求下，我国已经有多所高校开展了文科专业实践课程的研究。以吉首大学大文科实训中心的建设和发展为例，探讨民族地区高校文科专业实践环境发展的做法、经验。

吉首大学的实践教学基地主要包含两个方面：一个是大文科实训中心实验室，另一个是因实际需要而模拟的企业实习基地。通过两个基地的配合，更好地实现学生投身实践的目标。在吉首大学的大文科实训中心还有企业实际运营方式的模拟，也就是说，学生在实训中心内既可以学习基本的实践常识，也可以体验企业的实际运营管理模式。

（一）文科实验室的建设背景、管理理念及建设模式

在"大众创业、万众创新"的新时代背景和教育教学改革的要求下，为了使吉首大学的学生能够赢得更好的就业机会和发展机会，学校在教育教学方面也面临着许多挑战。为了顺应时代发展要求，切实转变教师的教学理念，树立教师的实践教学意识，切实将学校、学生、社会、企业有机地联系起来，使其真正地

成为一个有机整体，吉首大学决定建立大文科实训中心平台，借助该实训中心平台使学生们获得更多的实践机会，而不只是局限于书本知识，避免学生步入社会后无所适从。这既是学校在"双创"背景下实现的新突破，也使学生有了更好的创新创业的舞台。

吉首大学大文科实训中心是以企业为核心的跨文科专业的实训平台。吉首大学于1994年提出商学院的手工会计模拟实验，实训概念由此得到界定；2008年建立第一个电算会计信息化课程实训平台；2010年建立电子商务、财务管理、国际贸易等实训平台；2012年又建立工商管理专业特色的实训平台，实现了第一个专业平台建设，为跨专业的大文科实训中心的建立奠定了基础。所谓的"跨文科"，就是要打破专业、课程甚至是学科之间的界限和限制，坚持以企业作为主体，致力于培养出适合民族地区创新创业的企业经营管理人才。

吉首大学大文科实训平台分为三级建设模式：第一级为课程实训室，涉及手工会计模拟、数据分析、电子商务、国际贸易、市场营销、人力资源管理等课程的实训，学校为该实训室投资400余万元购入计算机设备和课程教学软件等实训材料；第二级为专业实训室，主要是工商管理专业特色实训中心，占地100平方米，学校为该实训室投资150万元购入各类教学设施；第三级为大文科实训中心，该实训中心结合实践教学的实际，以童车制造企业为案例，虚拟3~8家（具体根据学生数量确定）制造企业、2~4家商贸公司（童车购买）、工贸企业（原材料供应）和1家政务服务中心（处理企业日常政务工作，如工商、税务、银行等）进行经营，建设成为以"实物情景模拟、计算机模拟和虚拟场景模拟"为主要内容的实训平台。

（二）文科专业实践平台人才培养机制介绍

吉首大学大文科专业实训平台以企业为核心、以实际工作场景为依托、以教师为指导开展实践教育教学活动。在此借助实际工作所得到的经验，以案例的方式对该实训平台的人才培养机制进行详细介绍。

案例一 以较早提出实训操作模式的电子商务专业实训为例

吉首大学与一家电子商务公司达成了学生实践培养协议，该公司的一些简单办公设备和服务已经转移到了吉首大学实训平台，为学生提供了良好的硬件实践设施。同时，实训中心与该企业共同研发了一套基于电子商务专业的教学实践的系统。该系统涉及电子商务专业的各个方面：电子商务网站的登记注册、商品发布系统的完善、CA认证与电子银行的应用、网络营销实践、C2C和B2B等模式、物流网络的操作、网上单证的处理等业务和流程的学习，学生通过电子商务环境下的实践练习怎样把握商机、如何进行相关业务的处理。学生在具体的实践训练过程中通过任职于该企业不同的部门岗位，负责不同的具体业务，从而达到模拟实际业务活动全流程的目标，并进一步理解、巩固与加深已经学习过的理论和工作方法，从而使学生发现问题、分析问题和解决问题的能力都能得到不同程度的提高。学生在实训过程中能够充分发挥自身的特长和主观能动性，在实践过程中将理论知识深深地印在脑海之中，为将来的实习、工作奠定良好的实践基础。

该实训系统对学生提出了具体的操作工作和任务。其中比较有代表性的工作有：电子商务网站商品的发布——通过在网站上完善和丰富产品信息，使潜在客户充分了解到商品的特点和优势，从而为商品良好的销量奠定基础；网络营销实践——通过引用该系统进行练习，使学生掌握多种电子商务营销方法和技巧；物流网操作——电子商务的快速发展与物流息息相关，通过快捷的物流运输，使商品及时送达到顾客手中，学生通过该系统可以熟练掌握有关物流方面的操作。

当然，这只是电子商务实践训练过程中的一小部分内容。实训平台为学生提供了大量的工作练习，同时，学校定期聘请企业的专门人员对学生进行培训，交流工作时的各种经验和心得体会，这对于学生来说有着重要的意义和价值：未步入社会之前便先感受到这种紧张而严峻的工作氛围，为其将来走上就业岗位打下了心理基础，不至于过分紧张。在吉首大学工商管理、市场营销等专业中有很多学生因为平时在实践工作中积极学习、表现突出，毕业以后顺利与合作公司签订了就业协议。当其他学生还在为工作发愁时，他们已经开始赚钱了，这就是实训平台为他们创造的良好机会。

案例二 以建立虚拟商业社会环境实训为例

2015年吉首大学与新道科技有限责任公司签订了合作协议，并购买了公司的VBSE教学软件，用于跨专业综合实训教学，并且在使用过程中，参与公司的软件优化与功能改进，让授课教师全面了解软件的特点，可以结合软件的内容进行开放式实验项目的实施。该软件集成了企业系统的全过程，实训内容涵盖了公司登记注册、人力资源管理、生产管理、公司架构、成本管理、营销管理、财务管理、企业规划及企业战略、资金管理及资本经营、企业发展规划和商业计划书、政府政策支持及服务提供等,从企业运营模拟、企业经营决策分析等多方面为学生实训、实习提供系统解决方案。学生们通过该软件可以实践大文科类各专业的各项具体工作。在实践过程中,相关教师将信息量巨大的教学软件系统划分为若干个小实验,并编写实验指导书,学生可以在动手的基础上将内容进行完全的消化吸收。同时,为了充分发挥学生的主体地位,教师在实践活动设计时坚持以学生自我训练为主,充分发挥学生的动手能力。

在运用系统软件进行模拟操作的同时,学校创造机会让学生参与到企业中去,实训中心经常组织相关学生参与到企业的经营中。在专业教师的指导下,学生们根据企业进展情况分工负责登记注册、人事档案管理、ERP 策略分析等不同的工作。在工作中遇到的问题既可以寻求专业教师的帮助,也可以在模拟软件上寻找答案。实习活动结束后,学生们总结心得体会,互相交流,实践效果显著。例如,通过该实训平台由学校学生组成"创客"团队成立的秀才汇电子商务有限公司,成立之初就是由学校工商管理专业实训团队的人员帮助"创客"们完成相关指导等工作的。同时,有两位表现突出的学生也加入了"创客"团队,在"大众创业、万众创新"的大背景下,这既解决了企业创立初期的用人难题,又让学生们切实在实践中锻炼了自己。

吉首大学大文科实训中心在人才实践培养环节的主要流程有:构建真实实践情景(建立虚拟平台)、由教师或企业负责人发布实际工作任务(在平台上发布相关任务)、梳理工作流程(在学生完成任务的过程中梳理业务流程)、进行科学决策(根据所学专业知识进行科学决策)、执行具体操作(学生根据确定的科学决策,进行实际操作训练,提高执行力)、实践成果展示(实训操作过程及决策结果会表现为学生的盈利情况,所有企业的利润就是学生的成果)、画龙点睛(在学生成果中,老师再指点各种方案的利润点,引导学生在创业过程中应该注意和刻意回避的相关事宜)、延伸总结思考(教师引导学生根据自身实践经验进行延伸思考,以达到实训的预期目标效果)。

(三)文科专业实践平台的主要运行机制

吉首大学大文科实训中心在运行过程中坚持"全过程、递进式、立体化"的基本原则,该实践教学模式以课程实践、市场调研为主要方式,以实习、就业为最终目标,并辅之以科研实验、学生社团活动等。教师在每次实践活动之前都要设计科学合理的方案,多角度、多层次地安排学生的实践活动。

构建学校与企业相结合共同培养实践人才的机制。学校组织学生的实践课程，要坚持以学生为主体，以企业需求为主导，实践的最终目的是使学生进入企业，解决就业，以实践活动为载体培养企业急需的人才是实践课程的最终目标。

进行专业特色鲜明的社会实践调研工作。实践活动离不开社会调研，不能只将学生关在实验室中闭门造车。吉首大学大文科综合实训中心始终坚持"不同专业、不同安排"的实践原则。不同专业的实践调研对象不同，例如，工商管理专业需要深入企业内部员工之中展开调研，而像国际贸易、市场营销专业则需要到市场中针对竞争对手的价格、服务种类等进行调研。教师根据学生实际培养能力的需要，制定目标，组织学生开展调研活动，学生在活动结束后就调研报告进行交流，互相学习、借鉴。

坚持以教师为主导、学生为主体的实践活动与课堂教学相结合的模式。实践活动要以课堂理论教学为基础，教师要结合学生自身和社会实践的实际，科学合理地制定设计教案，该过程分为三个阶段：首先是理论知识传授阶段；其次是学生研究讨论、提出问题阶段；最后是开展实践、总结提升阶段。各阶段之间是环环相扣、衔接紧密的，任何一个阶段的重要性都不可取代。以"财务管理"专业的实训为例，没有理论知识作为支撑，学生们是无论如何也开展不了实际做账、管理工作的，教师将基础理论知识传授给学生，学生在教师的帮助下使自身遇到的实际问题和困惑得到解决以后，进入实训中心，利用实训软件开展实践训练、进入企业学习实战经验，这才是学习实践的正确流程。

注重加强实践教师队伍培养，提高教师整体素质。教育教学改革对教师队伍素质提出了更高的要求，吉首大学实训中心注重对教师实践教学能力的培养，经常创造教师与企业负责人学习、交流的机会，以便在教授学生、制定实践教学方案的过程中能够更专业，将更多的经验与学生分享。

（四）文科专业实践平台运行以来取得的成绩和进展

吉首大学的大文科综合实训中心自 2015 年成立以来，在各级领导的关怀、帮助和支持下，已经累计培养了 5000 余名文科专业学生，实施的教学课程有近 10 万人次参加，学生获得了近 20 余项各类奖项，在全国大学生沙盘模拟大赛中连续四年取得湖南省一等奖。同时，在新时代环境要求下，实训中心更加注重对于"创客"的培养，该平台不仅为有志于成为创客的学生提供良好的硬件配套设施和环境，学校内各位精英讲师和教授也可以为学生在创业过程中遇到的各种难题进行实际意义上的分析和疏导，从而使"创客"设计的各类产品和方案更能适应社会和企业的需求，以为其赢得广阔的市场空间奠定基础。正是在软、硬件的匹配帮助下，实训平台培养孵化出了多家以学生"创客"为主体的优秀企业，具有代表性的主要有秀才汇电子商务有限公司、聚才惠商贸有限公司、咚咚水果屋等企业。

吉首大学的大文科实训中心不会满足于现有的成绩，学校会继续借鉴国内外的先进经验，继续对文科类教师进行更加专业的培训，使其设计的实践课程教案更能满足社会的要求，从而达到根据企业需求培养人才的目标，为将来学生就业、创业提供更加广阔的空间。同时，学校也准备加大对大文科实训中心的资金投入，购置综合类跨学科的大学科实训教学软件，为学生实践学习提供更逼真的环境。学校还与多家企业进行沟通，初步与8家企业达成合作意向，这些企业也决定进驻大文科实训中心，将企业的基本实践工作向学生进行开放。

四、高校文科专业开展实践教学的作用和价值

高校文科专业开展实践教学具有重要的作用和价值，这种教学模式不仅是根据社会、企业需求培养人才的新型文科专业人才输送方式，同时也为文科类学生的就业创业提供了更为广阔的前景。通过实际的教学经验总结出实践教学的以下三点重要作用：

（一）有利于文科专业高素质人才的培养

单纯地利用课堂时间教授书本上定向思维的知识已经完全不能满足社会经济快速发展对高素质人才提出的新要求，因此，在教育教学改革的大背景、大环境下，社会、企业都对学校提出了要根据实际开展实践教学的要求。实践教学以理论知识为基础，同时又将工厂和企业的小部件设备搬到实训中心来，完全由学生进行操作、演练，使学校解决了实际教学器材短缺的问题，同时也使文科类学生切身感受到工厂和企业的实际工作环境和场景，这就使文科学生在工作后比没有经历过实训的学生具有更多的实践优势，从而有利于文科专业高素质人才的培养和输送。

（二）有利于学生素质的全面发展

大文科综合实训中心的建立、大文科实践教学课程的设计和开展，不仅使学生可以通过实践加深对理论知识的理解和掌握，也使他们真正地接触到企业工作，在遇到各类难题时，可以站在企业的角度去思考最优的解决方法。因此，文科专业实践课程安排对于提高学生的实际操作能力、解决问题的能力、创新能力

和独立思考的能力都具有重要的意义和作用，有利于文科类学生的全面发展，从而更好地适应社会，满足企业对于人才的基本素质的要求。在吉首大学的大文科实训中心参加实践训练和学习的学生，整体素质明显高于其他院校没有参加过实训的学生。他们中的很多人在还没有毕业的时候就由于在实践活动中表现突出，而与湖南省多家企业签订了就业协议；还有一些学生在"大众创业、万众创新"的大环境下，立志于自己当"创客"，自己办企业，像秀才汇电子商务有限公司、聚才惠商贸有限公司、咚咚水果屋都是由吉首大学的学生自己创办的。大文科综合实训平台给他们提供了很好的机会，助力他们实现梦想。

（三）有利于高校文科课程的教改创新

高校文科专业实践环境建设是教育教学改革创新的一个重要方面。在文科实践教学开展的过程中，学校教学设备和学生的整体情况都不尽相同，在实际教学课程的开展中会遇到各种问题，教师根据经验解决问题的过程提高了教师队伍的整体素质，这也是教改创新过程中教师战胜挑战的基本要求。在实训过程中，学校应该积极大胆地将学生放到实践环境和企业中去，学校可以与企业达成协议，使企业根据自身的实际需求有目的地培养学生，切实解决高校文科学生实训难的问题。同时，企业也可以根据学生在实训过程中的表现，选择适合企业且可以留在企业工作的学生，这样一来，不仅解决了企业招聘高素质人才难的问题，也为学生解决了就业问题，一举两得。

1. 地方高校文科专业实践环境发展前景

地方高校文科专业实践环境发展是未来高校重视文科专业、培养文科人才的重要途径。在学校各级领导和相关职能部门的关心、帮助和大力支持下，财政经费大力扶持文科实训平台的硬件设施建设，地方高校文科专业实践环境发展前景广阔。本书根据实际教学工作经验，对民族地区高校文科专业实践环境发展对策进行了深入思考。

2. 地方高校文科专业发展要面向地方实际进行转型定位

地方高校的文科专业要依据本地特色区位需求进行安排和设置，其重点是培养为本地重点行业服务的各类人才。各高校要紧密结合"地方性"企业的实际要求，将文科人才的培养工作嵌入到企业、工厂中去。传统的文科专业很难培养出企业急需的应用型人才，但是学校可以通过采取与企业融合、与地方融合、加强对学生实践调研能力培养等多种方式进行高校大文科专业的正确定位和转型升级。从而形成既能适应当前社会经济发展的需求，又能符合文科人才的培养规律，同时又体现自身办学特色的人才培养模式。

3. 打造符合实际需求的专业内涵

大众化特点显著的教学方式提高了国民的整体素质，但在"大众创业、万众创新"的背景下，现阶段国家对于创新型、应用型的文科人才还有很大的需求量。这就要求不同民族区域、不同特色的高校也应该在坚持服务本地企业、创新本地经济发展模式的基础上根据自身优势设置符合实际的文科专业，不能"千校一面"。这样，可以实现高校与市场的积极联动，既能坚持文科专业发展的特色要求，又能凸显区域的特殊性要求。

4. 注重完善实践软、硬件设施

在地方高校文科实训平台的操作运行过程中，实际企业工作场景模拟、实践工作软件应用可以将学生切实置身于实际工作的环境中，体验工作中可能遇到的突发情况和问题，这对于学生掌握工作方法，提高思考、创新和解决问题的能力都是十分有益的。以吉首大学大文科综合实训中心为例，该中心利用学校购进的"VBSE综合实训"软件，使实验室实训内容涵盖了公司登记注册、人力资源管理、生产管理、公司架构、成本管理、营销管理、财务管理、企业规划及企业战略、资金管理及资本经营、企业发展规划和商业计划书等，从企业运营模拟、企业经营决策分析等多方面为学生实训、实习提供系统解决方案。学生们通过该软件可以学习并实践企业的各项具体工作。

5. 注重培训，提高教师的实践教学能力和水平

在文科专业实训平台的运行过程中，教师还是发挥着主导作用的。教师结合理论知识制定出科学合理的实践活动方案，学生根据方案展开实践、调研，并在活动后进行归纳总结，才能取得实践活动的预期效果。教师实践活动教案的合理性是保证文科实践活动顺利进行的前提条件。因此，学校要加强对教师队伍的培训，多多创造与国内外特色优势院校、当地企业的学习、对接和交流活动，让教师可以借鉴先进经验，从而提高实践教学水平和教师队伍的整体素质。吉首大学与当地的20多家企业达成了长期合作关系，企业负责人不仅亲自到文科实训中心与学生互动交流企业在实际运营过程中出现的问题与各种解决对策，同时在活动结束后，学校也会邀请企业领导对教师展开集中培训，增加教师的实践经验，这也是吉首大学实践活动教学成效优于其他院校的一个主要原因。

第三章 虚拟商业社会环境课程介绍及整体安排

一、课程介绍

虚拟商业社会环境（Virtual Business Social Environment，VBSE），是个面向院校的跨专业综合实践教学平台。通过对真实商业社会环境中典型单位、部门与岗位的系统模拟，让学生体验身临其境的岗前实训，认识并熟悉现代商业社会内部不同组织、不同职业岗位的工作内容和特性，培养学生从事经营管理所需的综合执行能力、综合决策能力和创新能力，使其具备全局意识和综合职业素养。综合实训的基本目标定位是培养高潜质、有全局观的实务型岗位人员。虚拟商业社会环境组织结构如图3-1所示。

图3-1 虚拟商业社会环境组织结构

（1）能够根据业务岗位要求，填报与完成业务流程相关的单据、表格，熟悉该岗位日常工作要求与常用表单的逻辑关系。

（2）理解岗位业务相关上下游部门的合作关系及对其他业务可能造成的影响。

（3）理论结合实际，增加学生对企业实践和企业业务的认知，了解真实企业中的典型岗位和典型业务流程。

（4）体验和感受企业的思考方法和业务培训方法，了解当前毕业生与企业人才之间的能力差距。

（5）能够综合运用管理知识，针对较为前沿的管理目标，提出对业务的优化建议。

为虚拟商业社会提供企业运营模拟实习的引导系统和相关教学环境，让学生在自主选择的工作岗位上，通过完成相关岗位对应的工作任务，学会基于岗位的基本业务处理，体验基于岗位的业务决策，理解岗位绩效、组织绩效之间的关系；真实感受企业三流（物流、信息流、资金流）的全过程；全面认知企业经营管理活动和主要业务流程；体验企业职能部门间的协作关系以及政企合作相关的外围相关经济组织与管理部门之间的业务关联。学生通过反复练习，进而形成符合现实经济活动要求的行为方式、智力活动方式和职业行为能力，达到全面认知企业、体验岗位的目的。通过不同职业的角色岗位训练，使学生在从事经济管理中锻炼综合执行能力、综合决策能力和创新创业能力。虚拟商业社会环境供应链如图 3-2 所示。

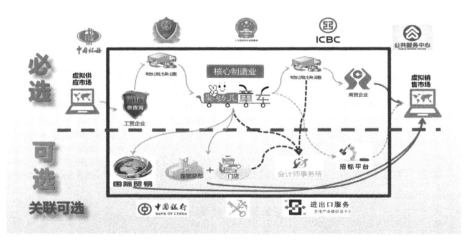

图 3-2 虚拟商业社会环境供应链

二、整体安排

（一）实训课程设计原则

实训课程围绕相互竞争的离散制造企业为核心，设计相应的仿真模拟环境，在实训中会涉及岗位知识、技能的运用，同时更注重能力、素养的表现与反思，通过反思来不断强化学生的能力和综合素质。虚拟商业社会环境的整体设计如图3-3所示。

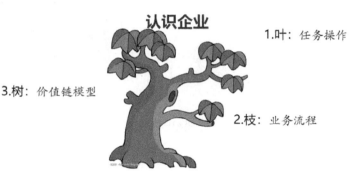

图3-3　虚拟商业社会环境整体设计

（二）实训环境设计

（1）实训环境需要全仿真企业情景，需要在实训中为学生提供物理上的运营场景及电子方面的操作过程。实训中心在物理上为学生提供了全仿真的实训场所，如全仿真的政务服务中心（见图3-4），用于政务（工商、税务等）、银行、会计师事务所、服务公司、物流、国际贸易、联锁超市等企业外围服务职能培训。

（2）仿真设计企业的管理岗位，设置了用于处理制造企业管理工作的办公场景（见图3-5）。

（3）仿真工贸企业、商贸企业的相应岗位，用于处理原材料采购及供应制造企业生产所需的原料；用于购买制造企业童车，并销售给虚拟市场。模拟的工贸、商贸企业办公环境如图3-6所示。

图 3-4　模拟政务服务办公环境

图 3-5　模拟制造企业办公环境

图 3-6　模拟工贸、商贸企业办公环境

（三）实训课程总体安排

为了达到情景效果，最优课时安排需集中时间，在封闭的环境中进行连续授课。本课程在实施中利用 10 天（利用两周实训周）模拟企业半年（6 个月）的运营过程。具体课程安排时间如表 3-1 所示。

表 3-1　课程安排时间

学生学习组合表			
授课时间	虚拟日期	教学内容	授课安排
第 1 天	2019 年 1 月 5 日	实训动员、CEO 竞选、团队组建	动员、团队组建阶段授课
	2019 年 1 月 5 日	期初建账	期初建账授课
第 2 天	2019 年 1 月 5 日	固定数据月初经营（学习阶段，用铅笔书写单证，联单只用第一张）	固定数据阶段月初授课
	2019 年 1 月 25 日	固定数据月末经营（学习阶段，用铅笔书写单证，联单只用第一张）	固定数据阶段月末授课
第 3 天	2020 年 1 月 5 日	自主经营月初经营（学习阶段，用铅笔书写单证，联单只用第一张）	自主经营阶段月初授课
	2020 年 1 月 25 日	自主经营月末经营（学习阶段，用铅笔书写单证，联单只用第一张）	自主经营阶段月末授课

续表

授课时间	虚拟日期	教学内容	授课安排
		正式经营（作为考核成绩）	
第4天	2020年1月5日	企业自主经营月初/月末工作；制造业与供应商、客户谈判，签订合同	自主经营授课
第5天	2020年1月25日	企业自主经营月初/月末工作；财务核算，CEO经营总结	自主经营授课
	2020年2月5日	企业自主经营月初/月末工作；制造业与供应商、客户谈判，签订合同	自主经营授课
第6天	2020年2月25日	企业自主经营月初/月末工作；财务核算，CEO经营总结	自主经营授课
	2020年3月5日	企业自主经营月初/月末工作；制造业与供应商、客户谈判，签订合同	自主经营授课
	2020年3月25日	企业自主经营月初/月末工作；财务核算，CEO经营总结	自主经营授课
第7天	2020年4月5日	企业自主经营月初/月末工作；制造业与供应商、客户谈判，签订合同	自主经营授课
	2020年4月25日	企业自主经营月初/月末工作；财务核算，CEO经营总结	自主经营授课
第8天	2020年5月5日	企业自主经营月初/月末工作；制造业与供应商、客户谈判，签订合同	自主经营授课
	2020年5月25日	企业自主经营月初/月末工作；财务核算，CEO经营总结	自主经营授课
第9天	2020年6月5日	企业自主经营月初/月末工作；制造业与供应商、客户谈判，签订合同	自主经营授课
	2020年6月25日	企业自主经营月初/月末工作；财务核算，CEO经营总结	自主经营授课
第10天	上午	各学生团队成果展示及老师点评	自主经营授课
	下午	老师总结并整理相关单据	自主经营授课

（四）实训课程培养目标及岗位职责

能力目标——综合执行能力、综合决策能力和创新创业能力。在复杂市场营销环境下的企业经营中学会工作、思考，从而培养自身的全局意识和综合职业素养（具体内容：理解企业组织结构及工作流程，各部门间协调配合工作）。

知识目标——理论联系实际，加强对所学理论知识的运用与理解，完全掌握经济管理所有知识目标（具体内容：运用管理职能处理管理中的业务，运用谈判技巧获取有利的原料或成品的价格等）。

日常任务有以下八个：

（1）所有员工每天必须完成实习日记，每次会议都要做好会议记录，最后一天完成实验报告。

（2）所有员工调整心态，转换角色，增强自主学习能力，学会利用各类信息获取工具解决日常的工作。

（3）处理好工具与目标之间的关系，要成为工具的主人，不能被工具所束缚。学习目标要明确，以免进入知识盲区。

（4）管理者要学会放权，员工需要自我成就感，给员工一定的权力，自我完成职责内的所有事务。

（5）每位员工具有强烈的责任心与归属感，重在参与，发挥个人最大才能，为企业做出最大贡献。

（6）积极参与企业所有活动，要有全局意识，企业利益高于个人利益。

（7）管理者要制定好企业战略，指引企业发展方向，避免让员工失去目标。

（8）做好团队内部及与合作企业的沟通工作，获取有价值的信息，为企业正确的战略提供支持。

（五）教学过程

1. 实习动员与团队组建

（1）实习动员。在仿真实习开始之前，老师就本次实习的目的、内容、时间安排、组织形式、实习要求、实习考核等内容做统一宣讲。通过实习动员会使学生理解本次实习的意义、明确实习的要求及工作规范、了解实习考核评价指标体系。

（2）系统操作培训。进入系统：在图3-7的界面中输入已注册好的账号与密码进入系统。

业务操作：系统业务操作流程相对简单，主要通过"待办任务""已办任务""发起任务"三个部分完成相应业务。在自主经营前，系统中只有待办任务，每天需要自下而上地完成所有待办任务。自主经营开始后，可以根据业务需要自主发起待办任务，发起新的任务后才能行成待办任务。具体待办任务如图

3-8 所示。

图 3-7　进入系统界面

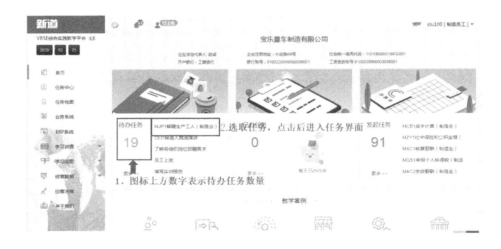

图 3-8　待办任务

　　业务操作步骤：所有系统操作都分"工作流程""填写单据""业务操作"三步进行。在每一步骤中一定要认真操作，以免没有进行相应的操作，而导致无法完成任务，具体操作如图 3-9～图 3-11 所示。

　　第一步看"工作流程"，了解各部之间的合作步骤。

图 3-9 工作流程

第二步看"填写单据",认真填写当前单据内容,以免影响业务正常操作,当看见图 3-10 中"当前活动无线上单据"字样时,才无须填写单据,并进行下一步。

图 3-10 填写单据

第三步看"业务操作",查看具体操作内容,按要求完成相关操作,当看到图 3-11 中"当前活动无业务操作"字样时,表示当前无须进行操作,并进行下一步。

任务中心 > MCG13到货并办理入库（制造业）

工作流程　　填写单据　　**业务操作**　　决策依据

当前活动无业务操作

图 3-11　业务操作

其他系统操作可参照图 3-12~图 3-14。

图 3-12　学生签到

图 3-13 CEO 报名参选

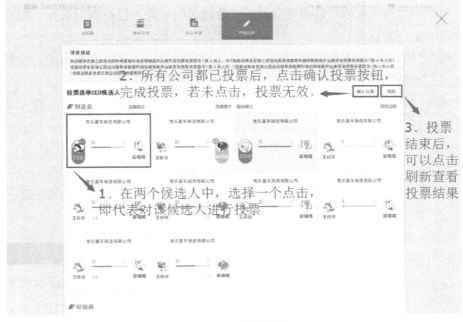

图 3-14 选举投票

（3）综合素质测评。实习之前，对所有同学做综合素质测评。综合素质测评由实习系统自动抽题、自动计分，题目类型包括基本素质、通用管理、营销、采购、生产、仓储、人力资源、行政管理、财务等各方面内容。

在参与仿真实习的学生中，根据岗位胜任力测评结果，选取综合测评最高的学生作为 CEO 备选人选，再参考个人意愿及教师推荐，指定若干 CEO 候选人。

（4）竞聘 CEO。CEO（Chief Executive Officer），即首席执行官。首席执行官是在一个企业中负责日常经营管理的最高级管理人员，也称行政总裁。CEO 向公司的董事会负责，在公司或组织内部拥有最终的执行经营管理决策的权力。在企业全景仿真综合实习中，采用竞聘方式确定每个管理团队的 CEO，步骤如下：

首先，竞选发言。由竞聘者陈述对 CEO 角色的理解、价值主张、处事原则等。

其次，所有参与实习的学生可以参与投票。最终以竞聘者得票多少决定是否胜出。

（5）招聘管理团队。为了快速组建公司管理团队，CEO 需要立即着手招聘企业人力资源主管。待人力资源主管选定后，和人力资源主管一起制作招聘海报、提出岗位职位要求，收集、筛选招聘简历，面试应聘人员。

每个学生持个人填写的应聘登记表去意向单位应聘，经过双向选择，最终确定自己的企业及岗位。

每个同学应充分重视这次面试，认真填写招聘简历，不得有空白处，并做好面试前的准备工作。

团队招聘完成后可以先不确定岗位，公司第一次会议时可以做一些互动游戏，了解每一位成员的特点，CEO 可根据个人性格不同来确定岗位。

（6）员工上岗。所有人员上岗步骤如图 3-15～图 3-18 所示。

首先，在主页中点击"我要应聘"进入上岗页面。

其次，在图 3-16 的 1 处选择要自己要上岗的机构，在 2 处选择自己要上岗的企业，在 3 处选择自己要上岗的岗位。

最后，维护个人信息后，点击提交，上岗操作完成。

2. 工作交接

（1）公司成立，熟悉企业基本情况。公司管理团队确认后，CEO 召开公司成立大会，介绍公司组织机构，对企业战略和企业未来发展前景与管理团队进行分享。

图 3-15　人员上岗一

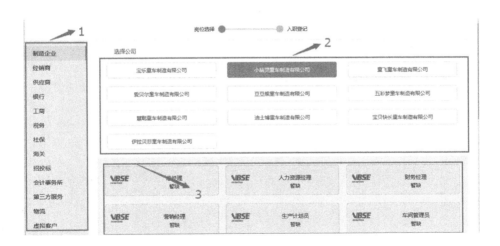

图 3-16　人员上岗二

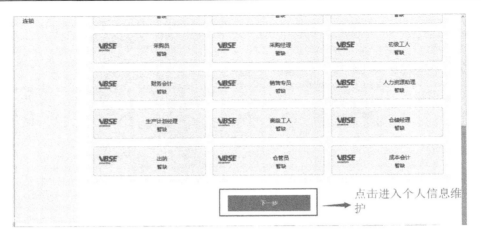

图 3-17　人员上岗三

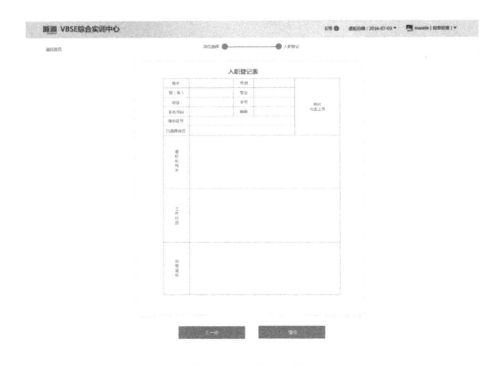

图 3-18　维护个人信息

（2）领取办公用品。在正式开始实习之前，需要领用必需的办公设备及办公用具。

信息化时代，课程系统支持所有电子设备操作，所有员工可以利用自己的平板、笔记本电脑或者智能手机进行线上操作，学校为所有员工提供了交易、交流所需的场地，供所有员工免费使用。

除此之外，还需领用实习要用到的单据、账表、企业公章、模拟货币等。

办公用品领用完成后，各企业各岗位可以布置自己的办公区，为自己打造一个舒适的办公环境。

（3）岗前培训。现在每个人都有了明确的工作分工，也领取了开展工作必需的物品。那么在正式上岗之前，所有员工都必须要接受岗前培训。

岗前培训要教会员工完成工作所必需的知识和技能，让新员工掌握干好本职工作所需要的方法和程序。换句话说，就是让他们工作起来更富有成效，犯错误的可能性更小。

在企业管理全景仿真实习中，岗前培训阶段必须掌握的内容有业务规则、关键任务和原始凭证。

1）熟悉业务规则。在企业管理全景仿真中，把企业必须遵守的内外部环境限制抽象为业务规则，企业竞争是在同一环境下的竞争，熟悉业务规则就会掌握竞争的主动权。

2）理解关键任务。每个实习同学在企业中都扮演着不同的岗位角色，相应地具有不同的岗位职责。岗位职责明确规定了职工所在岗位的工作任务和责任范围。

在企业管理全景仿真中，每个角色都被赋予了不同数量的关键任务，学会这些关键任务的处理即具备了该岗位的基本胜任能力。

3）认知原始凭证。原始凭证是指经办单位或人员在经济业务发生或完成时取得或填制的，用以记录经济业务发生或完成的情况、明确经济责任的会计凭证。例如，购物取得的发票。

因此，无论你在什么岗位，都要掌握原始凭证的填制、识别等基本要求。

由于各项经济业务的内容和经济管理的要求不同，各种原始凭证的名称、格式和内容也是多种多样的。但是，所有的原始凭证（包括自制的和外来的凭证），都是经济业务的原始证据，必须详细载明有关经济业务的发生或完成情况，必须明确经办单位和人员的经济责任。因此，各种原始凭证都应具备一些共同的基本内容。原始凭证所包括的基本内容，通常称为凭证要素，主要有：①原始凭证的名称；②凭证的编号；③填制凭证的日期；④接受凭证单位名称（抬头人）

与填制单位名称；⑤经济业务简要内容；⑥金额（单价、数量）；⑦有关人员（部门负责人、经办人员）的签名盖章。

如果是开给外单位的原始凭证，那么一定要加盖填制单位的公章或专用章。从外单位取得的原始凭证，也应由填制单位加盖公章或专用章。

为了保证岗前培训的效果，可以结合运用多种培训方式，包括教师现场培训、新手上路——多媒体课件和自学。

（4）熟悉企业期初业务数据。新的管理团队成立之后，要与好佳童车厂上一代管理者进行各项业务的交接，尤其是要厘清各部门管理的未完结的各项业务，以使各项业务能够连贯地延续下去。

部门职责不同，决定了其管理的业务类型不同。

（5）第一阶段考核。根据工作交接的内容，各个岗位完成第一阶段考核。

3. 岗位体验

岗位体验是综合实习的主体内容，根据企业管理环境不同，分为手工管理环境和信息化管理环境岗位体验两个阶段。

（1）认知业务流程。业务流程是为达到特定的价值目标而由不同的人共同完成的一系列活动。活动之间不仅有严格的先后顺序限定，而且活动的内容、方式、责任等也都必须有明确的安排和界定，以使不同活动在不同岗位角色之间能够相互配合协同完成。业务流程是对企业关键业务的描述。从中可以体现出企业资源的配置、企业组织机构的设置以及一系列管理制度。

传统的高等教育划分了多个专业方向，专业的划分有利于教学实施和专业化发展，但同时会弱化全局观、不利于工作协同。因此，仿真实习的首要目标是认知企业业务流程，学会与他人协同工作，共同实现企业目标。

（2）完成岗位工作。在仿真实习中，每个岗位的工作都划分为两类：一类是业务流程中相互对接的工作，与他人的活动有严密的逻辑关系，称为业务工作，如计划员在编制主生产计划时一定要参考营销部提供的销售订单汇总和市场预测数据；另一类是与岗位相关但与其他部门无关的日常工作，如报销办公费等。

业务工作需要遵从逻辑关系，按照业务流程执行的先后顺序在系统提示下依序完成。日常工作可以根据需要随时完成。

（3）体验手工管理。这里的"手工"是指企业全部的业务处理及管理全部采用人工管理的方式，这是作为管理者必须亲身经历并深度体验的一个阶段。

制造企业通过生产过程将原材料转化为产品，要从这个转化过程中获得最大的价值，必须设计能高效生产产品的生产过程，进而必须管理作业从而更加经济地生产产品。管理作业就意味着对过程中使用的资源即人力、财力和物力进行计划和控制。管理层的计划和控制的主要方法是物料流动，物料流动控制着流程绩效。

　　在手工管理方式下，无论是经济业务的发生，还是物流、信息、资金的流动都是以单据来体现的。通过手工管理方式，能使管理者清晰地洞察企业业务的发生是如何驱动物流、信息、资金的流动的，从而对企业经营管理的全貌有一个整体性认识。"懂业务、会管理"是成为合格管理人才的必修课。

　　（4）体验信息化管理。

　　（5）仿真模拟企业6个月自主经营过程。

　　4. 实习总结考核标准

　　（1）实习总结。仿真实习结束了，每个人都满载着收获，或许也带着些许的遗憾。这将是你成长中的一段重要经历，是开启你未来职业生涯的新起点。

　　实习总结是仿真实习的最后一个环节，记入整体实习成绩的一部分。作为实习体验的真实写真，通过它你可以与大家分享内心的点点滴滴，分享你成长的心路历程，它也将作为你一生中最值得记忆的一段经历被永久珍藏。

　　（2）考核标准如表3-2所示。

表3-2　考核标准

工作环境（5分）	日常资料整理情况、办公环境舒适情况，企业文化宣传情况。共分为5分、4分、3分三个等级。每天考核
对日常工作的完成情况（5分）	根据员工对工作的完成程度、团队的配合程度打分，包括员工工作期间是否有做与工作无关的事等（每个公司内部必须有考核表）。每天考核
相关单据及管理制度（10分）	各公司单据整洁程度、完整性等；对公司内部的管理制度合理程度等进行评比，选出优、良、中三个等级。第十天考核
实训报告及总体表现（20分）	报告要素齐全，语句通顺易懂，不少于4000字（少200字扣1分，少400字扣2分，叠加），摘抄部分不计算字数。第十天考核
总结得分（10分）	最后一天CEO及优秀员工总结情况。第十天考核
招聘、宣传海报（2、3分）	对招聘海报、宣传海报的设计，进行组间评比，选出优、良、中三个等级。第八天考核

企业盈利排名（30分）	最后一天计算各企业的盈利情况，选出优（30分）、良（20分）、中（10分）三个等级，政务中心不参与评分 盈利计算方法：银行存款-应付款项。第十天考核
出勤情况及岗位日记（10分）	出勤情况（每个公司都有签到本，以签到情况作为参考，5分）；岗位日记（5分），每天不少于500字。第十天考核
企业宣传效果（5分）	每组进行一次期刊的设计，通过公众号等平台发布，通过获得投票的数量进评比，选出优、良、中三个等级。第十天考核

注：凡是需要对比评选出优、良、中三个等级的，三个等级分别所占比例为30%、40%、30%。最后资料收集方法：以公司名为文件夹名，在文件夹下再分为"实训报告""实训日记""其他材料"三个文件夹，前两个文件夹下面是以员工姓名命名的各个文件，第三个文件夹包括CEO总结PPT、期刊PPT、CEO总结演讲稿、优秀员工演讲稿、CEO自我评价、公司管理制度、公司员工评分考核表、公司海报电子版、公司内部合照、企业文化等一系列公司内部资料。

第四章　所有部门交易规则

企业是社会经济的基本单位，企业的发展受自身条件和外部环境的制约。企业的生存与企业间的竞争不仅要遵守国家的各项法规及行政管理规定，还要遵守行业内的各种约定。在开始企业模拟竞争之前，各岗位工作人员必须了解并熟悉这些规则，这样才能做到合法经营，才能在竞争中求生存、求发展。

一、制造业经营规则

制造企业具有产品研发、原料采购、成品及半成品的生产加工、市场开拓、成品销售等完善的供应链。经营规则也是本次模拟竞争的核心，既是政务中心服务的核心，也是工贸、商贸企业实现盈利的必要环节。

（一）仓储规则

1. 仓库

在期初交接时，制造业拥有一座普通仓库，普通仓库用于存放产成品、半成品、原材料，仓库的各种具体信息如表4-1、表4-2、表4-3所示。

表4-1　仓库信息

仓库名称	仓库编码	可存放物资
普通仓库		钢管、坐垫、车篷、车轮、经济型童车包装套件、镀锌管、记忆太空棉坐垫、数控芯片、舒适型童车包装套件、豪华型童车包装套件
		经济型童车车架、舒适型童车车架、豪华型童车车架
		经济型童车、舒适型童车、豪华型童车

表4-2　仓库容量信息

仓库类型	使用年限（年）	仓库面积（平方米）	仓库容积（立方米）	仓库总存储单位	售价（万元）
普通仓库	20	500	3000	300000	540

表 4-3　普通仓库可存放物资种类与数量信息

存货编码	存货名称	存货占用存储单位
P0001	经济型童车	10
P0002	舒适型童车	10
P0003	豪华型童车	10
M0001	经济型童车车架	10
M0002	舒适型童车车架	10
M0003	豪华型童车车架	10
B0001	钢管	2
B0002	镀锌管	2
B0003	坐垫	4
B0004	记忆太空棉坐垫	4
B0005	车篷	2
B0006	车轮	1
B0007	经济型童车包装套件	2
B0008	数控芯片	1
B0009	舒适型童车包装套件	2
B0010	豪华型童车包装套件	2

存货办理入库后立即占用仓库容量，办理出库后立即恢复仓库容量。制造业在办理领料时不会恢复仓库容量，在派工之后才会恢复仓库容量。

2. 原材料及成品

仓储部负责原材料采购入库、生产领料出库、生产完工入库、成品销售出库和保管工作。

在制造业工作中原材料只用于采购、生产领料工作，不能进行销售；半成品只用于完工入库和生产领料工作，不能进行销售；成品只用于完工入库和销售工作，不能进行采购。原材料信息如表 4-4 所示，半成品信息如表 4-5 所示，成品信息如表 4-6 所示。

表 4-4　原材料信息

物料名称	物料编码	单位	规格	（相对制造企业）来源
钢管	B0001	根	Φ外 16/Φ内 11/L5000（mm）	外购
镀锌管	B0002	根	Φ外 16/Φ内 11/L5000（mm）	外购

续表

物料名称	物料编码	单位	规格	（相对制造企业）来源
坐垫	B0003	个	HJM500	外购
记忆太空棉坐垫	B0004	个	HJM600	外购
车篷	B0005	个	HJ72×32×40	外购
车轮	B0006	个	HJΦ外125/Φ内60mm	外购
数控芯片	B0008	片	MCX3154A	外购
经济型童车包装套件	B0007	套	HJTB100	外购
舒适型童车包装套件	B0009	套	HJTB200	外购
豪华型童车包装套件	B0010	套	HJTB300	外购

表4-5　半成品信息

物料名称	物料编码	单位	规格	（相对制造企业）来源
经济型童车车架	M0001	个	无	自制
舒适型童车车架	M0002	个	无	自制
豪华型童车车架	M0003	个	无	自制

表4-6　成品信息

物料名称	物料编码	单位	规格	（相对制造企业）来源
经济型童车	P0001	辆	无	自制
舒适型童车	P0002	辆	无	自制
豪华型童车	P0003	辆	无	自制

3. 物料清单（BOM）

（1）经济型童车产品结构如图4-1所示，产品物料清单如表4-7所示。

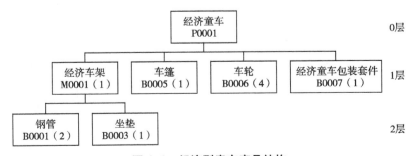

图4-1　经济型童车产品结构

表 4-7　经济型童车产品物料清单（BOM）

结构层次	父项物料	物料编码	物料名称	规格型号	单位	用量	（相对制造企业）备注
0		P0001	经济型童车	—	辆	1	自产成品
1	P0001	M0001	经济型童车车架	—	个	1	自产半成品
1	P0001	B0005	车篷	HJ72×32×40	个	1	外购原材料
1	P0001	B0006	车轮	HJΦ外125/Φ内60mm	个	4	外购原材料
1	P0001	B0001	经济型童车包装套件	HJTB100	套	1	外购原材料
2	M0001	B0001	钢管	Φ外16/Φ内11/L5000（mm）	根	2	外购原材料
2	M0001	B0003	坐垫	HJM500	个	1	外购原材料

（2）舒适型童车产品结构如图 4-2 所示，物料清单如表 4-8 所示。

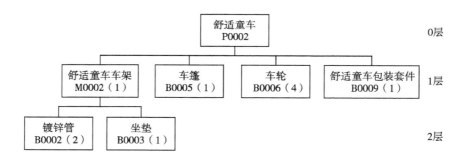

图 4-2　舒适型童车产品结构

表 4-8　舒适型童车物料清单（BOM）

结构层次	父项物料	物料编码	物料名称	规格型号	单位	用量	（相对制造企业）备注
0		P0002	舒适型童车	—	辆	1	自产成品
1	P0002	M0002	舒适型童车车架	—	个	1	自产半成品
1	P0002	B0005	车篷	HJ72×32×40	个	1	外购原材料
1	P0002	B0006	车轮	HJΦ外125/Φ内60mm	个	4	外购原材料
1	P0002	B0009	舒适型童车包装套件	HJTB200	套	1	外购原材料
2	M0002	B0002	镀锌管	Φ外16/Φ内11/L5000（mm）	根	2	外购原材料

续表

结构层次	父项物料	物料编码	物料名称	规格型号	单位	用量	（相对制造企业）备注
2	M0002	B0003	坐垫	HJM500	个	1	外购原材料

（3）豪华型童车产品结构如图4-3所示，物料清单如表4-9所示。

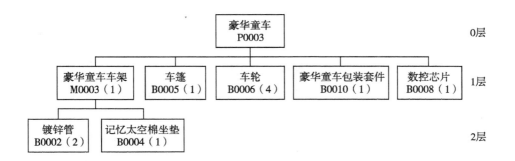

图4-3 豪华型童车产品结构

表4-9 豪华型童车物料清单（BOM）

结构层次	父项物料	物料编码	物料名称	规格型号	单位	用量	备注
0		P0003	豪华型童车	—	辆	1	自产成品
1	P0003	M0003	豪华型童车车架	—	个	1	自产半成品
1	P0003	B0005	车篷	HJ72×32×40	个	1	外购原材料
1	P0003	B0006	车轮	HJΦ外125/Φ内60mm	个	4	外购原材料
1	P0003	B0008	数控芯片	MCX3154A	片	1	外购原材料
1	P0003	B0010	豪华型童车包装套件	HJTB300	套	1	外购原材料
2	M0003	B0002	镀锌管	Φ外16/Φ内11/L5000（mm）	根	2	外购原材料
2	M0003	B0004	记忆太空棉坐垫	HJM600	个	1	外购原材料

（二）生产规则

在虚拟商业社会中只有制造业开展生产工作，企业生产离不开厂房、生产设备等。在VBSE虚拟商业社会中，期初交接时，制造业拥有一座大厂房，大厂房内安装10台普通机床和1条组装生产线（原有设备不得转卖），且各设备无损坏，运行良好。

1. 厂房规则

厂房信息如表4-10所示。

表4-10 厂房信息

厂房类型	价值（万元）	使用年限（年）	容量	面积（平方米）
大厂房	720	20	20台机床位	500
小厂房	480	20	12台机床位	300

（1）期初交接的大厂房经营期间不得出售。

（2）在经营过程中，如遇厂房容量不足的情况可以向服务公司进行购买，服务公司只提供小厂房。

（3）厂房容量与安装设备数量之间的关系为：1个机床位可以安装1台普通机床，2个机床位可以安装1台数控机床，4个机床位可以安装1台组装流水线。

（4）厂房不能租赁，只能购买。

2. 设备规则

设备信息如表4-11所示。

表4-11 设备信息

生产设备	购置费（万元）	使用年限	折旧费（元/月）	维修费（元/月）	生产能力（台/虚拟1天）			出售
					经济	舒适	豪华	
普通机床	21	10			500	500		按账面价值出售
数控机床	72	10			3000	3000	3000	
组装流水线	51	10			7000	7000	6000	

（1）企业根据生产经营状况，可随时向服务公司购买生产设备。

（2）设备安装周期。虚拟1天（一个日期转换为1天，如1月5~25日为1天）。

（3）折旧。生产设备按月计提折旧。企业所得税法规定：火车、轮船、机器、机械和其他生产设备，折旧年限为10年，购买当月不计提折旧，由于模拟经营只有半年，所有设备不进行折旧。

（4）电费收费标准。电1.5元/度，日常电费忽略不计。普通机床耗电

1478.4 度/月，组装流水线耗电 4329.6 度/月，数控机床耗电 2640 度/月，管理部门忽略不计（固定数据阶段电费按照给定数据进行核算）。

生产设备对生产工人的要求如表 4-12 所示。

表 4-12　生产设备对生产工人的要求

设备	人员级别	要求人员配置数量（人）
普通机床	初级	2
数控机床	高级	2
组装流水线	初级	5
	中级	15

生产设备生产各种童车的能力如表 4-13 所示。

表 4-13　生产设备生产各种童车的能力

设备名称	产品	定额生产能力 （台数×单台生产产能/虚拟 1 天）	所属部门
普通机床	经济型童车车架	10×500	生产计划部
	舒适型童车车架	10×500	
数控机床	经济型童车车架	1×3000	生产计划部
	舒适型童车车架	1×3000	
	豪华型童车车架	1×3000	
组装流水线	经济型童车	1×7000	生产计划部
	舒适型童车	1×7000	
	豪华型童车	1×6000	

3. 产能规则

（1）根据生产设备各自的生产能力进行派工，派工时，派工数量应小于等于（<=）该设备的生产能力。

（2）派工时，一条生产线只允许生产一个品种的产品。例如，给一条组装流水线上安排生产 5000 台经济型童车，剩下的 2000 台产能不能用于生产舒适型童车与豪华型童车，必须等该资源产能全部释放后才允许安排不同种类的产品生产。

（3）派工时，需要根据产品的物料清单（BOM）检查原材料是否齐套，原材料没有达到齐套要求则不能派工。这里的齐套是指当生产某一产品时，产品物料清单（BOM）中所需的材料、用量都达到要求。

4. 工艺规则

工艺路线是指企业各项自制件的加工顺序和在各个工序中的标准工时定额情况，也称为加工路线，是一种计划管理文件，主要用来进行工序排查和车间成本统计。经济型童车、舒适型童车、豪华型童车的工艺路线分别如表4-14、表4-15、表4-16所示。

表4-14　P0001—经济型童车

工序	部门	工序描述	工作中心	加工工时
10	生产计划部—机加车间	经济型童车架加工	普通（或数控）机床	虚拟1天
20	生产计划部—组装车间	经济型童车组装	组装生产线	虚拟1天

表4-15　P0002—舒适型童车

工序	部门	工序描述	工作中心	加工工时
10	生产计划部—机加车间	舒适型童车架加工	普通（或数控）机床	虚拟1天
20	生产计划部—组装车间	舒适型童车组装	组装生产线	虚拟1天

表4-16　P0003—豪华型童车

工序	部门	工序描述	工作中心	加工工时
10	生产计划部—机加车间	豪华型童车架加工	数控机床	虚拟1天
20	生产计划部—组装车间	豪华型童车组装	组装生产线	虚拟1天

5. 购买研发费用

制造业初始默认的生产许可为经济型童车，随着企业运营水平的提高，可以生产舒适型或豪华型童车，这时该企业在服务公司购置相应的生产技术成果，这代表企业已完成新产品的研发，可以立即开工生产。舒适型、豪华型童车产品研发时间：虚拟1天。舒适型和豪华型童车的研发费用如表4-17所示。

6. ISO9000认证

制造业进行生产前，首先要进行ISO9000的资质认证，制造业生产计划部需要前往服务公司办理本企业ISO9000资质认证。具体费用为50000元/次，认证一次即可。

表 4-17 研发费用

研发类型	价格（元）
舒适型	1000000
豪华型	1500000

7. 3C 认证

制造业进行销售出库前，需要进行 3C 的资质认证，初始默认的生产许可为经济型童车，制造业生产计划部需要前往服务公司办理相应产品的 3C 认证。具体费用为 22000 元/次，认证一次即可。三种类型童车的 3C 认证费用如表 4-18 所示。

表 4-18 认证费用

产品	3C 认证费用（元）
经济型童车	22000
舒适型童车	22000
豪华型童车	22000

（三）采购规则

在 VBSE 虚拟商业社会中，制造业的原材料采购只能从工贸企业类型的企业手中进行采购，不能从其他类型的企业中进行采购。原材料信息如表 4-19 所示。

表 4-19 原材料信息

采购商品编码	采购商品名称	规格	计量单位	来源	参考市场供应平均不含税单价（元）	参考市场供应平均含税单价（元）
B0001	钢管	Φ外 16/Φ内 11/L5000（mm）	根	外购	107.37	121.33
B0002	镀锌管	Φ外 16/Φ内 11/L5000（mm）	根	外购	175.98	198.86
B0003	坐垫	HJM500	个	外购	80.97	91.5

采购商品编码	采购商品名称	规格	计量单位	来源	参考市场供应平均不含税单价（元）	参考市场供应平均含税单价（元）
B0004	记忆太空棉坐垫	HJM0031	个	外购	223.49	252.54
B0005	车篷	HJ72×32×40	个	外购	145.75	164.7
B0006	车轮	HJΦ外125/Φ内60mm	个	外购	26.99	30.5
B0007	经济型童车包装套件	HJTB100	套	外购	91.77	103.7
B0008	数控芯片	MCX3154A	片	外购	274.23	309.88
B0009	舒适型童车包装套件	HJTB200	套	外购	194.34	219.6
B0010	豪华型童车包装套件	HJTB300	套	外购	227.81	257.42

此处的增值税率为13%。

采购双方需要签订纸质购销合同，制造业根据购销合同在系统中制作采购订单，由工贸企业进行确认，确认后工贸企业可以发货，制造业接货入库，双方再根据购销合同中的结算约定进行收付款。

（四）销售规则

（1）制造业销售童车给经销商、国际贸易类型企业，不得销售给其他类型企业，须与经销商类型企业签订合约并在系统中录入订单相关信息，订单相关信息作为系统中发货、结算的依据。

（2）制造业还可以参与招投标公司的招投标业务，中标后可以进行销售、发货、开发票、收款等业务活动。

（3）制造业销售童车给华中地区的虚拟经销商。销售之前，需要完成市场开拓，然后再进行广告投放。

（4）制造业还可以销售童车给国贸企业，以供国贸企业出口（可选）。

1）市场开拓规则：①制造业进行生产销售前，要先进行市场开拓。制造业市场专员需要前往服务公司办理市场开拓的业务，首先开拓中部市场，具体费用为452000元。②制造业可以通过委托服务公司进行华中地区市场开拓，开拓后投入广告费，广告费10万元起投，以万元为单位递增，投入广告费后，依据得分由高到低依次选择华中地区的市场订单。广告费每期都必须要投，如不投广告费，罚款20万元。

2）成品车信息如表4-20所示。

表 4-20　成品车信息

存货编码	存货名称	单位	规格	市场平均含税单价（元）
P0001	经济型童车	辆	无	1011
P0002	舒适型童车	辆	无	1499
P0003	豪华型童车	辆	无	1886

注：市场平均含税单价（元）是根据历史数据估算出来的，仅供参考。

（五）财务规则

（1）在会计分期假设下，企业的会计期间分为年度和中期，此案例的会计期间是月度（2020 年 1 月），虚拟财务工作日为每月的 5 日与 25 日。

（2）结算方式采用现金结算、转账支票和电汇三种方式。原则上，在日常经济活动中，低于 20000 元的可以使用现金，超过 20000 元的一般使用转账支票结算（差旅费或支付给个人业务除外），转账支票用于同一票据交换区内的结算。异地付款一般采用电汇方式。

（3）税种类型：增值税、企业所得税、个人所得税、城市建设维护税、教育费附加。

增值税：销售货物和购进货物增值税率均为 13%。

个人所得税：个人所得税信息如表 4-21 所示。

表 4-21　个人所得税信息

级数	全年应纳税所得额	税率（%）
1	不超过 36000 元的	3
2	36000~144000 元的部分	10
3	144000~300000 元的部分	20
4	300000~420000 元的部分	25
5	420000~660000 元的部分	30
6	660000~960000 元的部分	35
7	超过 960000 元的部分	45

注：本表所称全年应纳税所得额是指居民个人全年取得的综合所得，是以每一纳税年度收入额减除费用 6 万元以及专项扣除、专项附加扣除和依法确定的其他扣除后的余额。

企业所得税：按应纳税所得额的 25% 缴纳。

城市建设维护税：增值税税额的 7%。

教育费附加：增值税税额的 3%。

（4）存货计价：存货核算按照实际成本核算，原材料计价采用实际成本计价，材料采购按照实际采购价入账，材料发出按照全月一次加权平均计算材料成本。

全月一次加权平均相关计算：①材料平均单价＝（期初库存数量×库存单价＋本月实际采购入库金额）/（期初库存数量＋本月实际入库数量）；②材料发出成本＝本月发出材料数量×材料平均单价。

（5）记账凭证账务处理程序：根据各种记账凭证逐笔登记总分类账。

（6）固定资产取得方式及折旧：固定资产均通过购买的方式取得。固定资产购买当月不计提折旧，从次月开始计提折旧，出售当期须计提折旧，下月不提折旧。固定资产折旧按照直线法计提。折旧相关信息如表 4-22 所示。

表 4-22　折旧相关信息

固定资产名称	使用年限（月）	开始使用日期	原值（元）	残值（元）	月折旧额（元）
办公楼	240	2018 年 9 月 15 日	12000000	600000	47500
普通仓库	240	2018 年 9 月 15 日	5400000	270000	21375
大厂房	240	2018 年 9 月 15 日	7200000	360000	28500
普通机床（机加工生产线）	120	2018 年 9 月 15 日	210000	—	1750
组装生产线	120	2018 年 9 月 15 日	510000	—	4250
笔记本电脑	48	2018 年 9 月 15 日	6000	—	125

（7）制造费用的归集及分配：①各生产车间发生的各项直接费用和共同发生的间接费用分别计入制造费用中（车间发生的直接费用分别计入制造费用——X 车间，间接费用按分配标准分配后再计入各车间制造费用中）。②生产计划部发生的各项费用计入制造费用中，例如，管理人员的工资、固定资产的折旧、办公费等。

（8）成本核算规则：①产品成本包括直接材料、直接人工和制造费用。②完工产品和产品之间费用的分配方法：产品所耗原材料计算法。③月末只计算产品生产其所耗用的原材料费用，不计算制造费用和人工费用。即产品的加工费用全部由完工产品成本负担。

（9）成本归集规则：①直接材料成本归集按照材料出库单的发出数量×平均单价计算；②人工成本为当月计算的生产车间的生产工人工资。

（10）半成品核算规则：车架为半成品，车架核算的范围为车架原材料，生产车架产生的人工费、制造费以及分摊的相关生产制造费用。

（11）产品之间费用分配：如果同一车间生产不同产品，以各产品完工数量为分配标准，分配该车间制造费用。

（12）坏账损失：①制造业采用备抵法核算坏账损失。②坏账准备每年按照年末应收账款账户余额的3%提取。③已经确认为坏账损失的应收账款，并不表明公司放弃收款的权利。如果未来某一时期收回已作坏账的应收账款，应该及时恢复债权，并按照正常收回欠款进行会计核算。

（13）利润分配。公司实现当期利润，应当按照法定程序进行利润分配。根据公司章程规定，按照当期净利润的10%提取法定盈余公积金，根据董事会决议，自行提取任意盈余公积金。

（14）票据使用规则：①企业使用的支票必须到银行购买使用，任何企业和个人不得自制支票。②从银行取得的支票，发生的费用计入财务费用中。③企业制定完善的票据使用登记制度，记入支票登记簿，以备检查。④企业为一般纳税人开具增值税专用发票。⑤取得增值税专用发票后，增值税进项税额需要进行申报、抵扣联认证、缴纳。⑥购销双方的结算必须以增值税发票为依据，不取得发票的不能进行结算。⑦税务局有定期的发票使用情况检查，税务局有权对发票使用不合法的企业进行行政罚款。

（15）企业抵押贷款规则。制造业、经销商、工贸企业、国贸企业、连锁企业可向中国工商银行申请抵押贷款。贷款金额为0~1000万元，贷款期限为1~6个月，企业可根据自身情况申请贷款金额与期限（可选）。企业抵押贷款利率如表4-23所示。

表4-23　企业抵押贷款利率

年利率（%）	6	7	8	9	10	11	12
月利率（%）	0.50	0.58	0.67	0.75	0.83	0.92	1.00

申请企业抵押贷款所需基本资料：营业执照、法人代表身份证、银行开户许可证、最近一期财务报表（均需加盖财务印鉴）、抵押保证——房屋产权。还款

方式为一次性还本付息。

注意：根据企业扩产需要，在抵押贷款不够的情况下，还可以申请风险贷款，风险贷款利息为月息10%，在贷款没有还清前，每月必须按期交纳利息，如需提前还清，需多交一个月利息。风险贷款必须在6月底还清，如无法还清，该公司则由于资不抵债而破产。

（六）人力规则

人员信息如表4-24所示。

表4-24　人员信息

部门	岗位名称	岗位级别	在编人数	直接上级
企业管理部	总经理（兼企管部经理）	总经理	1	董事会
	行政助理	职能管理人员	1	总经理
营销部	营销部经理	部门经理	1	总经理
	市场专员	职能管理人员	1	部门经理
	销售专员	职能管理人员	1	部门经理
生产计划部	生产计划部经理	部门经理	1	总经理
	车间管理员	职能管理人员	1	部门经理
	生产计划员	职能管理人员	1	部门经理
	初级生产工人	工人	25	车间管理员
	中级生产工人	工人	15	车间管理员
仓储部	仓储部经理	部门经理	1	总经理
	仓管员	职能管理人员	1	部门经理
采购部	采购部经理	部门经理	1	总经理
	采购员	职能管理人员	1	部门经理
人力资源部	人力资源部经理	部门经理	1	总经理
	人力资源助理	职能管理人员	1	部门经理
财务部	财务部经理	部门经理	1	总经理
	出纳	职能管理人员	1	部门经理
	财务会计	职能管理人员	1	部门经理
	成本会计	职能管理人员	1	部门经理

薪酬信息如表4-25所示。

表4-25 薪酬信息

人员类别	月基本工资（元/月）
总经理	12000
部门经理	7500
职能管理人员	5500
营销部员工	4500
初级/中级/高级生产工人	3600、4000、4600

薪酬项目包括基本工资、养老保险、医疗保险、生育保险、失业保险、工伤保险、住房公积金、缺勤扣款、代扣个人所得税、辞退补偿。"五险一金"的缴纳比例如表4-26所示。

表4-26 "五险一金"的缴纳比例

缴纳比例 险种	单位承担（%）	个人承担（%）	合计（%）
养老保险	20.00	8.00	28.00
医疗保险	10.00	2.00+3.00	12.00+3.00
失业保险	1.00	0.20	1.20
工伤保险	0.30	0.00	0.30
生育保险	0.80	0.00	0.80
住房公积金	10.00	10.00	20.00

注：将单位养老保险缴费20%中的17%划入统筹基金，3%划入个人账户。实训中以员工转正后的基本工资金额数为社会保险和住房公积金的缴费基数。

辞退福利有：①企业辞退员工需支付辞退福利，辞退福利为3个月基本工资。②辞退当月的薪酬为：辞退当月薪酬=实际工作日数×（月基本工资/当月全勤工作日数）+辞退福利招聘费用。

服务公司人员派遣费用为：初级工人1000元/人，中级工人1200元/人，高级工人1400元/人。

考勤管理制度：VBSE实习中实行月度考勤制，但因每月只设计2个虚拟工作日，在进行考勤统计时依照下列规则计算：①员工出勤天数=当月虚拟工作日出勤天数/当月虚拟工作日总天数×21.75。②员工缺勤天数=21.75-员工出勤天数。③在考勤周期方面，实行月度考勤，考勤周期为本月26日至次月25日。

（七）物流规则

（1）物流运输只针对工贸企业与制造业间的购销业务、制造业与经销商间的购销业务，其他类型组织的物流运输不通过物流公司。

（2）物流费用的支付由购货方支付。

（3）物流费为货值货款金额的5%（含税）。

（4）运费分配率＝运费/材料总数量。

二、商贸企业（经销商）规则

商贸企业主要通过购买制造企业生产的成车，通过价格差实现盈利，对制造企业具有一定的依赖性。由于制造企业可以通过外贸、招标、连锁超市以及投广告等多种方式销售产品，而且制造企业直接销售产品至虚拟市场的价格要高，所以会出现企业无法购买到成车的情况。因此在投广告时，可以先让制造企业投广告、选单。当制造企业无法选中广告投放的订单时，才会选择将库存的商品销售给商贸企业。

（一）人力资源规则

人力资源是企业生产经营活动的基本要素。公司的员工配置、工资标准及核算、员工招聘与培训，要在遵循本规则的前提下，做出科学合理的规划安排，以保证公司的生产经营活动协调、有序、高效进行。企业组织结构如图4-4所示，商贸企业岗位及人员设置如表4-27所示。

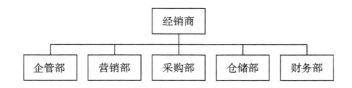

图4-4　企业组织结构

表4-27　商贸企业岗位及人员设置

部门	岗位名称	在编人数	直接上级
企管部	总经理	1	—
企管部	行政经理	1	总经理
营销部	营销经理	1	总经理

续表

部门	岗位名称	在编人数	直接上级
采购部	采购经理	1	总经理
仓储部	仓储经理	1	总经理
财务部	财务经理	1	总经理
财务部	出纳	1	财务经理

（二）企业薪酬规则

（1）商贸企业职工薪酬的构成与制造企业一致，具体见前文所述。

（2）企业人员的薪酬计算及发放规则为：年度总薪酬＝月基本工资×12＋年度绩效奖金＋企业应缴福利；职工每月实际领取的工资＝月基本工资－缺勤扣款－个人应缴"五险一金"－个人所得税；缺勤扣款＝缺勤天数×（月基本工资/当月全勤工作日数）。具体如表4-28、表4-29所示。

表4-28 基本工资标准

人员类别	月基本工资（元/月）
总经理	12000
部门经理	7500
职能主管	5500

表4-29 年度奖金与绩效

人员分类	年度绩效奖金
总经理	12000×4
部门经理	7500×4
职能主管	5500×4

季度奖金实际发放金额与个人业绩考核评定结果挂钩，业绩考核采取百分制，业绩评定85分及以上者发放全额季度绩效奖金，低于85分的发放季度绩效奖金的80%。总经理绩效得分为企业员工得分的平均数。

（3）"五险一金"。"五险一金"缴费基数及比例各地区操作细则不一，本实习中社会保险、住房公积金规则参照北京市有关政策规定设计，略作调整。

社保中心行使社会保障中心和住房公积金管理中心职能。"五险一金"缴费基数于每年 3 月核定，核定后的职工月工资额即为缴纳基数。"五险一金"缴费比例见表 4-26。

（4）个人所得税。个人所得税计算采用 2019 年 1 月 1 日起开始执行的综合所得税税率表。

个人所得税计算方式为：本月实缴个税＝累计应缴个税－累计已缴个税；累计应缴个税＝累计应税所得额×预扣率－速算扣除数；累计已缴个税：应当从上月工资表中取数，当员工当月新入职时，则取当月数据。

综合所得税税率见表 4-21。

（5）商贸企业的辞退福利与制造企业一致，具体见前文所述。

（三）考勤规则

每天的实训开始后，学生必须登录 VBSE 系统点击"考勤"按钮进行考勤签到。

VBSE 实训对实际业务进行了抽象，一个实际工作日完成一个月的工作内容，每月工作任务集中在 2 个虚拟工作日中。

（四）销售规则

商贸企业将童车卖到虚拟市场，虚拟市场分为：东部、南部、西部、北部、中部，其中东部、南部、西部、北部四个地区由商贸企业经营，中部地区只能由制造企业经营。从虚拟市场获得订单需要先到服务公司开拓市场，再投广告费。市场开拓费用：北部（339000 元）、东部（361600 元）、南部（339000 元）、西部（333350 元）。广告费的投放在固定经营阶段按照系统给定的数据投放，到自主经营阶段，广告费的投放金额是 10 万元起投（每期至少投 10 万元），以万元为单位递增，这样服务公司才能根据投放金额派发订单（一个区域内的虚拟订单派发依据是已投放金额占本区域总投放金额的比例，由高至低依次进行选单，广告费最高的公司可自由选择所要订单，没有数量限制）。市场开拓一次一年有效，广告投放一次有效期限为一个虚拟日，转下一个虚拟日期需要重新投放广告费。

对于虚拟市场的订单，制造企业可以在库存充足的情况下，提前发货、收款。

注意：在与虚拟客户交易的过程中，遵循先发货后收款的原则，系统中未销售出库的订单不支持收款。

（五）采购规则

商贸企业只能从制造企业采购商品，采购相关信息如表 4-20 所示。

注意：价格只为参考价格，在自主经营阶段，价格需要供需双方进行谈判确认。

（1）市场平均含税单价（元）为根据历史数据估算出来的，仅供参考。

（2）经济型童车采购价格在固定数据阶段为：1010.32元（含税）；自主经营阶段采购价格为双方协商制定。

（3）商品从供应商送达企业时会发生相应的运输费用，运输费用为采购订单金额的5%（含税），运费结算依据以物流公司的运单金额为准。

（六）仓储规则

商贸企业现有一座仓库：用于存放各种采购来的商品。仓库信息如表4-30所示。

表4-30 仓库信息

仓库名称	仓库编码	可存放物资
普通仓库	A库	经济型童车、舒适型童车、豪华型童车

仓储经理担当仓管职能，负责采购入库、生产出库和保管，成品的完工入库和销售出库。公司的存货清单如表4-31所示。

表4-31 存货清单

物料编码	物料名称	规格	单位	来源
P0001	经济型童车		辆	外购
P0002	舒适型童车		辆	外购
P0003	豪华型童车		辆	外购

注：普通仓库不做储位管理。

（七）财务规则

在会计分期假设下，企业的会计期间分为年度和中期，此案例的会计期间是月度（2020年1月），虚拟财务工作日为每月的5日与25日。

财务业务规则主要包括会计核算制度、会计管理制度、账簿设置与会计核算程序等，各公司必须按照本规则的各项规定组织会计核算，进行会计管理。

记账凭证账务处理程序：根据各种记账凭证逐笔登记总分类账。

固定资产分类如表4-32所示。

表4-32　固定资产分类

分类编码	分类名称	折旧年限（月）	折旧方法	残值率（%）
01	房屋及土地	240	直线法（一）	5
02	生产设备	120	直线法（一）	0
03	办公设备	60	直线法（一）	0

注：会计科目参考期初数据中的科目余额表，可以根据实际业务的发生进行增加。

企业抵押贷款规则同前文所述，即制造业、经销商、工贸企业、国贸企业、连锁企业可向中国工商银行申请抵押贷款。贷款金额为0~1000万元，贷款期限为1~12个月，企业可根据自身情况申请贷款金额与期限，具体利率见表4-23。

（八）税务规则

商贸公司从事生产经营活动，涉及国家或地方多个税种，包括企业所得税、增值税、城建税、教育费及附加、个人所得税。

按照国家税法规定的税率和起征金额进行税额的计算，企业所得税按照利润总额的25%缴纳，增值税税率为13%，城建税为增值税税额的7%，教育费附加为增值税税额的3%。

在税收征收期内，企业按照公司的经营情况，填制纳税申报表，携带相关会计报表，到税务部门办理纳税申报业务，得到税务部门开出的税收缴款书，并到银行缴纳税款。依据税务部门规定，每月初进行上月的纳税申报及缴纳。如遇特殊情况，可以向税务部门申请延期纳税申报。

（九）会计核算规则

商贸公司可以采用现金结算、转账结算和电子银行三种方式。原则上，在日常经济活动中，低于2000元的可以使用现金，超过2000元的一般使用转账支票和电子银行结算，结算货款、代扣代缴各种税费通过电子银行结算，其他业务可以使用转账支票结算。

银行支票主要使用转账支票，转账支票用于同一票据交换区内的结算（主要用于商贸企业购买服务类的商品和一些费用的支出等）。异地付款一般采用电子银行转账的结算方式（主要用于货款的结算、代扣代缴的结算等）。

三、工贸企业（供应商）规则

工贸企业主要通过销售原材料给制造企业生产成车，通过从虚拟市场购买的价格差实现盈利，这也是制造企业原材料购买的唯一渠道。为了保证制造企业的原材料供应，工贸企业无任何理由可以拒绝销售原材料。

（一）人力资源规则

人力资源是企业生产经营活动的基本要素。公司的员工配置、工资标准及核算、员工招聘与培训，要在遵循本规则的前提下，做出科学合理的规划安排，以保证公司的生产经营活动协调、有序、高效进行。工贸企业组织结构如图4-5所示，岗位及人员设置如表4-33所示。

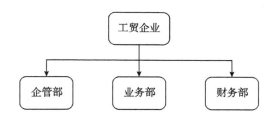

图4-5　工贸企业组织结构

表4-33　工贸企业岗位及人员设置

部门	岗位名称	在编人数	直接上级
企管部	总经理	1	—
企管部	行政经理	1	总经理
业务部	业务经理	1	总经理
财务部	财务经理	1	总经理

（二）企业薪酬规则

工贸企业的薪酬规则与商贸企业完全一致，此处不再赘述。

（三）考勤规则

工贸企业的考勤规则与商贸企业一致，此处不再赘述。

（四）销售规则

工贸公司将商品销售给制造企业，双方进行合同洽谈，并签订纸质合同，制造企业在 VBSE 系统中提交订单后，工贸企业进行确认作为后续交易依据。如出现延期交货，按双方合同中的约定进行处理，如出现争议，提交市场监督管理局进行调解或处罚。

（五）采购规则

工贸企业可从 VBSE 系统中虚拟供应商选择采购的商品品种及数量。工贸企业采购的商品见表4-19。

钢管、坐垫、车篷、车轮、经济型童车包装套件的采购价格在固定数据阶段按照表4-19中的采购价格采购，自主经营阶段的采购价格为双方协商制定。

商品从供应商送达企业时会发生相应的运输费用，运输费用为采购订单金额的5%，运费结算依据以物流公司的运单金额为准。

在向虚拟供应商采购过程中，下达采购订单后，先进行付款，付款后才能进行采购入库操作，没有付款，系统的入库就无法完成。

工贸企业在付款后，依据采购订单到税务局代开虚拟供应商的销售发票（增值税专用发票）。

（六）仓储规则

在仓库方面，公司现有一座仓库，用于存放各种采购来的商品。

在物料及成品方面，行政主管担当仓管，负责采购入库、生产出库和保管、成品的完工入库和销售出库。公司的物料和成品清单参考表4-4。

在储位管理方面，普通仓库不作储位管理。

（七）财务规则

工贸企业的财务规则与商贸企业一致，具体见前文所述。

申请企业抵押贷款所需基本资料：营业执照、法人代表身份证、银行开户许可证、最近一期财务报表（均需加盖财务印鉴）。抵押保证为房屋产权，还款方式为一次还本付息。

（八）税务规则

公司从事生产经营活动，涉及国家或地方多个税种，包括企业所得税、增值税、城建税、教育费及附加、个人所得税。具体规则与前文所述的商贸企业的税务规则一致。

（九）会计核算规则

具体见前文对商贸企业会计核算规则的论述。

四、物流企业规则

物流企业设在政务中心，主要提供物流运输服务。物流企业主要通过收取物流费来实现盈利，并做好企业的服务工作。

（一）企业组织结构图

实习模型的物流企业组织结构见图4-6，分为1个管理层次，2个部门。总经理可以对企管部、业务部下达命令或指挥。各职能部门经理对本部门下属有指挥权，对其他部门有业务指导但没有指挥权。

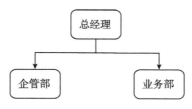

图4-6　物流企业组织结构

（二）人力资源规则

人力资源是企业生产经营活动的基本要素。公司的员工配置、工资标准及核算、员工招聘与培训，要在遵循本规则的前提下，做出科学合理的规划安排，以保证公司的生产经营活动协调、有序、高效进行。

物流企业岗位及人员配置情况如表4-34所示。

表4-34　物流企业岗位及人员设置

部门	岗位名称	在编人数	直接上级
企业管理部	物流总经理	1	无
业务部	物流业务经理	1	物流总经理

（三）考勤规则

每天的实训开始后，学生必须登录VBSE系统点击"考勤"按钮进行考勤签到。

VBSE实训中对实际业务进行了抽象，一个实际工作日完成一个月的工作内容，每月工作任务集中在2个虚拟工作日。

（四）办公用品采购规则

服务公司出售 VBSE 实训所需的各项办公用品，如表单、胶棒、曲别针等。买卖双方可对结算方式进行协商，既可选择当场结清价款，也可自行约定结算时间，如月结（每月统一结账）。办公用品价款可采用现金或支票进行结算。服务公司提供的办公用品项目及价格如表 4-35 所示。

表 4-35　服务公司提供的办公用品项目及价格

序号	商品名称	单价
1	表单	10 元/份
2	胶棒	20 元/支
3	印泥	30 元/盒
4	长尾夹	10 元/个
5	曲别针	5 元/个
6	复写纸	10 元/页
7	A4 白纸	5 元/张

企业办公用品管理由业务员承担，业务员每月月初收集、统计办公用品采购需求，统一购买、按需发放。行政主管依照员工使用需求发放办公用品并做好领用记录。

（五）运输规则

物流企业与其他企业签订运输合同的年限为 1 年。费用结算以运单为依据（详见合同），如出现争议，提交市场监督管理局进行协调。运费为货款金额的 5%。物流公司车辆信息如表 4-36 所示。

表 4-36　物流公司车辆信息

车型	最大载重（t）	最大容积（m³）	车厢尺寸（m）	数量（辆）
短途运输车	4	13	4×1.8×1.8	40
短途运输车	8	40	7×2.4×2.5	20
40 尺柜牵引车	20	75	12.5×2.5×2.5	20

（六）财务规则

财务规则主要包括会计核算制度、会计管理制度、预算管理方法、筹资规则、投资规则、账簿设置与会计核算程序等，各公司必须按照本规则的各项规定组织会计核算，进行会计管理。

（七）税务规则

物流企业的税务规则与商贸规则与商贸企业一致，具体见前文的论述。

（八）会计核算规则

具体见前文对商贸企业会计核算规则的论述。

五、国际贸易企业规则

国际贸易企业设在政务中心，主要通过购买制造企业的成品，再通过国际贸易的价格差来实现盈利。本企业属于可选业务，只针对国际贸易专业开设。

（一）国际贸易规则

1. 信函

英文函电格式如下：

（1）英文信封的格式有两点与中文信封书写的习惯相反：一是英文信函中寄信人信息在左上角，收信人信息在中间略靠下、略靠左；二是英文信封上各自的信息在属性上都按照从小到大的顺序进行表达。

（2）信内的双方信息是：寄信人信息在右上角，由小到大，在最下行写上日期；如果公文纸中间最上方已有铅印好的公司信息，那么右上角处不用再重复，只需将写信日期写在右上角即可；收信人信息写在左上角，略低于右上角的寄信人信息，信息排序依然是由小到大。

（3）信内称呼收信人后，要使用逗号；信尾结束语后也要使用逗号。

（4）英语书写中使用的句号永远是一个实心的点。

在此进行举例说明：

国贸进出口部门从网上查询并了解到一家意大利公司 Artigo S. P. A. 经营童车产品，便给该公司书写了一封建交函，介绍自己公司的业务，表达希望能与 Artigo S. P. A. 公司建立贸易伙伴关系（销售自己公司的童车产品）的意愿。收到对方回函询价后，双方便开始了交易洽谈，之后签订合同，进而各自履行义务。英文建交函示例如下：

WuZhou Import & Export Co. , Ltd.

Senda Shoes 82 Jian Guo Street Dongcheng District Beijing 100006，China

Telephone：010-65000000 January 5，2020

Artigo S. P. A.

Modern Shoes Fashions 78 Via Appia Rome, Italy

Dear Sirs (Dear Sir or Madam),

We are pleased to learn from the Internet that you are a reputable dealer of baby cart. We therefore take the liberty to write you for a possible start of business relationship with you.

Located in Beijing, China, our company is a baby cart supplier with total capacity of 75, 000 sets one year. Thanks to our products verifiable quality and our reliable service, we are foreseeing our market share in China to reach 3. 9% by the end of 2019, up from 3. 2% in 2015.

However, our recent business expansion to international market has proved that our products have good opportunities in other countries too. We thus enclose our product catalogue for your convenient reference, and wish you to join us for a successful business in your market.

Upon your specific inquiry, we will be happy to provide you with any further information in detail.

Yours sincerely,

Li Ming (Mr.)

Sales Dept.

2. CIF 报价计算规则

下面来看按一个集装箱装货量报价的计算过程：

产品从工厂进货价（含 13% 税）：1010. 32 元/辆。

出口退税：9%。

国际海运至热那亚每个 20 英尺货柜：2800 美元。

保险费：按成交价格加成 10%；再投保一切险（0. 9%）和战争险（0. 1%）。

纸箱包装尺寸：110cm×70cm×20cm。

净重：15 千克。

毛重：20 千克。

国内杂费（国内运费、港杂费、银行占款、报关费、商检费）：大约

2000 元。

公司预期利润：10%。

一个 20 英尺货柜的内容积为 25 立方米，可承载 17.5 吨的货，但通常情况下都按照体积来计算内装货物数量，因为按重量计算的话，一般货物要是有 17.5 吨重，那它的体积要远远大于 25 立方米，一个货柜是装不下的。

出口报价公式：

$$CIF = \frac{实际采购成本+国际运费+国内杂费}{1-（1+投保加成率）×保险费率-佣金率（如有）} - 公司预期利润率$$

运用公式先分步计算分子（分母都是已知数）：

实际采购成本＝含税成本－［含税成本/（1+增值税率）］×出口退税率

＝1010.32－［1010.32/（1+13%）］×9%＝907.57 元（运算过程中保留小数点后四位）

国际运费＝2800 美元×6.20（汇率）＝17360 元（一个 20 英尺货柜）

一个 20 英尺货柜内装数量＝内容积 25 立方米/（1.1×0.7×0.2）＝162 辆

每辆童车的国际运费＝17360/162＝107.1605 元

国内杂费＝2000 元/162 辆（一个集装箱内装数量）

每辆童车的国内杂费＝12.3457 元

将所有已知数代入公式：

$$CIF 报价 = \frac{907.57+107.1605+12.3457}{1-（1+10%）×（0.9%+0.1%）-10%} = 1183.48 元$$

＝1183.48/6.2＝190.88 美元（对外报价前要换算为美元，保留小数点后两位）

总金额＝190.88×162×5＝154615.94 美元

3. 结算方式

国际贸易支付方式有信用证以及托收（D/P、D/A）和汇付（T/T、M/T、D/D），但是相对来讲信用证是最安全的支付方式。它属于银行信用，即银行依据买卖双方签订的合同条款开出以卖方为受益人（Beneficiary）的银行付款担保，卖方交货后凭信用证规定的相关单据向指定银行议付货款，银行承担第一付款责任。

4. 销售合同说明

合同中，销售价格为含税价，增值税税率为 17%，销售商品时需要给顾客开具增值税专用发票。

5. 其他

本实训的通知行、议付行都是中国银行，开证行是 BANKA DI MILANO。

在催证、审证、改证业务流程中，明确开证时间和种类、催开信用证、买方申请开证、买方银行开证（开证行）、开证行把信用证交给卖方银行（通知行）等，这些业务活动因为没有出口商组织，也没有开证行组织，所以本实训假设这些活动已经发生，并正确完成。

以 CIF 术语成交的出口合同，在信用证得到落实、货物准备工作尽在掌握之中的情况下，出口方应尽可能提前租船或订舱，以确保船货衔接、按时出运。租船或订舱是货物出运的前期工作，是交货环节中至关重要的部分。大多数情况下，这部分工作连同出口报关和储运业务，一并委托专业的涉外货运代理公司（货代）去做。货代企业提供的服务相对出口企业自己来做往往更专业而高效，同时也可以节省出口企业自己做可能产生的更多成本。但是，为了让学生体验这部分业务而更好地掌握前面外贸环节的诸多知识点，我们将这部分工作设计由国贸公司进出口经理代替货代公司完成。另外，船公司的业务也由国贸公司进出口经理代替完成。国贸公司的进出口经理具有报关员证和报检员证。

保险公司的保险费和船公司的船运费的转账说明：因为没有保险公司组织和船公司组织，因此保险费和船运费在国贸公司扣除后转到服务公司的指定账户上。

（二）采购计划

商品采购主要按销售预测制订采购计划，从童车制造企业采购，采购品种主要有三种。值得注意的是：此处单价为含税单价，增值税税率为13%。

销售预测方法：移动平均法是用一组最近的实际数据值来预测未来一期或几期内公司商品的需求量的一种常用方法。移动平均法适用于近期预测。当商品需求既不快速增长也不快速下降，且不存在季节性因素时，移动平均法能有效地消除预测中的随机波动，是非常有用的。移动平均法根据预测时使用的各元素的权重不同，可以分为简单移动平均和加权移动平均。本实训用简单移动平均法进行销售量预测。

国际贸易公司销售的童车在 10 月、11 月、12 月的销售量分别为 1000 辆、700 辆、1000 辆，预测 2020 年 1 月的销售量为：

$$\frac{1000+700+1000}{3}=900（辆）$$

12 月的实际销售量为 810 辆，则 2020 年 1 月的预测销售量为：

$$\frac{700+1000+810}{3}=836（辆）$$

计划采购量＝预测销售量−（剩余库存量−安全库存量），即 836−（490−200）＝546（辆）。

采购商品的流程如下：

（1）国贸内陆业务部门根据销售预测、市场供求形势、采购提前期、安全库存以及采购批量等因素，编制采购计划表。

（2）国贸内陆业务部门与童车制造企业签订合同，确定未来一段时间里即将采购的商品品种、预计数量和约定价格等。

（3）每月月末，国贸内陆业务部门根据销售情况与童车制造企业签订纸质采购合同。

（4）制造企业根据约定的时间向国贸公司发货，国贸验收入库。

（5）货款结算的时间及金额依据双方签订的合同，并根据实际情况执行。

（三）仓储规则

仓库容量信息见表4-2。

普通仓库可存放物资种类与数量信息参考表4-3。

六、招投标公司规则

招投标公司设在政务中心，主要承担制造企业招投标的服务工作。招投标公司主要通过收取招标服务费来实现盈利，并做好企业的服务工作。

（一）人力资源规则

人力资源是企业经营活动的基本要素。公司的员工配置、工资标准及核算、员工招聘与培训，要在遵循本规则的前提下，作出科学合理的规划安排，以保证公司的经营活动协调、有序、高效进行。招投标公司岗位及人员设置如表4-37所示。

表4-37　招投标公司岗位及人员设置

部门	岗位名称	在编人数	直接上级
董事会	总经理	1	—

（二）考勤规则

每天的实训开始后，学生必须登录 VBSE 系统点击"签到"按钮进行考勤签到。

VBSE 实训中对实际业务进行了抽象，一个实际工作日完成一个月的工作内容，每月工作任务集中在 3~5 个虚拟工作日。

（三）销售规则

与业主双方进行合同洽谈，并签订纸质合同，作为后续交易依据，费用结算按双方合同中的约定进行处理，如出现争议，提交市场监督管理局进行协调。

（四）收费规则

招标代理服务收费标准如表 4-38 所示。

表 4-38　招标代理服务收费标准

服务类型 费率 中标金额（元）	货物招标（%）	服务招标（%）	工程招标（%）
100 万以下	1.500	1.500	1.000
100 万~500 万	1.100	0.800	0.700
500 万~1000 万	0.800	0.450	0.550
1000 万~5000 万	0.500	0.250	0.350
5000 万~10000 万	0.250	0.100	0.200
1 亿~5 亿	0.050	0.050	0.050
5 亿~10 亿	0.035	0.035	0.035
10 亿~50 亿	0.008	0.008	0.008
50 亿~100 亿	0.006	0.006	0.006
100 亿以上	0.004	0.004	0.004

按本表费率计算的收费为招标代理服务全过程的收费基准价格，单独提供编制招标文件（有标底的含标底）服务的，可按规定标准的 30% 计收。招标代理服务收费按差额定率累进法计算。例如：某工程招标代理业务中标金额为 6000 万元，计算招标代理服务收费额如下：

100 万元×1.00% = 1 万元

（500-100）万元×0.70% = 2.8 万元

（1000-500）万元×0.55% = 2.75 万元

（5000-1000）万元×0.35% = 14 万元

（6000-5000）万元×0.20% = 2 万元

合计收费 = 1 万元+2.8 万元+2.75 万元+14 万元+2 万元 = 22.55 万元

需要注意的是，固定数据阶段不需缴纳投标保证金，自主经营阶段可由招投标总经理决定是否需缴纳投标保证金。付款方式为转账支票或网银转账。

（五）财务规则

财务业务规则主要包括：会计核算制度、会计管理制度、预算管理方法、筹资规则、投资规则、账簿设置与会计核算程序等，各公司必须按照本规则的各项规定组织会计核算，进行会计管理。

七、连锁零售企业规则

连锁零售企业设在政务中心，主要承担制造企业的成品销售问题。连锁零售企业主要通过制造企业与虚拟市场的差价来实现盈利，并于最后期限收购制造企业的库存童车。

（一）门店销售规则

销售订单说明：订单中，销售价格为含税价，增值税税率为13%，销售商品时需要给顾客开具增值税普通发票。

扣率说明：本版本实训材料中给定值为1，实训中具体扣率多少由实训人员自己设定。

在固定经营阶段，会由计算机扮演顾客，选中4张订单小票。订单小票上写明客户名称以及购买童车品种、数量、价格等信息。需要避免反复购买。订单小票如表4-39所示。而自主经营阶段的销售订单如表4-40所示。

表 4-39　订单小票

客户名称	日期	货品名称	数量	单位	含税单价（元）	应收金额（元）
个人客户订单合计1	2020年1月5日	经济童车	100	辆	1250.00	125000
个人客户订单合计2	2020年1月5日	经济童车	100	辆	1250.00	125000
个人客户订单合计3	2020年1月5日	经济童车	100	辆	1250.00	125000
个人客户订单合计4	2020年1月5日	经济童车	100	辆	1250.00	125000

表 4-40　自主经营阶段的销售订单

客户名称	日期	货品名称	数量	单位	含税单价（元）	应收金额（元）	折扣率	赠品	实收金额（元）
个人客户订单合计5	2021年1月5日	经济童车	100	辆	1250	125000	1	无	125000
个人客户订单合计6	2021年1月5日	舒适童车	100	辆	1850	185000	1	无	185000

客户名称	日期	货品名称	数量	单位	含税单价（元）	应收金额（元）	折扣率	赠品	实收金额（元）
个人客户订单合计 7	2021 年 1 月 5 日	豪华童车	100	辆	2450	245000	1	无	245000
个人客户订单合计 8	2021 年 1 月 5 日	经济童车	100	辆	1250	125000	1	无	125000
个人客户订单合计 9	2021 年 1 月 5 日	舒适童车	100	辆	1850	185000	1	无	185000
个人客户订单合计 10	2021 年 1 月 5 日	豪华童车	100	辆	2450	245000	1	无	245000
个人客户订单合计 11	2021 年 1 月 5 日	经济童车	100	辆	1250	125000	1	无	125000
个人客户订单合计 12	2021 年 1 月 5 日	舒适童车	100	辆	1850	185000	1	无	185000
个人客户订单合计 13	2021 年 1 月 5 日	豪华童车	100	辆	2450	245000	1	无	245000
个人客户订单合计 14	2021 年 1 月 5 日	经济童车	100	辆	1250	125000	1	无	125000
个人客户订单合计 15	2021 年 1 月 5 日	舒适童车	100	辆	1850	185000	1	无	185000
个人客户订单合计 16	2021 年 1 月 5 日	豪华童车	100	辆	2450	245000	1	无	245000

门店补货规则：店面补货，通常在第一次进货之后，要根据销售情况和计划进行补货，以免出现断货的情况。完善的货品管理可以减少货品流失的机会及提高补货质量，令货品的出入得以平衡。而有效的存货管理就在于出数与入数的有效管理。补货基本上属于连锁企业内部的业务流程范畴。有的连锁企业把补货工作称为"向配送中心点菜"，这样的提法非常形象。

补货业务的要点如下：

（1）店长每天查看商品库存和销售情况。

（2）门店库存量设置最小、最大库存量。

（3）一次进货量保持在 30 天的销售范围内。

（4）店长根据最小库存量，即订货点法填制补货申请单。

（5）总部物流部配送员在规定时间内根据申请单要求组织送货到门店。

门店补货量计算公式如下：

计划补货量＝平均每天销售量×（补货周期＋交货期＋安全库存天数）＋最小陈列量（货架容量×最小陈列系数）－最后库存量－在途补货量

月销售量＝平均每天销售量×订货周期

配送交货期库存量＝平均每天销售量×交货期

安全库存量＝平均每天销售量×安全库存天数

最小陈列数量＝货架容量×最小库存系数

补货点=送货天数×每天销售量+安全库存+最小陈列数量

门店最小陈列量如表 4-41 所示，一个门店的补货计划如表 4-42 所示。

表 4-41 门店最小陈列量

门店	货架容量	系数	最小陈列量
东区门店	40	0.5	20
西区门店	40	0.5	20

表 4-42 一个门店的补货计划

项目	1 月	2 月	3 月
月均销售量	400		
安全库存量（2 天×13 辆）	26		
配送交货期库存量（2 天×13 辆）	26		
店面最小陈列量	20		
最高库存量	472	472	472
期初库存量（400）	420	420	420
在途补货量	0	0	0
30 天销售量	400	400	400
补货点（最低库存量）	72	72	72
月末补货量（下单）	400	400	400

仓储中心补货规则分两点介绍，一是补货业务的要点，即①每天查看商品库存和配货情况。②库存量设置最小、最大库存量。③一次进货量保持在 30 天的配送范围内。④根据最小库存量即订货点法的计算结果，填制补货申请表。⑤总部采购部采购员依据仓储中心补货申请表编制采购计划。二是仓储中心补货量计算公式，具体如下：

计划补货量=平均每天配送量×（配送周期+交货期+安全库存天数）-最后库存量-在途订货量

月销售量=平均每天销售量×订货周期

配送交货期库存量=平均每天销售量×交货期

安全库存量=平均每天销售量×安全库存天数

补货点=交货天数×平均每天销售量+安全库存量

仓储中心补货计划如表 4-43 所示。

表 4-43　仓储中心补货计划

项目	1 月	2 月	3 月
月均配送量	1600		
安全库存量（5 天×52 辆）	260		
采购交货期库存量（5 天×52 辆）	260		
最高库存量	2120	2120	2120
期初库存量（2000）	2000	2000	2000
在途订货量	0	0	0
月末一次配送量	1200	1200	1200
订货点	520	520	520
月末补货量（下单）	1200	1200	1200

（二）采购规则

采购商品主要从童车制造企业采购，采购品种及价格由政务中心商议而定。此处单价为含税单价，增值税税率为 13%。

采购商品的流程如下：

（1）采购部门根据仓储中心库存净需求（仓储中心补货申请表）、市场供求形势、采购提前期、安全库存以及采购批量等因素，编制采购计划表。

（2）采购部门与童车制造企业签订合同，确定未来一段时间里即将采购的商品品种、预计数量和约定价格等内容。

（3）每月月末，采购部门根据库存情况与童车制造企业签订纸质采购合同。

（4）供应商根据约定的时间向连锁企业发货，连锁企业验收入库。

（5）货款结算的时间及金额依据双方签订的合同，并根据实际情况执行。

（6）采购运费的具体细节在采购合同中由双方进行约定。

（三）仓储规则

连锁零售企业有 3 个仓库：仓储中心库、东区门店库、西区门店库。需要注意的是，东区门店库和西区门店库实际上仓库和店面是一体的，不单独设立仓管员。仓库信息如表 4-44 所示。

表 4-44　仓库信息

仓库编码	仓库名称	可存放商品
ZBCK01	仓储中心库	经济童车、舒适童车、豪华童车
AZCK02	东区门店库	经济童车、舒适童车、豪华童车
DDCK03	西区门店库	经济童车、舒适童车、豪华童车

（四）财务规则

本版本财务实训由会计师事务所代理记账。

第五章 制造业实训任务

虚拟商业社会环境的操作系统非常简单，只要严格按照"看流程、填表格、操业务"三步走，就可以完成系统中的所有任务。由于系统中岗位多、业务杂，为了厘清相互的关系，本书列出了各类任务的业务操作流程，可以更好地帮助学生梳理企业交易流程，形成对企业的整体认识。制造企业的业务种类最多，涉及产品研发、认证、生产及销售的所有环节。由于岗位多，各岗位需要处理事务的多少不一致，在业务操作过程中，需要总经理协调各部门的工作，合理分配每个员工的任务，这样才能够实现团队共同协作，从而提升企业的经营效率。

一、批量办理个人银行卡

业务概述：人力资源部根据本企业员工人数，办理发放工资的银行卡。具体业务流程如表5-1所示。

表5-1　批量办理个人银行卡的业务流程

编号	活动名称	角色	活动描述—操作指导
1	填制借记卡集体申领登记表	人力资源助理	1. 填写"借记卡集体申领登记表"，项目包括姓名、身份证号等 2. 收集员工姓名、身份证号信息，并录入"借记卡集体申领登记表" 3. 由员工核对并签字确认信息，"负责人姓名"处由人力资源助理签字
2	审核登记表	人力资源部经理	人力资源助理将"借记卡集体申领登记表"交人力资源部经理审核，无误后由人力资源部经理审核
3	去银行办理开卡业务	人力资源助理	到银行柜台递交借记卡集体申领登记表办理银行开卡（实际业务中必须带身份证原件）

续表

编号	活动名称	角色	活动描述—操作指导
4	办理银行开卡	银行柜员	银行柜员办理开卡完毕后把银行卡交给办卡申请人
5	借记卡集体申领登记表归档	人力资源助理	借记卡集体申领登记表归档

二、企业管理部借款

业务概述：企管部助理为开展业务，前去财务部借备用金，并依据公司流程办理相关手续。具体业务流程如表5-2所示。

表5-2 企业管理部借款的业务流程

编号	活动名称	角色	活动描述—操作指导
1	填写借款单	行政助理	1. 在 VBSE 系统中填写借款单（实际工作中可能填写纸质借款单） 2. 填写借款单，借款作为部门备用金 3. 拿借款单找部门经理（总经理兼）审核
2	审核借款单	总经理	1. 在 VBSE 系统中对借款用途、金额、付款条款进行审核 2. 审核无误后在审核意见处签字确认
3	审核借款单	财务部经理	1. 在 VBSE 系统中对借款用途、金额、付款条款进行审核 2. 审核无误后在审核意见处签字确认
4	确认借款单并支付现金	出纳	1. 接收财务经理交给的已审核过的借款单 2. 支付现金给借款人并由借款人签字 3. 借款单签字盖章并将借款单交给财务会计做凭证
5	填制记账凭证	财务会计	1. 接收到出纳交给的借款单 2. 填制记账凭证，将借款单粘贴在后面作为附件 3. 送财务部经理审核
6	审核记账凭证	财务部经理	1. 接收财务会计交给的记账凭证，进行审核 2. 审核无误后在记账凭证上签字或盖章 3. 交出纳登记现金日记账
7	登记现金日记账	出纳	1. 接收财务部经理审核后的记账凭证 2. 在记账凭证上签字或盖章 3. 根据记账凭证登记现金日记账 4. 将记账凭证交财务会计登记科目明细账

续表

编号	活动名称	角色	活动描述—操作指导
8	登记科目明细账	财务会计	1. 接收出纳交给的记账凭证 2. 在记账凭证上签字或盖章 3. 根据记账凭证登记科目明细账
9	登记总账	财务经理	1. 接收财务会计交给的记账凭证 2. 在记账凭证上签字或盖章 3. 根据记账凭证登记总账

三、人力资源部借款

业务概述：人力资源部助理为开展业务，前去财务部借备用金，并依据公司流程办理相关手续。具体业务流程如表5-3所示。

表5-3　人力资源部借款的业务流程

编号	活动名称	角色	活动描述—操作指导
1	填写借款单	人力资源助理	1. 在VBSE系统中填写借款单（实际工作中可能填写纸质借款单） 2. 拿借款单找人力资源部经理审核
2	审核借款单	人力资源部经理	1. 在VBSE系统中对借款用途、金额、付款条款进行审核 2. 审核无误后在审核意见处签字确认
3	审核借款单	财务部经理	1. 在VBSE系统中对借款用途、金额、付款条款进行审核 2. 审核无误后在审核意见处签字确认
4	确认借款单并支付现金	出纳	1. 接收人力资源助理交给的已审核过的借款单并签字或盖章 2. 支付现金给借款人并由借款人签字 3. 将借款单交给财务会计做凭证
5	填制记账凭证	财务会计	1. 接收到出纳交给的借款单 2. 填制记账凭证，将借款单粘贴在后面作为附件 3. 送财务部经理审核
6	审核记账凭证	财务部经理	1. 接收财务会计交给的记账凭证，进行审核 2. 审核无误后在记账凭证上签字或盖章 3. 交出纳登记现金日记账

续表

编号	活动名称	角色	活动描述—操作指导
7	登记现金日记账	出纳	1. 接收财务部经理审核后的记账凭证 2. 根据记账凭证登记现金日记账 3. 记账后在记账凭证上签字或盖章 4. 将记账凭证交财务会计登记科目明细账
8	登记科目明细账	财务会计	1. 接收出纳交给的记账凭证 2. 根据记账凭证登记科目明细账 3. 记账后在记账凭证上签字或盖章
9	登记总账	财务经理	1. 接收财务会计交给的记账凭证 2. 在记账凭证上签字或盖章 3. 根据记账凭证登记科目总账

四、采购部借款

业务概述：采购部因部门业务需要，去财务部借一定数额的备用金，并依据公司流程办理相关手续。具体业务流程如表5-4所示。

表5-4 采购部借款的业务流程

编号	活动名称	角色	活动描述—操作指导
1	填写借款单	采购员	1. 在VBSE系统中填写借款单（实际工作中可能填写纸质借款单） 2. 拿借款单找采购部经理审核
2	审核借款单	采购部经理	1. 在VBSE系统中对借款用途、金额、付款条款进行审核 2. 审核无误后在审核意见处签字确认
3	审核借款单	财务部经理	1. 在VBSE系统中对借款用途、金额、付款条款进行审核 2. 审核无误后在审核意见处签字确认
4	确认借款单并支付现金	出纳	1. 接收采购员交给的已审过的借款单 2. 支付现金给借款人并由借款人签字 3. 将借款单交给财务会计做凭证
5	填制记账凭证	财务会计	1. 接收到出纳交给的借款单 2. 填制记账凭证，将借款单粘贴在后面作为附件 3. 送财务部经理审核
6	审核记账凭证	财务部经理	1. 接收财务会计交给的记账凭证，进行审核 2. 审核无误后在记账凭证上签字或盖章 3. 交出纳登记现金日记账

编号	活动名称	角色	活动描述—操作指导
7	登记现金日记账	出纳	1. 接收财务部经理审核后的记账凭证 2. 根据记账凭证登记现金日记账 3. 记账后在记账凭证上签字或盖章 4. 将记账凭证交财务会计登记科目明细账
8	登记科目明细账	财务会计	1. 接收出纳交给的记账凭证 2. 在记账凭证上签字或盖章 3. 根据记账凭证登记科目明细账
9	登记总账	财务经理	1. 接收财务会计交给的记账凭证 2. 在记账凭证上签字或盖章 3. 根据记账凭证登记科目总账

五、营销部借款

业务概述：营销部因部门业务需要，去财务部借一定数额的备用金，并依据公司流程办理相关手续。具体业务流程如表 5-5 所示。

表 5-5　营销部借款的业务流程

编号	活动名称	角色	活动描述—操作指导
1	填写借款单	销售专员	1. 在 VBSE 系统中填写借款单（实际工作中可能填写纸质借款单） 2. 拿借款单找营销部经理审核
2	审核借款单	营销部经理	1. 在 VBSE 系统中对借款用途、金额、付款条款进行审核 2. 审核无误后在审核意见处签字确认
3	审核借款单	财务部经理	1. 在 VBSE 系统中对借款用途、金额、付款条款进行审核 2. 审核无误后在审核意见处签字确认
4	确认借款单并支付现金	出纳	1. 接收销售专员交给的已审核过的借款单 2. 支付现金给借款人并由借款人签字 3. 出纳在借款单上签字或盖章 4. 将借款单交给财务会计做凭证
5	填制记账凭证	财务会计	1. 接收到出纳交给的借款单 2. 填制记账凭证，将借款单粘贴在后面作为附件 3. 送财务经理审核

编号	活动名称	角色	活动描述—操作指导
6	审核记账凭证	财务部经理	1. 接收财务会计交给的记账凭证，进行审核 2. 审核无误后在记账凭证上签字或盖章 3. 交出纳登记现金日记账
7	登记现金日记账	出纳	1. 接收财务部经理审核后的记账凭证 2. 根据记账凭证登记现金日记账 3. 记账后在记账凭证上签字或盖章 4. 将记账凭证交财务会计登记科目明细账
8	登记科目明细账	财务会计	1. 接收出纳交给的记账凭证 2. 在记账凭证上签字或盖章 3. 根据记账凭证登记科目明细账
9	登记总账	财务经理	1. 接收财务会计交给的记账凭证 2. 在记账凭证上签字或盖章 3. 根据记账凭证登记科目总账

六、仓储部借款

业务概述：仓储部因部门业务需要，去财务部借一定数额的备用金，并依据公司相关流程办理手续。具体流程如表5-6所示。

表5-6　仓储部借款的业务流程

编号	活动名称	角色	活动描述—操作指导
1	填写借款单	仓管员	1. 在VBSE系统中填写借款单（实际工作中可能填写纸质借款单） 2. 拿借款单找仓储部经理审核
2	审核借款单	仓储部经理	1. 在VBSE系统中对借款用途、金额、付款条款进行审核 2. 审核无误后在审核意见处签字确认
3	审核借款单	财务部经理	1. 在VBSE系统中对借款用途、金额、付款条款进行审核 2. 审核无误后在审核意见处签字确认
4	确认借款单并支付现金	出纳	1. 接收仓管员交给的已审核过的借款单 2. 支付现金给借款人并由借款人签字 3. 将借款单交给财务会计做凭证
5	填制记账凭证	财务会计	1. 接收到出纳交给的借款单 2. 填制记账凭证，将借款单粘贴在后面作为附件 3. 送财务经理审核

编号	活动名称	角色	活动描述—操作指导
6	审核记账凭证	财务部经理	1. 接收财务会计交给的记账凭证，进行审核 2. 审核无误后在记账凭证上签字或盖章 3. 交出纳登记现金日记账
7	登记现金日记账	出纳	1. 接收财务部经理审核后的记账凭证 2. 根据记账凭证登记现金日记账 3. 记账后在记账凭证上签字或盖章 4. 将记账凭证交财务会计登记科目明细账
8	登记科目明细账	财务会计	1. 接收出纳交给的记账凭证 2. 在记账凭证上签字或盖章 3. 根据记账凭证登记科目明细账
9	登记总账	财务经理	1. 接收财务会计交给的记账凭证 2. 在记账凭证上签字或盖章 3. 根据记账凭证登记科目总账

七、生产计划部借款

业务概述：生产计划部因部门业务需要，去财务部借一定数额的备用金，并依据公司相关流程办理手续。具体业务流程如表 5-7 所示。

表 5-7　生产计划部借款的业务流程

编号	活动名称	角色	活动描述—操作指导
1	填写借款单	生产计划员	1. 在 VBSE 系统中填写借款单（实际工作中可能填写纸质借款单） 2. 拿借款单找生产计划部经理审核
2	审核借款单	生产计划部经理	1. 在 VBSE 系统中对借款用途、金额、付款条款进行审核 2. 审核无误后在审核意见处签字确认
3	审核借款单	财务部经理	1. 在 VBSE 系统中对借款用途、金额、付款条款进行审核 2. 审核无误后在审核意见处签字确认
4	确认借款单并支付现金	出纳	1. 接收生产计划员交给的已审核过的借款单 2. 支付现金给借款人并由借款人签字 3. 将借款单交给财务会计做凭证
5	填制记账凭证	财务会计	1. 接收到出纳交给的借款单 2. 填制记账凭证，将借款单粘贴在后面作为附件 3. 送财务经理审核

编号	活动名称	角色	活动描述—操作指导
6	审核记账凭证	财务部经理	1. 接收财务会计交给的记账凭证，进行审核 2. 审核无误后在记账凭证上签字或盖章 3. 交出纳登记现金日记账
7	登记现金日记账	出纳	1. 接收财务部经理审核后的记账凭证 2. 根据记账凭证登记现金日记账 3. 记账后在记账凭证上签字或盖章 4. 将记账凭证交财务会计登记科目明细账
8	登记科目明细账	财务会计	1. 接收出纳交给的记账凭证 2. 在记账凭证上签字或盖章 3. 根据记账凭证登记科目明细账
9	登记总账	财务经理	1. 接收财务会计交给的记账凭证 2. 在记账凭证上签字或盖章 3. 根据记账凭证登记科目总账

八、发放薪酬

业务概述：人力资源部经理依据本企业的员工在职状况，核算本企业的员工薪酬，并按月做出薪酬发放表，由财务部依据此表发放员工薪酬。具体业务流程如表5-8所示。

表5-8 发放薪酬的业务流程

编号	活动名称	角色	活动描述—操作指导
1	薪资录盘	人力资源助理	1. 在VBSE系统里打开"薪资录盘"界面，检查员工的相关信息、工资等 2. 依据职工薪酬发放在系统中修改并保存职工基本工资 3. 在系统中修改完毕后点击导出按钮，将导出的工资表拷贝至U盘
2	填写支出凭单	人力资源助理	1. 依据职工薪酬发放表数据填写支出凭单 2. 将拷贝了工资表的U盘交人力资源经理和财务经理进行审核
3	审核支出凭单和薪酬发放表	人力资源经理	1. 审核支出凭单信息和薪酬发放表是否一致、正确 2. 审核支出凭单的日期、金额、支出方式、支出用途及金额大小写是否正确 3. 审核完成后在支出凭单上签字确认

编号	活动名称	角色	活动描述—操作指导
4	审核支出凭单和薪酬发放表	财务经理	1. 审核支出凭单信息和薪酬发放表是否一致、正确 2. 审核支出凭单的日期、金额、支出方式、支出用途及金额大小写是否正确 3. 审核完成后在支出凭单上签字确认
5	开具转账支票	出纳	1. 根据支出单的信息开具转账支票 2. 检查支票填写无误后加盖公司财务章和法人章
6	登记支票使用登记簿	出纳	1. 根据签发的支票登记支票登记簿 2. 支票领用人在支票登记簿签字
7	去银行办理薪资发放	出纳	带齐薪资发放资料——职工薪酬发放表、转账支票、薪资录盘，去银行办理工资发放
8	银行柜台发放薪酬	银行柜员	1. 按照企业的职工薪酬发放表 2. 将职工薪酬发放表导入 3. 发放薪酬
9	取得银行业务回单	出纳	取得银行的业务回单（可以直接在柜台办理时由银行柜员打印取回；在柜台未打印，次日可以在回单柜中取得）
10	填制记账凭证	财务会计	1. 依据银行业务回单、转账支票存根、支出凭单填制记账凭证 2. 编制记账凭证，将原始单据作为附件粘贴在记账凭证后面 3. 将记账凭证和相关原始单据交给财务经理审核
11	审核记账凭证	财务经理	1. 审核财务会计提交的记账凭证 2. 核对记账凭证与原始凭证一致性，审核无误后签字或盖章 3. 将审核后的记账凭证交给出纳登记日记账
12	登记银行存款日记账	出纳	1. 根据审核后的记账凭证登记银行存款日记账 2. 记账后在记账凭证上签字或盖章 3. 将记账凭证交回财务会计登记科目明细账
13	登记科目明细账	财务会计	1. 接收出纳交还的记账凭证 2. 根据记账凭证登记科目明细账 3. 记账后在记账凭证上签字或盖章
14	登记总账	财务经理	1. 接收财务会计交给的记账凭证 2. 在记账凭证上签字或盖章 3. 根据记账凭证登记科目总账

九、个人所得税申报

业务概述：财务会计依据人力资源部提交的个人所得税申报表，做相关的财务账务处理,办理完相关流程后再提交网上进行申报。具体业务流程如表5-9所示。

表5-9 个人所得税申报的业务流程

编号	活动名称	角色	活动描述—操作指导
1	整理汇总工资表、员工信息	人力资源部助理	1. 整理、汇总工资表和员工信息 2. 提交工资表和员工信息给财务会计
2	收到工资表、员工信息	财务会计	1. 收到人力资源助理提交的工资表和员工信息 2. 与人力资源助理确认工资表和员工信息,确认后提交给财务经理
3	审核工资表、员工信息	财务经理	1. 收到财务会计提交的工资表和员工信息 2. 审核个人所得税金额 3. 交给财务会计提交税务局
4	提交个人信息	财务会计	1. 根据员工信息在VBSE系统中下载导入模版,根据员工信息填写"个人所得税基础信息模板" 2. 将填好的"个人所得税基础信息模板"导入系统中并提交税务局
5	审核企业个人所得税申报	税务专员	在VBSE系统中审核企业提交的个人所得税申报
6	网上个人所得税申报	财务会计	1. 在VBSE系统中下载"扣缴个人所得税报告表模板" 2. 根据工资表和员工信息填写"扣缴个人所得税报告表模板" 3. 将填好的"扣缴个人所得税报告表模板"导入系统中并扣缴个人所得税

十、申报企业增值税

业务概述: 财务部经理依据业务流程办理增值税申报。具体业务流程如表5-10所示。

表5-10 申报企业增值税的业务流程

编号	活动名称	角色	活动描述—操作指导
1	填写增值税纳税申报表	财务经理	1. 准备上期的进项税,汇总并整理 2. 准备上期的销项税,汇总并整理

编号	活动名称	角色	活动描述—操作指导
2	网上增值税纳税申报	财务经理	1. 在 VBSE 系统中根据确认的金额进行增值税纳税申报 2. 填写完成后提交税务机关审核
3	审核企业增值税申报	税务专员	在 VBSE 系统中审核企业提交的增值税申报

十一、申请和办理 ISO9000 认证

业务概述：生产计划部经理为开发公司产品，使之符合在市场的要求和提升竞争力，申请办理 ISO9000 认证。具体业务流程如表 5-11 所示。

表 5-11　申请和办理 ISO9000 认证的业务流程

编号	活动名称	角色	活动描述—操作指导
1	填写 ISO9000 认证申请	生产计划部经理	1. 根据公司的经营策略，填写办理 ISO9000 认证申请 2. 将认证申请表提交给总经理
2	审核 ISO9000 认证申请	总经理	1. 接收生产计划部经理提交的认证申请书 2. 对照公司的经营策略、产品规格，审核办理 ISO9000 认证的合理性 3. 审核确认 ISO9000 认证申请的支出凭单，无误后签字确认 4. 将认证申请书发送给行政助理
3	ISO9000 申请认证盖章	行政助理	1. 收到总经理发送的认证申请表 2. 查看总经理的审核批复及签字 3. 将认证申请表发送给生产计划部经理
4	到服务公司办理 ISO9000 认证	生产计划部经理	1. 接收行政助理发送的认证申请表 2. 到服务公司通知服务公司办理生产许可证
5	收到 ISO9000 申请单	服务公司业务员	1. 由制造业生产计划部经理来办理 ISO9000 申请，制造业生产计划部经理要提交 ISO9000 申请单 2. 接收 ISO9000 申请单
6	办理 ISO9000 认证	服务公司业务员	为申请企业办理 ISO9000 认证

十二、收到 ISO9000 认证发票

业务概述：制造业收到服务公司的 ISO9000 认证发票，进行付款审核并做相

关账务处理。具体业务流程如表 5-12 所示。

表 5-12 收到 ISO9000 认证发票的业务流程

编号	活动名称	角色	活动描述—操作指导
1	去服务公司领取 ISO9000 认证的发票	生产计划员	签订 ISO9000 委托认证合同并且经过认证后，领取服务公司开具的 ISO9000 认证的发票
2	开具 ISO9000 认证发票	服务公司业务员	1. 根据 ISO9000 认证的金额和生产计划员提供的企业信息开具增值税专用发票 2. 将增值税专用发票发票联、抵扣联交给生产计划员 3. 将增值税专用发票记账联备案留档
3	收取 ISO9000 认证发票	生产计划员	1. 从服务公司收取 ISO9000 认证费用专用发票并登记备案 2. 将收取 ISO9000 认证费用专用发票送至财务会计处并登记发票
4	收到发票并填制记账凭证	财务会计	1. 收到生产计划员提交的 ISO9000 认证费用专用发票 2. 根据 ISO9000 认证费用专用发票填制记账凭证
5	审核记账凭证	财务经理	1. 审核财务会计编制的记账凭证并对照相关附件检查是否正确 2. 审核无误后在记账凭证上签字或盖章
6	登记科目明细账	财务会计	1. 根据记账凭证登记科目明细账 2. 记账后在记账凭证上签字或盖章
7	登记总账	财务经理	1. 根据记账凭证登记总账 2. 记账后在记账凭证上签字或盖章

十三、与工贸企业签订购销合同

业务概述：采购部为规范商业经营活动、保证公司利益，与工贸企业签订采购合同，并依据公司流程审批。具体业务流程如表 5-13 所示。

表 5-13 与工贸企业签订购销合同的业务流程

编号	活动名称	角色	活动描述—操作指导
1	填写购销合同	采购员	1. 根据采购计划选择合适的工贸企业沟通采购细节内容 2. 填写购销合同，一式两份
2	填写合同会签单	采购员	1. 根据合同的信息填写合同会签单 2. 将购销合同和合同会签单提交给采购部经理

编号	活动名称	角色	活动描述—操作指导
3	合同会签单签字	采购部经理	1. 接收采购员提交的购销合同及合同会签单 2. 审核购销合同内容填写的准确性和合理性，审核同意后在合同会签单上签字确认 3. 将购销合同和合同会签单发送给财务部经理
4	合同会签单签字	财务部经理	1. 接收采购部经理交送的购销合同及合同会签单 2. 审核购销合同的准确性和合理性，审核同意后在合同会签单上签字 3. 将购销合同和合同会签单提交给总经理
5	合同会签单签字	总经理	1. 接收财务部经理提交的购销合同及合同会签单 2. 审核采购部经理和财务部经理是否审核签字，审核购销合同的准确性和合理性，审核同意后在合同会签单、购销合同上签字 3. 将购销合同和合同会签单发送给行政助理
6	购销合同盖章	行政助理	1. 接收总经理发送的购销合同和合同会签单 2. 检查合同会签单总经理是否签字，确认无误后给合同盖章 3. 将购销合同发送给采购员
7	登记采购合同执行情况表	采购员	1. 接收行政助理发送的购销合同 2. 根据制造业与工贸企业签订好的购销合同，登记采购合同执行情况表 3. 将购销合同送交供应商

十四、录入采购订单

业务概述：制造业录入与工贸企业的采购订单。具体业务流程如表 5-14 所示。

表 5-14　录入采购订单的业务流程

编号	活动名称	角色	活动描述—操作指导
1	在系统中录入采购订单	采购员	1. 根据制造业与工贸企业签订好的购销合同，将采购订单信息录入 VBSE 系统 2. 通知供货方确认订单

十五、与经销商签订购销合同

业务概述：营销部为开展商业活动、保护公司利益，与经销商签订购销合同。具体业务流程如表5-15所示。

表5-15 与经销商签订购销合同的业务流程

编号	活动名称	角色	活动描述—操作指导
1	收到经销商购销合同	销售专员	1. 销售专员收到经销商的购销合同 2. 与经销商达成共识
2	填写合同会签单	销售专员	1. 填写合同会签单 2. 将购销合同和合同会签单送交营销部经理审核
3	合同会签单签字	营销部经理	1. 接收销售专员交给的购销合同及合同会签单 2. 审核购销合同内容填写的准确性和合理性 3. 在合同会签单上签字确认
4	合同会签单签字	财务部经理	1. 接收营销经理交给的购销合同及合同会签单 2. 审核购销合同内容填写的准确性和合理性 3. 在合同会签单上签字确认
5	合同会签单签字	总经理	1. 接收财务经理交给的购销合同及合同会签单 2. 审核购销合同内容填写的准确性和合理性 3. 在合同会签单上签字确认
6	购销合同盖章	行政助理	接到审核通过的合同会签单，在购销合同上盖章
7	合同存档	行政助理	1. 行政助理将合同会签单与一份盖章的购销合同一起进行归档 2. 行政助理将一份盖完章的购销合同交给销售专员送交合同当事人
8	购销合同登记	销售专员	1. 销售专员将盖章的购销合同进行登记，然后交给合同当事人 2. 更新采购合同执行情况表

十六、确认经销商的采购订单

业务概述：营销部为规范地开展商业活动、保证企业经营利益、便于跟踪了解市场信息，将经销商的采购订单存档保存。具体业务流程如表5-16所示。

表 5-16　确认经销商的采购订单的业务流程

编号	活动名称	角色	活动描述—操作指导
1	在系统中确认经销商的采购订单	销售专员	1. 根据制造业与经销商签订好的销售合同，在系统中确认经销商的采购订单 2. 根据系统的采购订单信息填写销售订单

十七、物流公司签订运输合同

业务概述：仓储部为规范商业活动、保护公司利益，与物流公司签订物流运输合同。具体业务流程如表 5-17 所示。

表 5-17　与物流公司签订运输合同的业务流程

编号	活动名称	角色	活动描述—操作指导
1	接收物流送来的运输合同	仓管员	1. 根据采购计划等选择合适的物流公司，沟通运输（送货地、包装方式、运输方式、价格、保险、付款等）细节内容 2. 接收与物流公司拟定并盖有物流公司章的运输合同，一式两份
2	填写合同会签单	仓管员	1. 填写合同会签单 2. 将运输合同和合同会签单提交给仓储部经理
3	合同会签单签字	仓储部经理	1. 接收仓管员提交的运输合同及合同会签单 2. 审核运输合同内容填写的准确性和合理性，审核后在合同会签单上签字确认 3. 将运输合同和合同会签单发送给财务部经理
4	合同会签单签字	财务部经理	1. 接收仓储部经理发送的运输合同及合同会签单 2. 审核运输合同的准确性和合理性，审核后在合同会签单上签字确认 3. 将运输合同和合同会签单提交给总经理
5	合同会签单签字	总经理	1. 接收财务部经理提交的运输合同及合同会签单 2. 审核仓储部经理和财务部经理是否审核签字，运输合同的准确性和合理性 3. 审核同意后在合同会签单，在运输合同上签字 4. 将运输合同和合同会签单发送给行政助理
6	运输合同盖章	行政助理	1. 接收总经理发送的运输合同和合同会签单 2. 将运输合同盖章 3. 将运输合同发送给仓管员

编号	活动名称	角色	活动描述—操作指导
7	返回物流公司一份，另一份行政助理存档	仓管员	1. 接收行政助理发送的运输合同 2. 确定双方盖章、签字完整 3. 将合同返回物流公司一份，另一份行政助理存档
8	运输合同存档	行政助理	更新合同管理表，登记后将运输合同留存备案

十八、整理销售需求

业务概述：营销部将与经销商签订的销售订单汇总制表，并将此表下发给生产计划部和采购部，作为生产计划制订的依据。具体业务流程如表 5-18 所示。

表 5-18　整理销售需求的业务流程

编号	活动名称	角色	活动描述—操作指导
1	编制销售订单汇总表	销售专员	1. 根据销售订单和销售预测整理编制销售订单汇总表（一式二份） 2. 编制完成后报营销部经理审核
2	审核销售订单汇总表	营销部经理	1. 接收销售专员编制的销售订单汇总表 2. 依据市场状况进行审核，无误后签字并返回销售专员
3	下发销售订单汇总表	销售专员	1. 将营销部经理审核过的销售订单汇总表送至生产计划部生产计划员并确认其签收（作为制定 MPS 的主要依据） 2. 将营销部经理审核过的销售订单汇总表送采购部采购员并确认其签收（作为采购计划的整体指导）

十九、编制主生产计划

业务概述：生产计划部依据营销部的销售信息，结合当前生产、库存的状况编制主生产计划。具体业务流程如表 5-19 所示。

表 5-19　编制主生产计划的业务流程

编号	活动名称	角色	活动描述—操作指导
1	编制主生产计划	生产计划员	1. 依据接收的销售订单汇总表，结合各车间的生产能力、产品库存状况编制主生产计划计算表 2. 主生产计划表为 Excel 电子表，需要从老师处拷贝 3. 将主生产计划表交由车间管理员核验，然后交由生产计划部经理审批

续表

编号	活动名称	角色	活动描述—操作指导
2	核验主生产计划	车间管理员	1. 根据车间产能检查主生产计划是否可行（如不可行返回第一步重新调整编制） 2. 核对确认后签字交还给生产计划员
3	审批主生产计划	生产部经理	审批车间管理员核验过的主生产计划，签字后交还给生产计划员

二十、编制物料净需求计划

业务概述：生产计划部依据需求、库存、物料清单进行物料的需求计划编制并下发。具体业务流程如表 5-20 所示。

表 5-20　编制物料净需求计划的业务流程

编号	活动名称	角色	活动描述—操作指导
1	编制物料净需求计划	生产计划员	1. 依据主生产计划、物料库存、BOM，通过填制物料需求计算表进行物料净需求计算 2. MRP 计算需要用 Excel 电子表，从老师处拷贝 3. 将物料净需求计划表送车间管理员校对，然后送生产计划部经理审批
2	审核物料净需求计划	生产计划部经理	1. 收到生产计划员的物料净需求计划后核对计算是否正确 2. 审核物料净需求计划中物料需求时间与数量是否同主生产计划一致 3. 确认后批准交还给生产计划员
3	将物料净需求计划送交相关部门	生产计划员	1. 第一联留下，生产计划员用来安排生产 2. 第二联送采购部经理以便其安排采购

二十一、签订代发工资协议

业务概述：人力资源部与银行签订银企代发工资合作协议，由银行按照双方约定的时间统一发放工资给本企业的各个员工。具体业务流程如表 5-21 所示。

表5-21 签订代发工资协议的业务流程

编号	活动名称	角色	活动描述—操作指导
1	签订银企代发工资合作协议	人力资源经理	1. 整理资料，带好营业执照、法人身份证、公章、预留印鉴等准备签订银企代发工资合作协议（实训中带上营业执照和公章即可） 2. 去银行签订银企代发工资合作协议，并加盖单位公章
2	签订银企代发工资合作协议	银行柜员	1. 核对内容是否填写完整、规范 2. 在银企代发工资合作协议上签字盖章 3. 将一份交给客户，一份自己保存
3	协议书归档	人力资源经理	收到银行签字盖章的银企代发工资合作协议，然后进行归档

二十二、签订社保、公积金委托收款协议

业务概述：财务经理与银行签订委托银行代收合同。具体业务流程如表5-22所示。

表5-22 签订社保、公积金委托收款协议的业务流程

编号	活动名称	角色	活动描述—操作指导
1	去签订委托银行代收合同书	财务经理	1. 去银行领取委托银行代收合同书，合同书一式三份 2. 按要求填写委托银行代收合同书，并加盖单位公章 3. 将合同书送交银行办理委托收款业务
2	签订委托银行代收合同书	银行柜员	1. 核对内容是否填写完整、规范 2. 在委托银行代收合同书上签字盖章 3. 将一份交给客户，一份自己保存，一份交给人社局
3	合同书归档	财务经理	收到银行签字盖章的委托银行代收合同书，然后进行归档

二十三、签订税务同城委托收款协议

业务概述：财务经理与银行签订授权划缴税款协议，代理本企业扣缴税款。具体业务流程如表5-23所示。

表 5-23　签订税务同城委托收款协议的业务流程

编号	活动名称	角色	活动描述—操作指导
1	去签订授权划缴税款协议书	财务经理	1. 去银行领取授权划缴税款协议书，协议书一式三份 2. 按要求填写授权划缴税款协议书，并加盖单位公章 3. 将协议书送交银行办理委托收款业务
2	签订授权划缴税款协议书	银行柜员	1. 核对内容是否填写完整、规范 2. 在授权划缴税款协议书上签字盖章 3. 将一份交给客户，一份自己保存，一份交给税务局
3	协议书归档	财务经理	收到银行签字盖章的授权划缴税款协议书，然后进行归档

二十四、收到"五险一金"缴款通知及账务处理

业务概述：出纳取回银行代扣"五险一金"的回单，并交由办理相关业务的财务进行处理。具体业务流程如表 5-24 所示。

表 5-24　收到"五险一金"缴款通知及账务处理的业务流程

编号	活动名称	角色	活动描述—操作指导
1	领取"五险一金"扣款回单	出纳	到银行领取"五险一金"扣款回单
2	代扣社会保险	银行柜员	为企业代理扣缴社会保险
3	代扣公积金	银行柜员	为企业代理扣缴公积金
4	打印"五险一金"扣款回单	银行柜员	1. 接到客户打印请求，查询相关交易记录 2. 确认交易记录存在，即可为客户打印回单 3. 打印后将回单交于客户
5	编制记账凭证	财务会计	1. 依据银行回单填制记账凭证，将银行扣款凭证和"五险一金"扣款通知粘贴在记账凭证后作为附件 2. 将记账凭证传递给财务经理审核
6	审核记账凭证	财务部经理	1. 接收财务会计送来的记账凭证 2. 审核记账凭证 3. 审核无误后在记账凭证上签字或盖章，并将记账凭证交给出纳登记日记账
7	登记银行日记账	出纳	1. 接收财务部经理交给的审核后的记账凭证 2. 根据记账凭证登记银行存款日记账 3. 记账后在记账凭证上签字或盖章 4. 将记账凭证交财务会计登记科目明细账

编号	活动名称	角色	活动描述—操作指导
8	登记科目明细账	财务会计	1. 接收出纳交给的记账凭证 2. 根据记账凭证登记科目明细账，并在记账凭证上签字或盖章
9	登记总账	财务经理	1. 接收财务会计交给的记账凭证 2. 根据记账凭证登记科目总账，并在记账凭证上签字或盖章

二十五、派工领料——车架

业务概述：生产计划部计划员进行派工，车间管理员填写领料单去库房领取生产所需物料，仓库管理员按领料单发放并登记库存台账。具体业务流程如表5-25所示。

表5-25　车架派工领料的业务流程

编号	活动名称	角色	活动描述—操作指导
1	填写派工单	生产计划员	1. 根据主生产计划表编制车架派工单，车架派工单一式两份 2. 下达车架派工单给车间管理员 3. 另一份车架派工单自己留存
2	填写领料单	车间管理员	1. 根据派工单和BOM填写一式二联领料单 2. 送仓库管理员办理领料
3	核对生产用料	仓管员	1. 仓管员接到领料单 2. 核对领料单上物料的库存情况 3. 确认可以满足后在领料单上签字
4	填写材料出库单	仓管员	根据领料单填写材料出库单
5	办理材料出库	仓管员	1. 在VBSE系统中办理材料出库，车间管理员在材料出库单上签字确认 2. 材料出库单的生产计划部联交车间管理员随材料一起拿走
6	登记库存台账	仓储部经理	1. 接收仓管员送来的材料出库单 2. 根据材料出库单登记库存台账 3. 登记完交仓管员留存备案

编号	活动名称	角色	活动描述—操作指导
7	机加车间开工	车间管理员	在 VBSE 系统中办理派工。车间依据物料、人员、设备的齐全状况开始生产

二十六、派工领料——童车

业务概述：生产计划部安排车间领料生产整车，车间管理员领取物料，库房依据领料单发料并变更库存台账。具体业务流程如表 5-26 所示。

表 5-26　童车派工领料的业务流程

编号	活动名称	角色	活动描述—操作指导
1	填写派工单	生产计划员	1. 根据主生产计划表编制整车派工单 2. 整车派工单一式两份，将其中一份整车派工单给车间管理员 3. 另一份整车派工单自己留存
2	填写领料单	车间管理员	1. 根据派工单和 BOM 填写一式二联领料单 2. 送仓库管理员办理领料
3	核对生产用料	仓管员	1. 仓管员接到车间管理员的领料单 2. 核对领料单上物料的库存情况 3. 确认可以满足后在领料单上签字
4	填写材料出库单	仓管员	根据领料单填写材料出库单
5	办理材料出库	仓管员	1. 在 VBSE 系统中办理材料出库，车间管理员在材料出库单上签字确认 2. 材料出库单的生产计划部联交车间管理员随材料一起拿走 3. 材料出库单财务联交成本会计 4. 材料出库单仓储部联交仓储部经理登记库存台账
6	登记库存台账	仓储部经理	1. 接收仓管员送来的材料出库单 2. 根据材料出库单登记库存台账 3. 登记完交仓管员留存备案
7	组装车间开工	车间管理员	车间管理员根据人员、物料、设备的状况是否齐全，确定后开始生产

二十七、下达发货通知给经销商

业务概述：营销部销售专员填写发货单，交营销部经理审核，批准后通知经销商。具体业务流程如表5-27所示。

表5-27　下达发货通知给经销商的业务流程

编号	活动名称	角色	活动描述—操作指导
1	填写发货单	销售专员	1. 填写发货单 2. 将发货单送交营销部经理审核
2	审核发货单	营销部经理	1. 接收销售专员交来的发货单并审核发货单 2. 将发货单发送给销售专员
3	分发发货单	销售专员	1. 接收营销部经理交给的发货单 2. 将仓储留存联、客户留存联、财务留存联一并送至仓储部

二十八、给经销商办理出库及开票

业务概述：仓储部办理经销商出库，并由销售专员申请开具发票后，由财务进行相关账务处理。具体业务流程如表5-28所示。

表5-28　给经销商办理出库及开票的业务流程

编号	活动名称	角色	活动描述—操作指导
1	接受物流运单并填制产品出库单	仓管员	1. 接受物流运单，根据发货单填制产品的销售出库单 2. 提交至仓储部经理审批
2	审核产品出库单	仓储部经理	1. 仓储部经理收到仓管员开具的产品销售出库单 2. 审核填写是否正确 3. 确认无误后签字并交还仓管员去办理出库手续 4. 在系统中办理出库
3	登记库存台账	仓管员	1. 接收仓储部经理审核批准的产品销售出库单将仓储部留存联留存备案 2. 将发货单的客户留存联、营销部留存联、财务留存联和销售出库单其他两联传至销售专员
4	销售发运并申请开票	销售专员	1. 根据仓管员送至发货单的客户留存联、营销部留存联、财务留存联和销售出库单其他两联，核对出库数量无误后分别签字确认，将销售出库单销售部留存联留存 2. 将签字确认的发货单客户留存联交给物流带至客户处 3. 根据发货单财务留存联、销售出库单财务留存联填写开票申请单，将发货单财务留存联、销售出库单财务留存联和开票申请单一并交至财务部出纳处，由出纳开具增值税专用发票

续表

编号	活动名称	角色	活动描述—操作指导
5	开具发票	出纳	1. 根据销售专员提交的开票申请单、发货单财务留存联、销售出库单财务留存联开具增值税专用发票 2. 销售专员在发票领用表登记并签字 3. 将开具好的增值税专用发票的发票联、抵扣联交给销售专员 4. 将发货单财务留存联、销售出库单财务留存联、增值税专用发票的记账联送至财务会计处
6	发票送给客户	销售专员	销售专员将增值税专用发票的发票联、抵扣联及发货单的客户留存联一并交给物流公司，由物流公司送至客户手中
7	填制记账凭证	财务会计	1. 根据开具的发票、销售出库单填制记账凭证 2. 将记账凭证交给财务部经理审核
8	审核记账凭证	财务部经理	1. 接收财务会计交给的记账凭证，进行审核 2. 审核无误后在记账凭证上签字或盖章 3. 交财务会计登记科目明细账
9	登记明细账	财务会计	1. 接收财务部经理交出的记账凭证并审核 2. 在记账凭证上签字或盖章 3. 根据审核后的记账凭证登记科目明细账
10	登记总账	财务经理	1. 接收财务会计交给的记账凭证 2. 根据记账凭证登记科目总账 3. 记账后在记账凭证上签字或盖章

二十九、接到发货单准备取货

业务概述：采购员接到工贸企业的发货单并告知仓管员准备收货。具体业务流程如表 5-29 所示。

表 5-29　接到发货单准备取货的业务流程

编号	活动名称	角色	活动描述—操作指导
1	接到工贸企业的发货通知	采购员	1. 按照购销合同约定的到货日期，工贸企业具备发货条件后通知采购员 2. 收到发货通知 3. 将发货通知发送给仓管员

续表

编号	活动名称	角色	活动描述—操作指导
2	准备采购收货	仓管员	1. 接收采购员发送的工贸企业发货通知 2. 准备采购收货

三十、向物流下达运输订单

业务概述：仓储部按照购销合同的约定，通过下达运输订单的方式安排运输。具体业务流程如表5-30所示。

表5-30　向物流下达运输订单的业务流程

编号	活动名称	角色	活动描述—操作指导
1	填写物流运输订单	仓管员	1. 收到采购员的发货通知 2. 按照购销合同约定的到货日期、发货计划、运输方式等要求联系物流公司 3. 手工填制运输订单
2	确认物流运输订单	仓储部经理	1. 审核运输订单内容的准确性和合理性 2. 确认运输订单并签字

三十一、缴纳个人所得税

业务概述：出纳取得个税扣款通知后，将取回的税收交款书按照公司财务的工作流程在财务部内依次进行处理。具体业务流程如表5-31所示。

表5-31　缴纳个人所得税的业务流程

编号	活动名称	角色	活动描述—操作指导
1	查询网银扣款情况	出纳	1. 查询网银，确认个人所得税是否已扣款成功 2. 到银行打印税收缴税证明
2	打印缴税凭证	银行柜员	1. 查询转账记录 2. 确认后打印缴税证明
3	收到缴税证明	出纳	收到取回缴税证明并交给财务会计

编号	活动名称	角色	活动描述—操作指导
4	填制记账凭证	财务会计	1. 根据扣款通知和税收缴款书填制记账凭证 2. 将扣款通知和税收缴款书粘贴在记账凭证后作为原始单据 3. 提交给财务经理审核
5	审核记账凭证	财务经理	1. 收到记账凭证和相关原始单据 2. 审核记账凭证是否正确 3. 确认无误签字或盖章，将记账凭证交给出纳登记银行存款日记账
6	登记银行存款日记账	出纳	1. 根据审核后的记账凭证登记银行存款日记账 2. 记账后在记账凭证上签字或盖章 3. 将记账凭证交给财务会计登记科目明细账
7	登记科目明细账	财务会计	1. 根据审核后的记账凭证登记科目明细账 2. 记账后在记账凭证上签字或盖章
8	登记总账	财务经理	1. 根据审核后的记账凭证登记总账 2. 记账后在记账凭证上签字或盖章

三十二、缴纳企业增值税

业务概述：出纳收到增值税扣款通知后，将取回的税收交款书按照公司财务的工作流程在财务部内依次进行处理。具体业务流程如表 5-32 所示。

表 5-32　缴纳企业增值税的业务流程

编号	活动名称	角色	活动描述—操作指导
1	确认申报状态并提交扣款	财务经理	1. 在 VBSE 系统中查看申报状态 2. 审核通过后点击"扣款"
2	查询网银扣款情况	出纳	1. 查询网银，确认增值税是否已扣款成功 2. 到银行打印税收缴税证明
3	打印缴税凭证	银行柜员	1. 查询转账记录 2. 确认后打印缴税证明
4	收到银行缴税扣款证明	出纳	1. 收到银行的缴税扣款证明 2. 将缴税扣款证明交给财务会计

续表

编号	活动名称	角色	活动描述—操作指导
5	填制记账凭证	财务会计	1. 根据缴税证明编制记账凭证 2. 将银行税收缴款单和税收缴税证明粘贴在记账凭证后面作为附件 3. 将记账凭证交给财务经理审核
6	审核记账凭证	财务部经理	1. 收到记账凭证和缴款书 2. 审核记账凭证是否正确 3. 审核无误后在记账凭证上签字或盖章 4. 交给出纳登记银行存款日记账
7	登记银行存款日记账	出纳	1. 依据审核的记账凭证登记银行存款日记账 2. 登记后在记账凭证上签字或盖章,将记账凭证返还给财务会计
8	登记科目明细账	财务会计	1. 根据审核后的记账凭证登记科目明细账 2. 记账后在记账凭证上签字或盖章
9	登记总账	财务部经理	1. 根据审核后的记账凭证登记科目总账 2. 记账后在记账凭证上签字或盖章

三十三、车架完工入库

业务概述:生产计划部完成车架生产后,由生产计划部经理审核后办理入库,仓管员收货并登记库存台账。具体业务流程如表5-33所示。

表5-33 车架完工入库的业务流程

编号	活动名称	角色	活动描述—操作指导
1	生成完工单	车间管理员	1. 机加工车间车架生产完工,车间管理员根据派工单填写完工单 2. 将派工单及填写的完工单交给生产计划部经理审核
2	审核完工单并签字	生产计划部经理	1. 接收车间管理员送来派工单和完工单 2. 依据派工单对照审核完工单所填写的产品是否已经完工 3. 审核无误签字 4. 将完工单第一联留存车间管理员,并由车间管理员将车架完工单第二联和车架交给仓管员

编号	活动名称	角色	活动描述—操作指导
3	填写生产入库单	仓管员	1. 仓管员核对车架完工单和实物是否相符 2. 根据车架完工单填写一式三联的生产入库单 3. 车间管理员在生产入库单上签字确认
4	办理入库	仓管员	1. 仓管员收到车间管理员确认的生产入库单后登记办理入库手续 2. 仓管员把审核完的生产入库单的财务联给财务部，生产部联给生产部，仓库联自留 3. 系统中办理车架完工入库
5	登记库存台账	仓管员	仓管员根据生产入库单登记库存台账

三十四、整车完工入库

业务概述：车间管理员在完成整车生产后，填写完工送检单并交由生产计划部经理代为检验，合格后送到仓库，由仓储部仓管员办理入库并登记库存台账。具体业务流程如表5-34所示。

表5-34　整车完工入库的业务流程

编号	活动名称	角色	活动描述—操作指导
1	填写完工送检单	车间管理员	1. 根据整车生产计划完成生产任务 2. 车间管理员填写完工送检单（一式三联） 3. 车间管理员送生产计划部经理处进行审验
2	审核完工送检验单	生产计划部经理	1. 生产计划部经理接到车间管理员送来的完工送检单 2. 生产计划部经理对整车进行检验 3. 将检验结果填入完工送检单中
3	生成完工单	车间管理员	1. 根据生产计划部经理批复的完工送检单生成与之数量相同的整车生产完工单 2. 根据完工单和完工送检单填写生产执行情况表 3. 将生产完工单第一联自行留存，第二联交给仓管员
4	填写生产入库单，办理入库	仓管员	1. 仓管员核对完工单和完工送检单及实物 2. 根据完工单填写一式三联的生产入库单 3. 车间管理员在生产入库单上签字确认 4. 仓管员系统中办理组装完工入库 5. 仓管员把审核完的生产入库单的财务联给财务部，生产部联给生产部，仓库联自留

编号	活动名称	角色	活动描述—操作指导
5	登记库存台账	仓管员	仓管员根据生产入库单登记库存台账

三十五、收到经销商货款银行回单

业务概述：出纳去银行取回经销商货款的电汇凭单，并交由财务部依据公司流程进行账务处理。具体业务流程如表 5-35 所示。

表 5-35 收到经销商货款银行回单的业务流程

编号	活动名称	角色	活动描述—操作指导
1	查询网银	出纳	1. 接收采购商的付款通知 2. 查询网银，确认已收到货款 3. 到银行打印此款项回单
2	打印业务回单	银行柜员	1. 根据出纳提供的信息查询转账记录并打印 2. 将打印好的业务回单交给出纳
3	编制记账凭证	财务会计	1. 接收出纳送来的银行进账单回单 2. 编制记账凭证 3. 将电汇回单粘贴到记账凭证后面 4. 将记账凭证交财务部经理审核
4	审核记账凭证	财务经理	1. 接收财务会计送来的记账凭证 2. 审核记账凭证的附件是否齐全、正确 3. 审核记账凭证的编制是否正确 4. 审核无误后在记账凭证上签字或盖章 5. 交出纳登记银行存款日记账
5	登记银行日记账	出纳	1. 根据审核后的记账凭证登记银行存款日记账 2. 记账后在记账凭证上签字或盖章 3. 交财务会计登记明细账
6	登记科目明细账	财务会计	1. 接收出纳送来的记账凭证 2. 在记账凭证上签字或盖章 3. 根据审核后的记账凭证登记科目明细账
7	登记总账	财务经理	1. 接收财务会计交给的记账凭证 2. 在记账凭证上签字或盖章 3. 根据记账凭证登记科目总账

三十六、到货并办理入库

业务概述：仓管员接到供应商来料后，接收、检验并办理相关入库手续。具体业务流程如表5-36所示。

表 5-36　到货并办理入库的业务流程

编号	活动名称	角色	活动描述—操作指导
1	运输车辆到达，收到物流的运单	仓管员（兼原料质检）	1. 接收供应商发来的材料，附有物流运单和实物 2. 接收运输费发票与工贸企业发票 3. 记录运输费发票金额并准备支付运输费 4. 将运输费发票与工贸企业发票交给采购员
2	物料验收并办理入库	仓管员（兼原料质检）	1. 根据发货单和质量检验标准进行质量、数量、包装等检测 2. 根据检验结果填写物料检验单，并签字确认 3. 检验无误后在发货单上签字收货 4. 在VBSE系统中办理采购入库
3	填写采购入库单	仓管员（兼原料质检）	1. 根据物料检验单填写采购入库单（一式三联） 2. 将采购入库单提交给仓储部经理 3. 将审核后的入库单自留一份，另外两联交采购部和财务部（其中一份的采购入库单发送给采购员）
4	登记采购合同执行情况表	采购员	1. 接收仓管员发送的采购入库单、运输费发票、工贸企业发票 2. 登记采购合同执行情况表 3. 记录工贸企业发票金额并准备支付工贸企业货款 4. 将运输费发票、工贸企业发票（发票联和抵扣联）和对应的采购入库单的财务联送交财务
5	登记库存台账	仓管员	1. 接收采购入库单 2. 根据入库单登记库存台账
6	填制记账凭证	成本会计	1. 根据发票记账联填制记账凭证，将发票记账联和销售出库单粘贴到记账凭证后面作为附件 2. 将记账凭证交财务经理审核
7	审核记账凭证	财务经理	1. 接收成本会计交给的记账凭证，进行审核 2. 审核无误后在记账凭证上签字或盖章 3. 交还成本会计登记数量金额明细账
8	登记数量金额明细账	成本会计	根据记账凭证后所附销售出库单填写数量金额明细账

续表

编号	活动名称	角色	活动描述—操作指导
9	登记科目明细账	财务会计	1. 根据记账凭证登记科目明细账 2. 记账后在记账凭证上签字或盖章
10	登记总账	财务经理	1. 根据记账凭证登记科目总账 2. 记账后在记账凭证上签字或盖章

三十七、支付运输费

业务概述：仓管员根据运输费发票，填写付款申请单后交仓储部经理审批，审批后交财务部办理付款手续。具体业务流程如表 5-37 所示。

表 5-37　支付运输费的业务流程

编号	活动名称	角色	活动描述—操作指导
1	填写运输费付款申请	仓管员	依据运输发票金额填写付款申请表
2	审核付款申请单	仓储部经理	1. 收到仓管员提交的付款申请单 2. 审核付款要求是否合理 3. 确认合理后签字并交还仓管员
3	审核付款申请单	财务部经理	1. 收到仓储部经理审核同意的付款单 2. 根据运输费发票审核付款单的准确性和合理性 3. 确认后在付款申请单上签字
4	办理网银付款（转账）	出纳	1. 收到仓管员转交的财务经理和仓储部经理批复的付款申请单 2. 检查财务经理是否签字，确认后对照付款申请办理网银付款
5	填制记账凭证	财务会计	1. 接收出纳提交的仓储部、财务部经理签字的付款申请单 2. 编制记账凭证 3. 将记账凭证、发票提交给财务部经理
6	审核记账凭证	财务部经理	1. 接收财务会计提交的记账凭证和发票 2. 审核记账凭证的填写准确性、合法性和真实性 3. 审核资金的使用的合理性 4. 审核无误后在记账凭证上签字或盖章 5. 将记账凭证交给出纳

编号	活动名称	角色	活动描述—操作指导
7	登记银行存款日记账	出纳	1. 根据记账凭证登记银行存款日记账 2. 记账后在记账凭证上签字或盖章 3. 将记账凭证交财务会计登账
8	登记科目明细账	财务会计	1. 接收出纳交给的记账凭证 2. 根据记账凭证登记科目明细账 3. 记账后在记账凭证上签字或盖章
9	登记总账	财务经理	1. 接收财务会计交给的记账凭证 2. 根据记账凭证登记科目总账 3. 记账后在记账凭证上签字或盖章

三十八、支付工贸企业货款

业务概述：采购员根据工贸企业发票，填写付款申请单后交采购部经理审批，审批后交财务部办理付款手续。具体业务流程如表 5-38 所示。

表 5-38　支付工贸企业货款的业务流程

编号	活动名称	角色	活动描述—操作指导
1	根据工贸企业发票填写付款申请表	采购员	根据工贸企业发票在系统中录入付款申请表
2	审核付款申请表	采购部经理	1. 收到采购员提交的付款申请表 2. 审核付款要求是否合理 3. 确认合理后，签字并交还采购员
3	审核付款申请表	财务部经理	1. 收到采购部经理审核同意的付款申请表 2. 根据工贸企业发票审核付款申请表的准确性和合理性 3. 确认后在申请付款表上签字
4	办理网银付款（转账）	出纳	1. 收到采购员转交的财务经理和采购部经理批复的申请付款表 2. 检查财务经理是否签字，确认后对照付款申请办理网银付款
5	填制记账凭证	财务会计	1. 接收出纳提交的采购部、财务部经理签字的付款申请表 2. 编制记账凭证 3. 将记账凭证、发票提交给财务部经理

续表

编号	活动名称	角色	活动描述—操作指导
6	审核记账凭证	财务部经理	1. 接收财务会计提交的记账凭证和发票 2. 审核记账凭证填写准确性、合法性和真实性 3. 审核资金的使用的合理性 4. 审核无误后在记账凭证上签字或盖章 5. 将记账凭证交给出纳登记银行存款日记账
7	登记银行存款日记账	出纳	1. 根据记账凭证登记银行存款日记账 2. 记账后在记账凭证上签字或盖章 3. 将记账凭证交财务会计登账
8	登记科目明细账	财务会计	1. 接收出纳交给的记账凭证 2. 在记账凭证上签字或盖章 3. 根据记账凭证登记科目明细账 4. 将科目明细表发送给成本会计
9	登记总账	财务经理	1. 接收财务会计交给的记账凭证 2. 根据记账凭证登记科目总账 3. 记账后在记账凭证上签字或盖章

三十九、认证增值税抵扣联

业务概述：财务会计收集公司的增值税抵扣联后，到税务部门上门认证，获得盖章认证的结果通知书后，与抵扣联一并装订。具体业务流程如表5-39所示。

表5-39 认证增值税抵扣联的业务流程

编号	活动名称	角色	活动描述—操作指导
1	收集抵扣联	财务会计	统一收集齐抵扣联
2	到国税局上门认证	财务会计	1. 持抵扣联到税务局上门认证 2. 取回税务局盖章的认证结果通知书
3	审核企业提交的进项税抵扣联	税务专员	对企业提交的进项税抵扣联进行审核，审核通过后从教学资源中下载、打印、填写认证结果通知书并盖章，然后交给企业办事人员
4	抵扣联装订归档	财务经理	将从税务局取得的认证结果通知书与抵扣联装订，归档被查

四十、报送车间电费并收到服务公司开具的发票

业务概述：车间管理员统计机加车间与组装车间电费并交到服务公司。服务公司开具电费发票，车间管理员收到发票后按照制造业公司财务相关流程进行处理。具体业务流程如表 5-40 所示。

表 5-40 报送车间电费并收到服务公司开具的发票的业务流程

编号	活动名称	角色	活动描述—操作指导
1	报送机加车间与组装车间电费给综合服务公司	车间管理员	1. 统计报送机加车间与组装车间电费，填写水电缴费单 2. 将机加车间与组装车间电费单送交给服务公司
2	查看电费单	服务公司业务员	1. 收到企业提交的水电缴费单，核准单据 2. 通知企业找服务公司总经理领取发票
3	开具发票	服务公司总经理	1. 与业务员确定服务金额 2. 根据金额为经销商开具发票
4	收取电费发票并交经理审核	车间管理员	1. 从服务公司收取电费专用发票并登记备案，即将发票信息登记到发票记录表上（发票号、开票单位、金额、日期、到期日等） 2. 确认发票信息无误 3. 将发票提交给生产计划部经理审核
5	审核电费用发票	生产计划经理	1. 收到车间管理员提交的电费专用发票 2. 审核发票是否与合同规定的金额一致 3. 确认无误后将电费专用发票送至财务会计处
6	收到电费用专用发票并记账	成本会计	1. 收到生产计划经理的电费用专用发票 2. 根据电费用专用发票填制记账凭证
7	审核记账凭证	财务经理	1. 审核记账凭证并对照相关附件检查是否正确 2. 审核无误后在记账凭证上签字或盖章 3. 审核通过后交成本会计登记数量金额明细账
8	登记数量金额明细账	成本会计	1. 根据记账凭证登记填写数量金额明细账 2. 记账后在记账凭证上签字或盖章 3. 将记账凭证交财务会计登记科目明细账
9	登记科目明细账	财务会计	1. 根据记账凭证登记科目明细账 2. 记账后在记账凭证上签字或盖章 3. 登记完成后将记账凭证交财务经理登记总账
10	登记总账	财务经理	1. 根据记账凭证登记科目总账 2. 记账后在记账凭证上签字或盖章

四十一、支付车间电费

业务概述：车间管理员收到电费发票并支付，然后将业务回单交给财务部的成本会计做账务处理。具体业务流程如表5-41所示。

表5-41 支付车间电费的业务流程

编号	活动名称	角色	活动描述—操作指导
1	填写付款申请单	车间管理员	1. 查看发票记录表，登记未支付的发票信息 2. 对照发票记录表上的未支付发票信息填写付款申请单 3. 将付款申请提交给生产计划经理审核
2	审核付款申请	生产计划经理	1. 审核付款申请单和发票金额是否一致，确认无误后在付款申请上签字 2. 将付款申请交车间管理员传递给财务经理审核
3	审核付款申请	财务经理	1. 审核付款申请单，确认无误后在申请单上签字 2. 将付款申请交还给出纳人员安排付款
4	填写转账支票	出纳	1. 收到财务经理转交的批复后的付款申请单 2. 确认后对照付款申请单金额开具转账支票
5	登记支票登记簿	出纳	1. 出纳登记支票登记簿，支票领用人签字 2. 将支票正联交给财务经理审核、盖章
6	审核支票	财务经理	1. 审核支票填写的是否正确 2. 确认无误后签字并加盖公司财务章和法人章 3. 将支票正联交给车间管理员，然后给服务公司
7	将支票送至服务公司	车间管理员	1. 登记在支票登记簿上 2. 将支票交给服务公司完成支付
8	收到支票并入账	服务公司业务员	1. 收到制造企业支付电费的转账支票 2. 根据转账支票填写进账单 3. 携带转账支票与进账单到银行进行转账
9	银行转账	银行柜员	1. 收到企业提交的进账单与支票 2. 根据进账单信息办理转账业务 3. 根据办理的转账业务，打印银行业务回单 4. 通知企业到银行领取回单
10	填制记账凭证	财务会计	1. 到银行领取业务回单 2. 根据审核的付款申请单和支票存根填制记账凭证 3. 将支票存根和付款申请单粘贴在记账凭证后作为附件 4. 将记账凭证传递给财务经理审核

编号	活动名称	角色	活动描述—操作指导
11	审核记账凭证	财务经理	1. 审核财务会计填制的记账凭证并对照相关附件检查是否正确 2. 审核无误后在记账凭证上签字或盖章 3. 将审核后的记账凭证传递给出纳登记日记账
12	登记银行存款日记账	出纳	1. 根据记账凭证登记银行存款日记账 2. 记账后在记账凭证上签字或盖章 3. 将记账凭证传递给财务会计登记科目明细账
13	登记科目明细账	财务会计	1. 接收出纳交还的记账凭证 2. 根据记账凭证登记科目明细账 3. 记账后在记账凭证上签字或盖章 4. 将记账凭证传递给财务经理登记总账
14	登记总账	财务经理	1. 接收财务会计交给的记账凭证 2. 根据记账凭证登记科目总账 3. 记账后在记账凭证上签字或盖章

四十二、核算薪酬

业务概述：制造企业核算职工薪酬并制作工资表。具体业务流程如表5-42所示。

表5-42 核算薪酬的业务流程

编号	活动名称	角色	活动描述—操作指导
1	收集工资数据	人力资源助理	1. 依据期初数据查找当月入职人员记录，收集整理新增数据 2. 依据期初数据查找当月离职人员记录，收集整理减少数据 3. 依据期初数据查找当月晋升、调动及工资调整记录，收集整理变更数据 4. 依据期初数据查找当月考勤信息，整理汇总当月考勤数据 5. 依据期初数据查找当期绩效考核评价评分资料，整理汇总绩效考核结果 6. 依据期初数据查找当月奖励、处罚记录，并作汇总整理 7. 依据期初数据查找当月"五险一金"增减、缴费数据，计算"五险一金"

续表

编号	活动名称	角色	活动描述—操作指导
2	审核工资	人力资源经理	1. 审核薪酬核算金额，重点对人员变动的正确性进行核查 2. 审核完成所有表单后在表单对应位置签字 3. 将签字完成的表单返还人力资源助理
3	审核工资	总经理	1. 收到人力资源助理交出的薪酬发放表 2. 审核薪酬核算金额，重点对人员变动的正确性进行核查 3. 审核完成后在表单对应位置签字 4. 将签字完成的表单返还人力资源助理
4	填制记账凭证	财务会计	1. 收到人力资源部交来的薪酬表单 2. 编制本月薪酬发放的记账凭证
5	审核记账凭证	财务经理	1. 收到财务会计交来的薪酬表单和记账凭证 2. 审核记账凭证的正确性 3. 审核无误后在记账凭证上签字或盖章 4. 交还给财务会计工资表和记账凭证
6	登记科目明细账	财务会计	1. 根据记账凭证和薪酬表单，填写明细账。 2. 记账后在记账凭证上签字或盖章
7	登记总账	财务经理	1. 根据记账凭证登记总账 2. 记账后在记账凭证上签字或盖章

四十三、计提折旧

业务概述：财务会计依据固定资产的政策，明细计提折旧后，交给成本会计和财务经理做相关账务处理。具体业务流程如表5-43所示。

表5-43 计提折旧的业务流程

编码	活动名称	角色	活动描述—操作指导
1	计算折旧	财务会计	1. 根据固定资产政策及固定资产明细账计提折旧 2. 填写企业管理部门固定资产折旧计算表、生产部门固定资产折旧计算表
2	编制企业管理部门折旧记账凭证	财务会计	1. 根据企业管理部门固定资产折旧计算表填写管理部门折旧记账凭证 2. 将生产部门固定资产折旧计算表交成本会计填制凭证 3. 交财务部经理审核记账凭证

编码	活动名称	角色	活动描述—操作指导
3	编制生产部门折旧记账凭证	成本会计	1. 接收财务会计提供的生产部门固定资产折旧计算表，并据以填写生产部门折旧记账凭证 2. 交财务部经理审核记账凭证
4	审核记账凭证	财务部经理	1. 接收财务会计、成本会计交给的记账凭证，进行审核 2. 审核无误后在记账凭证上签字或盖章 3. 审核后登记总分类账，并将记账凭证分别返还财务会计和成本会计登记科目明细账
5	登记科目明细账	成本会计	1. 接收财务部经理已审核的记账凭证 2. 登记制造费用明细账 3. 登记完明细账后将记账凭证交财务会计登记累计折旧明细账
6	登记科目明细账	财务会计	1. 接收财务部经理已审核的记账凭证 2. 登记管理费用明细账 3. 根据管理部门折旧记账凭证和生产部门折旧记账凭证登记累计折旧明细账 4. 登记完明细账后，将其与其他记账凭证放一起

四十四、存货核算

业务概述：财务会计根据销售出库单的汇总，编制销售成本结转表后，交由出纳进行记账，由财务经理审核后，登记科目明细账、数量金额明细表。具体业务流程如表5-44所示。

表5-44　存货核算的业务流程

编号	活动名称	角色	活动描述—操作指导
1	汇总销售收入和销售出库数量	财务会计	1. 根据销售出库单汇总销售出库数量 2. 根据主营业务收入总账得出销售收入
2	编制销售成本结转表	财务会计	根据出库数量和库存商品成本金额采用全月一次加权平均法计算平均单价，编制销售成本结转表
3	填制记账凭证	出纳	1. 根据原始凭证及产成品出库单、销售成本结转表反映的业务内容，编制记账凭证 2. 在记账凭证"制单"处签字或盖章 3. 将记账凭证提交给财务经理

续表

编号	活动名称	角色	活动描述—操作指导
4	审核记账凭证	财务经理	1. 接收出纳提交的记账凭证并审核 2. 审核无误后在记账凭证上签字或盖章 3. 登记总分类账
5	登记科目明细账	财务会计	1. 根据记账凭证登记科目明细账 2. 记账后在记账凭证上签字或盖章
6	登记数量金额明细账	财务会计	1. 根据记账凭证登记数量金额明细账 2. 记账后在记账凭证上签字或盖章

四十五、成本计算

业务概述：成本会计编制制造费用的记账凭证，计算原材料的出库成本、车架成本，由财务经理审核后登记明细账。具体业务流程如表 5-45 所示。

表 5-45 成本计算的业务流程

编号	活动名称	角色	活动描述—操作指导
1	分配制造费用，并编制记账凭证	成本会计	1. 根据制造费用明细账归集的制造费用，编制制造费用分配表 2. 编制记账凭证
2	原材料出库价格计算，并编制记账凭证	成本会计	1. 根据原材料明细账、本月的原材料出库单，计算本月原材料的出库成本 2. 编制记账凭证
3	车架成本计算，并编制记账凭证	成本会计	1. 根据车架物料清单 BOM 和生产成本明细账分别汇总直接材料、直接人工、制造费用本月发生数 2. 编制车架的产品成本计算表 3. 编制记账凭证
4	车架出库价格计算，并编制记账凭证	成本会计	1. 根据车架明细账、本月的领料单，计算本月车架的出库成本 2. 编制记账凭证
5	童车成本计算并填写记账凭证	成本会计	1. 编制童车的产品成本计算表，包括料工费 2. 编制记账凭证
6	审核记账凭证	财务部经理	1. 接收成本会计交给的记账凭证，进行审核，并登记总分类账 2. 审核无误后在记账凭证上签字或盖章 3. 交成本会计登记科目明细账

编号	活动名称	角色	活动描述—操作指导
7	登记科目明细账	成本会计	1. 接收财务部经理审核完的记账凭证 2. 根据记账凭证登记科目明细账

四十六、期末账务处理

业务概述：期末结转销售成本及结转损益。具体业务流程如表 5-46 所示。

表 5-46　期末账务处理的业务流程

编号	活动名称	角色	活动描述—操作指导
1	编制销售产品成本汇总表，填制记账凭证	成本会计	1. 根据产品出库单，汇总销售出库的产品数量 2. 根据销售数量和库存商品平均单价，用 Excel 编制销售成本结转明细表（线下学生自己完成） 3. 根据销售出库单及销售成本结转明细表反映的业务内容，编制记账凭证 4. 在记账凭证"制单"处签字或盖章
2	审核记账凭证	财务部经理	1. 审核记账凭证的附件、记账科目、金额、手续是否正确与齐全 2. 经审核无误的记账凭证，财务经理在"复核"和"财务主管"处签字或盖章 3. 根据已审核记账凭证登记总分类账
3	计提企业所得税费用并结转	财务会计	1. 根据本年利润余额计算企业所得税 2. 填制记账凭证
4	审核记账凭证	财务经理	收到已填制记账凭证，进行审核并登记总账
5	结转本年利润	财务会计	根据本年利润余额，结转至利润分配中，填制记账凭证
6	审核记账凭证	财务经理	收到填制记账凭证，进行审核并登记总账
7	计提法定盈余公积并结转	成本会计	1. 按本年净利润（减弥补以前亏损后）的 10% 提取法定盈余公积，法定盈余公积累计额达到注册资本的 50% 时可以不再提取 2. 将提取的法定盈余公积结转至利润分配中，登记记账凭证
8	审核记账凭证	财务经理	收到填制记账凭证，进行审核并登记总账
9	登记科目明细账	财务会计	1. 根据审核后的记账凭证登记科目明细账 2. 记账后在记账凭证上签字或盖章

四十七、编制资产负债表

业务概述：处置设备业务是指企业根据设备利用率情况或资金短缺状况而将部分生产设备进行出售。生产计划部经理进行生产设备的出售合同拟订。具体业务流程如表5-47所示。

表5-47 编制资产负债表的业务流程

编号	活动名称	角色	活动描述—操作指导
1	编制资产负债表	财务经理	编制资产负债表

四十八、编制利润表

业务概述：财务经理根据总分类账和明细账期末余额和发生额编制利润表。具体业务流程如表5-48所示。

表5-48 编制利润表的业务流程

编号	活动名称	角色	活动描述—操作指导
1	编制利润表	财务经理	编制利润表

四十九、收到市场开拓费发票

业务概述：市场专员收到服务公司关于市场开拓的发票，核对后交由本企业相关部门进行审核，财务按照公司的付款流程依次办理财务手续，最终支付市场开拓的费用。具体业务流程如表5-49所示。

表5-49 收到市场开拓费发票的业务流程

编号	活动名称	角色	活动描述—操作指导
1	到服务公司领的市场开拓费用发票	市场专员	到服务公司领取其开具的市场开拓费发票

编号	活动名称	角色	活动描述—操作指导
2	开具市场开拓费用发票	服务公司业务员	1. 根据市场开拓申请单的金额和市场专员提供的企业信息开具增值税专用发票 2. 将增值税专用发票发票联、抵扣联交给市场专员 3. 将增值税专用发票记账联备案留档
3	收到市场开拓费用发票并登记	市场专员	1. 将发票信息登记到发票记录表上（发票号、开票单位、金额、日期、到期日等） 2. 确认发票信息无误后交给营销经理审核
4	审核收到的市场开拓费发票	营销部经理	1. 接到市场专员交来的市场开拓费发票 2. 审核市场开拓费发票与市场开拓合同是否一致 3. 确认无误后由市场专员交给财务会计
5	收到市场开拓费用专用发票并记账	财务会计	1. 收到营销经理的市场开拓费用专用发票 2. 根据市场开拓费用专用发票填制记账凭证
6	审核记账凭证	财务经理	1. 审核财务会计编制的记账凭证并对照相关附件检查是否正确 2. 审核无误后在记账凭证上签字或盖章
7	登记科目明细账	财务会计	1. 根据记账凭证登记科目明细账 2. 记账后在记账凭证上签字或盖章
8	登记总账	财务经理	1. 根据记账凭证登记总账 2. 记账后在记账凭证上签字或盖章

五十、申请和办理广告投放

业务概述：市场专员依据公司的销售策略提交投放广告申请及预算表，营销部经理审核批准后，市场专员去服务公司办理投放广告业务。具体业务流程如表5-50所示。

表5-50　申请和办理广告投放的业务流程

编号	活动名称	角色	活动描述—操作指导
1	申请广告投放并编制广告投放申请单	市场专员	根据公司销售策略，按照广告的主题结构、内容、金额提交广告投放申请单

编号	活动名称	角色	活动描述—操作指导
2	审批广告投放申请单	营销部经理	1. 接收市场专员交来的广告投放申请单 2. 审核广告投放申请单填写的准确性 3. 审核广告投放申请单是否合理 4. 审核通过后确认进行广告投放
3	到服务公司办理广告投放	市场专员	持营销经理批准的广告投放申请单到服务公司办理广告投放业务
4	签订广告合同	服务公司业务员	1. 接收制造业市场专员提交的广告投放申请单 2. 在制造业的申请单上进行盖章后并办理广告投放业务
5	办理广告投放	服务公司业务员	1. 查看制造业市场专员要办理的广告投放地点 2. 依据广告投放地区，为制造业办理广告投放 3. 告知制造业办理人员业务办理完成，请到总经理处开具增值税专用发票

五十一、收到广告费发票

业务概述：市场专员收到服务公司关于市场广告费的发票，核对后交本企业相关部门审核，然后由财务按照公司的付款流程，依次办理财务手续，最终支付市场广告的费用。具体业务流程如表 5-51 所示。

表 5-51　收到广告费发票的业务流程

编号	活动名称	角色	活动描述—操作指导
1	到服务公司领取的广告费用发票	市场专员	到服务公司领取的广告费用发票
2	开具广告费用发票	服务公司业务员	1. 根据广告费申请单的金额和市场专员提供的企业信息开具增值税专用发票 2. 将增值税专用发票发票联、抵扣联交给市场专员 3. 将增值税专用发票记账联备案留档
3	收取市场开拓费用发票并交经理审核	市场专员	1. 从服务公司收取广告费专用发票并登记备案，即将发票信息登记到发票记录表上（发票号、开票单位、金额、日期、到期日等） 2. 确认发票信息无误后将发票交给营销部经理审核
4	审核广告费用发票	营销经理	1. 收到市场专员提交的广告费用发票 2. 审核发票是否与合同规定的金额一致 3. 确认无误后将广告费用专用发票送至财务会计处

编号	活动名称	角色	活动描述—操作指导
5	收到市场开拓费用专用发票并记账	财务会计	1. 收到营销经理的市场开拓费用专用发票 2. 根据市场开拓费用专用发票填制记账凭证
6	审核记账凭证	财务经理	1. 审核财务会计编制的记账凭证并对照相关附件检查是否正确 2. 审核无误后在记账凭证上签字或盖章
7	登记科目明细账	财务会计	1. 根据记账凭证登记科目明细账 2. 记账后在记账凭证上签字或盖章
8	登记总账	财务经理	1. 根据记账凭证登记总账 2. 记账后在记账凭证上签字或盖章

五十二、查看虚拟销售订单

业务概述：市场专员在系统中查看销售订单。具体业务流程如表5-52所示。

表5-52　查看虚拟销售订单的业务流程

编号	活动名称	角色	活动描述—操作指导
1	查看订单并确定预期订单	销售专员	1. 在系统中查看可选订单 2. 服务公司通知后，到服务公司进行选单

五十三、查看竞单结果

业务概述：销售专员在系统中查看竞单。具体业务流程如表5-53所示。

表5-53　查看竞单结果的业务流程

编号	活动名称	角色	活动描述—操作指导
1	查看竞单结果	销售专员	1. 查看已选中订单 2. 确定订单信息是否正确（公司名称、产品规格、价格、数量、质量标准、交货方式等） 3. 确认交货日期是否正确

五十四、给虚拟经销商发货

业务概述：给虚拟经销商发货。具体业务流程如表5-54所示。

表5-54 给虚拟经销商发货的业务流程

编号	活动名称	角色	活动描述—操作指导
1	填制发货单	销售专员	1. 销售专员根据销售订单填写发货单 2. 发货单的财务联送交财务部的财务会计 3. 发货单的客户联自留（因为对方是虚拟企业，无实体） 4. 携带发货单的仓储联前往仓储部办理发货
2	审核发货单	营销部经理	1. 收到销售专员交的发货单 2. 对照销售合同审核销售发货计划的发货订单时间、数量、发货方式是否正确 3. 确认无误后在销售发货单上签字
3	审核发货单	财务会计	1. 收到销售专员传过来的销售发货单 2. 检查本企业的应收账款额度是否过高，如过高则应通知营销部经理限制发货 3. 将发货单留存联交给出纳填制记账凭证
4	确认发货单	仓储部经理	1. 收到交来的销售发货单并审核其填写是否正确、库存是否能够满足 2. 与财务部确认客户会款状态是否符合发货的条件 3. 确认正确无误后依照其登记库存台账办理出库手续

五十五、给虚拟经销商办理出库并开发票

业务概述：仓储部仓管员按照销售部提供的发货单填制产品出库单，并报与仓储部经理审核，批准后给虚拟客户发货；营销部提交开具增值税专用发票申请，财务部开出增值税专用发票并记账。具体业务流程如表5-55所示。

表5-55 给虚拟经销商办理出库并开发票的业务流程

编号	活动名称	角色	活动描述—操作指导
1	填制产品出库单	仓管员	1. 根据销售专员发货单填制产品的销售出库单（一式三联） 2. 请销售专员签字确认 3. 提交至仓储部经理审批

编号	活动名称	角色	活动描述—操作指导
2	审核产品出库单	仓储部经理	1. 收到仓管员交给的产品出库单并审核 2. 确认正确后转交仓管员在 VBSE 系统中办理出库手续
3	办理出库	仓管员	1. 在 VBSE 系统中办理出库，把出库单给销售专员一联 2. 按照仓库联登记台账 3. 把出库单送给成本会计一联
4	登记销售发货明细表	销售专员	1. 根据发货单进行销售发运 2. 登记并更新销售发货明细表
5	提交增值税专用发票申请	销售专员	1. 根据销售发货明细表和销售订单的信息提交开具增值税专用发票申请 2. 开票申请单提交告知出纳开具增值税专用发票
6	开具增值税专用发票	出纳	根据销售专员提供的信息开具增值税专用发票
7	登记发票领用表	出纳	1. 销售专员在发票领用表登记并签字 2. 出纳将增值税专用发票记账联保留，将发票联和抵扣联交给销售专员送给客户
8	发票送给虚拟企业经销商（服务公司代收）	销售专员	收到出纳开具完的销售发票后传给购货方（外部虚拟商业社会环境）
9	填制记账凭证	出纳	1. 接收销售专员交来的销售发票和销售回款结果，填制记账凭证 2. 在记账凭证上签字或盖章 3. 将发票粘到记账凭证后面 4. 将记账凭证交财务部经理审核
10	审核记账凭证	财务部经理	1. 接收出纳编制的记账凭证并审核 2. 审核无误后在记账凭证上签字或盖章 3. 将记账凭证交给财务会计登记明细账
11	登记三栏式明细账	财务会计	1. 接收财务经理交给的记账凭证，进行审核 2. 审核后登记三栏式科目明细账 3. 记账后在记账凭证上签字或盖章
12	登记数量金额明细账	成本会计	根据记账凭证后所附销售出库单填写数量金额明细账
13	登记总账	财务经理	1. 根据记账凭证登记总账 2. 记账后在记账凭证上签字或盖章

五十六、招聘生产工人

业务概述：人力资源助理根据公司生产需要，按照招聘流程进行人力资源的员工招聘。具体业务流程如表5-56所示。

表5-56 招聘生产工人的业务流程

编号	活动名称	角色	活动描述—操作指导
1	确定人员需求	制造业人力资源经理	1. 生产计划部经理根据生产需求告知人力资源经理其对工人的需求 2. 与生产计划部经理沟通人才素质要求及职称等 3. 填写招聘计划表，将招聘计划表提交给服务公司业务员
2	人员派遣	服务公司业务员	1. 收到制造业的用人需求 2. 在系统中将对应的人员派遣至对方公司
3	确定招聘人员	制造业人力资源经理	在系统中，查看服务公司派遣的人员是否正确。根据情况选择是接收还是拒绝
4	开具发票	服务公司业务员	1. 在派遣页面中，点击查看派遣人员，查看为公司派遣的工人 2. 根据协定的人才推介服务费用金额开具服务业发票，并将发票交给招聘企业，要求其尽快支付费用
5	填写付款申请单	制造业人力资源经理	1. 对照服务公司开具的增值税专用发票填写付款申请书 2. 将付款申请书及发票提交给财务经理审核
6	审核付款申请	财务经理	1. 审核收到的付款申请书与增值税发票是否相符，并审核其正确性 2. 将付款申请书交总经理审核
7	审核付款申请	制造业总经理	1. 审核付款申请书，确认无误后在申请书上签字 2. 将付款申请书交给出纳付款
8	支付招聘费	制造业出纳	1. 收到总经理审核通过付款申请书 2. 按付款申请书金额开具转账支票 3. 将转账支票交给服务公司总经理
9	填制记账凭证	制造业财务会计	1. 根据付款申请书和银行回单填制记账凭证 2. 将银行回单、付款申请书和支票存根粘贴在记账凭证后作为附件
10	审核记账凭证	制造业财务经理	1. 审核财务会计编制的记账凭证并对照相关附件检查是否正确 2. 审核无误后在记账凭证上签字或盖章 3. 将确认后的记账凭证传递给出纳登记日记账

编号	活动名称	角色	活动描述—操作指导
11	登记日记账	制造业出纳	1. 根据记账凭证登记银行存款日记账 2. 记账后在记账凭证上签字或盖章 3. 将记账凭证传递给财务会计登记科目明细账
12	登记科目明细账	制造业财务会计	1. 根据记账凭证登记科目明细账 2. 记账后在记账凭证上签字或盖章 3. 将记账凭证交给财务经理登记总账
13	登记总账	制造业财务经理	1. 根据记账凭证登记总账 2. 记账后在记账凭证上签字或盖章

五十七、解聘生产工人

业务概述：人力资源部经理根据公司生产需要，按照解聘流程进行人力资源的员工解聘。具体业务流程如表 5-57 所示。

表 5-57　解聘生产工人的业务流程

编号	活动名称	角色	活动描述—操作指导
1	解聘工人	人力资源部经理	1. 询问生产计划部经理是否需要裁减冗余的生产工人 2. 登录系统查询生产工人信息，辞退不需要的工人 3. 依照规则结算工人工资

五十八、社会保险和公积金增（减）员

业务概述：人力资源部根据本企业实际用工的情况，依照公司的相关规定办理入职、离职的社保变更手续。具体业务流程如表 5-58 所示。

表 5-58　社会保险和公积金增（减）员的业务流程

编号	活动名称	角色	活动描述—操作指导
1	整理新进/离职员工信息	人力资源助理	1. 整理本月的招解聘人员信息 2. 提交人力资源经理
2	社会保险增减员	人力资源部经理	依据人力资源助理提交的招解聘人员信息在 VBSE 系统中做相应社会保险的增减员

编号	活动名称	角色	活动描述—操作指导
3	住房公积金增减员	人力资源部经理	依据人力资源助理提交的招解聘人员信息在 VBSE 系统中做相应的公积金增减员

五十九、MSB1 购买设备

业务概述：按生产需求向服务公司购买设备。具体业务流程如表 5-59 所示。

表 5-59 MSB1 购买设备的业务流程

编号	活动名称	角色	活动描述—操作指导
1	填写购销合同	制造业采购员	1. 根据公司需求确定购买需求，到服务公司协商生产线的价格 2. 准备购销合同并签署相关内容（用购销合同即可）
2	填写合同会签单	制造业采购员	1. 拿到签订的购销合同 2. 根据购销合同，填写合同会签单
3	采购经理审核合同会签单	制造业采购经理	1. 接收采购员发送的合同和合同会签单 2. 审核合同及合同会签单，并在合同会签单上签字
4	财务审核合同会签单	制造业财务经理	1. 接收采购经理发送的合同和合同会签单 2. 审核合同及合同会签单，并在合同会签单对应位置上签字
5	总经理审核合同会签单	制造业总经理	1. 接收财务部审核的合同和合同会签单 2. 审核合同及合同会签单，并在合同会签单对应位置上盖章 3. 将合同发送给采购员
6	将购销合同送交给服务公司	制造业采购员	1. 接收总经理发送的合同 2. 拿本公司已盖章的合同去服务公司盖章
7	服务公司盖章	服务公司总经理	1. 收到企业盖章后的合同审核并盖章 2. 将盖章后的合同送交制造业行政助理
8	合同归档	制造业行政助理	1. 行政助理更新合同管理表 2. 行政助理登记完以后将采购合同留存备案
9	办理设备销售	服务公司业务员	按照合同在系统中为对应的企业选择相应的设备
10	开具发票	服务公司总经理	依据合同金额为企业开具发票
11	生产线配置人员	车间管理员	在 VBSE 系统中为新购买的生产线配置生产人员

六十、支付设备购买款

业务概述：企业支付购买设备的费用。具体业务流程如表5-60所示。

表5-60 支付设备购买款的业务流程

编号	活动名称	角色	活动描述—操作指导
1	收到发票	制造业采购经理	收到服务公司开具的增值税专用发票
2	填写付款申请单	制造业采购经理	1. 对照服务公司开具的增值税专用发票填写付款申请书 2. 将付款申请书及发票提交给财务经理审核
3	审核付款申请	制造业财务经理	1. 审核收到的付款申请书与增值税发票是否相符，并审核其正确性 2. 将发票抵扣联留档 3. 将付款申请书交总经理审核
4	审核付款申请	制造业总经理	1. 审核付款申请书，确认无误后在申请书上签字 2. 将付款申请书交给出纳付款
5	支付货款	制造业出纳	1. 收到总经理转交的批复后的付款申请书，审核其准确性 2. 按付款申请书金额开具转账支票 3. 将转账支票交给服务公司总经理
6	填制记账凭证	制造业财务会计	1. 根据付款申请书和银行回单填制记账凭证 2. 将银行回单、付款申请书和支票存根粘贴在记账凭证后作为附件
7	审核记账凭证	制造业财务经理	1. 审核财务会计编制的记账凭证并对照相关附件检查是否正确 2. 审核无误后在记账凭证上签字或盖章 3. 将确认后的记账凭证传递给出纳登记日记账
8	登记日记账	制造业出纳	1. 根据记账凭证登记银行存款日记账 2. 记账后在记账凭证上签字或盖章 3. 将记账凭证传递给财务会计登记科目明细账
9	登记科目明细账	制造业财务会计	1. 根据记账凭证登记科目明细账 2. 记账后在记账凭证上签字或盖章
10	登记总账	制造业财务经理	1. 根据记账凭证登记总账 2. 记账后在记账凭证上签字或盖章

六十一、出售设备

业务概述：按生产需求向服务公司出售设备。具体业务流程如表 5-61 所示。

表 5-61　出售设备的业务流程

编号	活动名称	角色	活动描述—操作指导
1	填写购销合同	制造业采购员	1. 根据公司需求确定设备销售需求，到服务公司协商销售设备的价格 2. 准备购销合同并签署相关内容（用购销合同即可）
2	填写合同会签单	制造业采购员	1. 拿到签订的购销合同 2. 根据购销合同填写合同会签单
3	采购经理审核合同会签单	制造业采购经理	1. 接收采购员发送的合同和合同会签单 2. 审核合同及合同会签单，并在合同会签单上签字
4	财务审核合同会签单	制造业财务经理	1. 接收采购经理发送的合同和合同会签单 2. 审核合同及合同会签单，并在合同会签单对应位置上签字
5	总经理审核合同会签单	制造业总经理	1. 接收财务部审核的合同和合同会签单 2. 审核合同及合同会签单，并在合同会签单对应位置上盖章 3. 将合同发送给采购员
6	将购销合同送交给服务公司	制造业采购员	1. 接收总经理发送的合同 2. 拿本公司已盖章的合同去服务公司盖章
7	服务公司盖章	服务公司总经理	1. 收到企业盖章后的合同审核并盖章 2. 将盖章后的合同送交制造业行政助理
8	合同归档	制造业行政助理	1. 行政助理更新合同管理表 2. 行政助理登记完以后将采购合同留存备案
9	生产线人员调整	制造业车间管理员	检查该生产线上是否有工人，如果有工人，需要使工人离开生产线
10	办理设备销售	制造业车间管理员	按照合同在系统中将对应的设备进行出售
11	办理设备回收	服务公司业务员	在系统中回收合同中签订的设备
12	开具发票	制造业出纳	依据合同金额为企业开具发票

六十二、申领增值税发票

业务概述：向税务机关领用发票。具体业务流程如表 5-62 所示。

表 5-62　申领增值税发票的业务流程

编号	活动名称	角色	活动描述—操作指导
1	申请领用发票	制造业出纳	1. 申领人携带营业执照副本、经办人身份证到税务局 2. 向税务专员说明申请发票类型及数量
2	登记并发放发票	税务专员	1. 收到企业的申请后，将信息录入发票领用表中。发票领用表参照教学资源中的格式自行设计 2. 发票号由税务专员按序号排列即可 3. 填写后发放发票

六十三、购买支票

业务概述：企业向银行购买支票。具体业务流程如表 5-63 所示。

表 5-63　购买支票的业务流程

编号	活动名称	角色	活动描述—操作指导
1	填写票据领用登记单	制造业出纳	1. 制造业出纳到银行向银行柜员索要票据领用登记单 2. 填写票据领用登记单，将现金一并交给银行柜员
2	发放支票	银行柜员	收到企业提交的票据领用登记单，根据领用单填写数量，为企业准备支票并发放支票
3	编制记账凭证	制造业财务会计	1. 领用相关票据 2. 编制记账凭证 3. 将电汇回单粘贴到记账凭证后面 4. 将记账凭证交财务经理审核
4	审核记账凭证	制造业财务经理	1. 审核出纳填制的记账凭证并对照相关附件检查是否正确 2. 审核无误后在记账凭证上签字或盖章 3. 将审核后的记账凭证传递给出纳登记日记账
5	登记日记账	制造业出纳	1. 根据记账凭证登记库存现金日记账 2. 记账后在记账凭证上签字或盖章 3. 将记账凭证传递给财务会计登记科目明细账
6	登记科目明细账	制造业财务会计	1. 根据记账凭证登记科目明细账 2. 记账后在记账凭证上签字或盖章
7	登记总账	制造业财务经理	1. 根据记账凭证登记总账 2. 记账后在记账凭证上签字或盖章

六十四、MYF1 办理产品研发

业务概述：按生产需求研发新产品。具体业务流程如表5-64所示。

表5-64 MYF1 办理产品研发的业务流程

编号	活动名称	角色	活动描述—操作指导
1	产品研发申请	制造业生产计划经理	1. 确定要研发的产品类型 2. 在系统中对要研发的产品提出申请
2	填写支出凭单	制造业生产计划经理	1. 根据研发申请费用填写支出凭单 2. 研发由服务公司代为办理，费用支付给服务公司
3	审核支出凭单	制造业财务经理	查看产品研发的信息，审核支出凭单的内容
4	审核支出凭单	制造业总经理	查看产品研发的信息，审核支出凭单的内容
5	填写转账支票更新支付状态	制造业出纳	1. 根据审核通过的支出凭单填写支票，收款方为服务公司 2. 在系统中将对应的申请研发的产品线点击支付 3. 将转账支票送交服务公司
6	收票入账	服务公司业务员	1. 收到递交的办理产品研发的支票 2. 根据支票填写进账单 3. 携带支票与进账单到银行入账
7	银行转账	银行柜员	1. 收到服务公司提交的转账支票 2. 在系统中为服务公司办理入账操作
8	打印研发费用回单	银行柜员	1. 将刚办理的研发费用转账业务的回单打印出来 2. 通知对应企业领取回单
9	填制记账凭证	财务会计	1. 到银行领取回单 2. 根据银行回单填制记账凭证 3. 将银行回单粘贴在记账凭证后作为附件
10	审核记账凭证	制造业财务经理	1. 审核财务会计编制的记账凭证并对照相关附件检查是否正确 2. 审核无误后在记账凭证上签字或盖章 3. 将确认后的记账凭证传递给出纳登记日记账
11	登记日记账	制造业出纳	1. 根据记账凭证登记银行存款日记账 2. 记账后在记账凭证上签字或盖章 3. 将记账凭证传递给财务会计登记科目明细账
12	登记科目明细账	财务会计	1. 根据记账凭证登记科目明细账 2. 记账后在记账凭证上签字或盖章 3. 将记账凭证传递给财务经理登记总账

续表

编号	活动名称	角色	活动描述—操作指导
13	登记总账	制造业财务经理	1. 根据记账凭证登记总账 2. 记账后在记账凭证上签字或盖章

六十五、MCC1 办理 3C 认证

业务概述：按生产需求办理 3C 认证。具体业务流程如表 5-65 所示。

表 5-65　MCC1 办理 3C 认证的业务流程

编号	活动名称	角色	活动描述—操作指导
1	填写 3C 认证申请	生产计划部经理	1. 根据公司经营策略选择需要进行 3C 认证的产品和需要投入 3C 认证的费用 2. 填写产品 3C 认证的费用申请 3. 将认证申请表提交给总经理
2	审核 3C 认证申请	总经理	1. 接收生产计划部经理提交的 3C 认证申请 2. 根据公司的经营计划审核 3C 认证费用的合理性、准确性，同意后签字 3. 将认证申请发送给行政助理
3	3C 认证申请盖章	行政助理	1. 接收总经理发送的 3C 认证申请单 2. 查看总经理的审核是否同意，确认无误后盖章 3. 将认证申请发送给生产计划部经理
4	到服务公司办理 3C 认证	生产计划部经理	1. 接收行政助理发送的认证申请 2. 携带 3C 认证到服务公司办理认证
5	办理 3C 认证	服务公司业务员	1. 收到企业的 3C 认证申请单 2. 为对应企业办理 3C 认证
6	开具发票	服务公司总经理	依据办理 3C 认证的金额为企业开具发票

六十六、支付 3C 认证款

业务概述：企业支付办理 3C 认证款。具体业务流程如表 5-66 所示。

表 5-66　支付 3C 认证款的业务流程

编号	活动名称	角色	活动描述—操作指导
1	收到发票	制造业采购经理	收到服务公司开具的增值税专用发票

续表

编号	活动名称	角色	活动描述—操作指导
2	填写付款申请单	制造业采购经理	1. 对照服务公司开具的增值税专用发票填写付款申请书 2. 将付款申请书及发票提交给财务经理审核
3	审核付款申请	制造业财务经理	1. 审核收到的付款申请书与增值税发票是否相符，并审核其正确性 2. 将发票抵扣联留档 3. 将付款申请书交总经理审核
4	审核付款申请	制造业总经理	1. 审核付款申请书，确认无误后在申请书上签字 2. 将付款申请书交给出纳付款
5	支付货款	制造业出纳	1. 收到总经理转交的批复后的付款申请书，审核其准确性 2. 按付款申请书金额开具转账支票 3. 将转账支票交给服务公司总经理
6	填制记账凭证	制造业财务会计	1. 根据付款申请书和银行回单填制记账凭证 2. 将银行回单、付款申请书和支票存根粘贴在记账凭证后作为附件
7	审核记账凭证	制造业财务经理	1. 审核财务会计编制的记账凭证并对照相关附件检查是否正确 2. 审核无误后在记账凭证上签字或盖章 3. 将确认后的记账凭证传递给出纳登记日记账
8	登记日记账	制造业出纳	1. 根据记账凭证登记银行存款日记账 2. 记账后在记账凭证上签字或盖章 3. 将记账凭证传递给财务会计登记科目明细账
9	登记科目明细账	制造业财务会计	1. 根据记账凭证登记科目明细账 2. 记账后在记账凭证上签字或盖章
10	登记总账	制造业财务经理	1. 根据记账凭证登记总账 2. 记账后在记账凭证上签字或盖章

六十七、购买厂房

业务概述：按生产需求向服务公司购买厂房。具体业务流程如表5-67所示。

表5-67 购买厂房的业务流程

编号	活动名称	角色	活动描述—操作指导
1	填写购销合同	制造业采购员	1. 根据公司需求确定购买需求，到服务公司协商厂房的价格 2. 准备厂房仓库购销合同并签署相关内容

续表

编号	活动名称	角色	活动描述—操作指导
2	填写合同会签单	制造业采购员	1. 拿到签订的购销合同 2. 根据购销合同填写合同会签单
3	采购经理审核合同会签单	制造业采购经理	1. 接收采购员发送的合同和合同会签单 2. 审核合同及合同会签单，并在合同会签单上签字
4	财务审核合同会签单	制造业财务经理	1. 接收采购经理发送的合同和合同会签单 2. 审核合同及合同会签单，并在合同会签单对应位置上签字
5	总经理审核合同会签单	制造业总经理	1. 接收财务部审核的合同和合同会签单 2. 审核合同及合同会签单，并在合同会签单对应位置上盖章 3. 将合同发送给采购员
6	将购销合同送交给服务公司	制造业采购员	1. 接收总经理发送的合同 2. 拿本公司已盖章的合同去服务公司盖章
7	服务公司盖章	服务公司总经理	1. 收到企业盖章后的合同审核并盖章 2. 将盖章后的合同送制造业行政助理
8	合同归档	制造业行政助理	1. 行政助理更新合同管理表 2. 行政助理登记完以后把采购合同留存备案
9	确定厂房销售	服务公司业务员	在系统中确定企业的厂房采购
10	开具发票	服务公司总经理	依据合同金额为企业开具发票

六十八、支付购买厂房款

业务概述：企业支付购买厂房的费用。具体业务流程如表5-68所示。

表5-68　支付购买厂房款的业务流程

编号	活动名称	角色	活动描述—操作指导
1	收到发票	制造业采购经理	收到服务公司开具的增值税专用发票
2	填写付款申请单	制造业采购经理	1. 对照服务公司开具的增值税专用发票填写付款申请书 2. 将付款申请书及发票提交给财务经理审核
3	审核付款申请	制造业财务经理	1. 审核收到的付款申请书与增值税发票是否相符，并审核其正确性 2. 将发票抵扣联留档 3. 将付款申请书交总经理审核

编号	活动名称	角色	活动描述—操作指导
4	审核付款申请	制造业总经理	1. 审核付款申请书，确认无误后在申请书上签字 2. 将付款申请书交给出纳付款
5	支付货款	制造业出纳	1. 收到总经理转交的批复后的付款申请书，审核其准确性 2. 按付款申请书金额开具转账支票 3. 将转账支票交给服务公司总经理
6	填制记账凭证	制造业财务会计	1. 根据付款申请书和银行回单填制记账凭证 2. 将银行回单、付款申请书和支票存根粘贴在记账凭证后作为附件
7	审核记账凭证	制造业财务经理	1. 审核财务会计编制的记账凭证并对照相关附件检查是否正确 2. 审核无误后在记账凭证上签字或盖章 3. 将确认后的记账凭证传递给出纳登记日记账
8	登记日记账	制造业出纳	1. 根据记账凭证登记银行存款日记账 2. 记账后在记账凭证上签字或盖章 3. 将记账凭证传递给财务会计登记科目明细账
9	登记科目明细账	制造业财务会计	1. 根据记账凭证登记科目明细账 2. 记账后在记账凭证上签字或盖章
10	登记总账	制造业财务经理	1. 根据记账凭证登记总账 2. 记账后在记账凭证上签字或盖章

六十九、购买仓库

业务概述：按生产需求向服务公司购买仓库。具体业务流程如表 5-69 所示。

表 5-69　购买仓库的业务流程

编号	活动名称	角色	活动描述—操作指导
1	填写购销合同	制造业采购员	1. 根据公司需求确定购买需求，到服务公司协商仓库的价格 2. 准备厂房仓库购销合同并签署相关内容
2	填写合同会签单	制造业采购员	1. 拿到签订的购销合同 2. 根据购销合同填写合同会签单
3	采购经理审核合同会签单	制造业采购经理	1. 接收采购员发送的合同和合同会签单 2. 审核合同及合同会签单，并在合同会签单上签字

编号	活动名称	角色	活动描述—操作指导
4	财务审核合同会签单	制造业财务经理	1. 接收采购部经理发送的合同和合同会签单 2. 审核合同及合同会签单，并在合同会签单对应位置上签字
5	总经理审核合同会签单	制造业总经理	1. 接收财务部审核的合同和合同会签单 2. 审核合同及合同会签单，并在合同会签单对应位置上盖章 3. 将合同发送给采购员
6	将购销合同送交给服务公司	制造业采购员	1. 接收总经理发送的合同 2. 拿本公司已盖章的合同去服务公司盖章
7	服务公司盖章	服务公司总经理	1. 收到企业盖章后的合同审核并盖章 2. 将盖章后的合同送交制造业行政助理。
8	合同归档	制造业行政助理	1. 行政助理更新合同管理表 2. 行政助理登记完，把采购合同留存备案
9	确定仓库销售	服务公司业务员	在系统中确定企业的仓库采购
10	开具发票	服务公司总经理	依据合同金额，为企业开具发票

七十、支付购买仓库款

业务概述：企业支付购买仓库的费用。具体业务流程如表5-70所示。

表5-70　支付购买仓库款的业务流程

编号	活动名称	角色	活动描述—操作指导
1	收到发票	制造业采购经理	收到服务公司开具的增值税专用发票
2	填写付款申请单	制造业采购经理	1. 对照服务公司开具的增值税专用发票填写付款申请书 2. 将付款申请书及发票提交给财务经理审核
3	审核付款申请	制造业财务经理	1. 审核收到的付款申请书与增值税发票是否相符，并审核其正确性 2. 将发票抵扣联留档 3. 将付款申请书交总经理审核
4	审核付款申请	制造业总经理	1. 审核付款申请书，确认无误后在申请书上签字 2. 将付款申请书交给出纳付款

编号	活动名称	角色	活动描述—操作指导
5	支付货款	制造业出纳	1. 收到总经理转交的批复后的付款申请书，审核其准确性 2. 按付款申请书金额开具转账支票 3. 将转账支票交给服务公司总经理
6	填制记账凭证	制造业财务会计	1. 根据付款申请书和银行回单填制记账凭证 2. 将银行回单、付款申请书和支票存根粘贴在记账凭证后作为附件
7	审核记账凭证	制造业财务经理	1. 审核财务会计编制的记账凭证并对照相关附件检查是否正确 2. 审核无误后在记账凭证上签字或盖章 3. 将确认后的记账凭证传递给出纳登记日记账
8	登记日记账	制造业出纳	1. 根据记账凭证登记银行存款日记账 2. 记账后在记账凭证上签字或盖章 3. 将记账凭证传递给财务会计登记科目明细账
9	登记科目明细账	制造业财务会计	1. 根据记账凭证登记科目明细账 2. 记账后在记账凭证上签字或盖章
10	登记总账	制造业财务经理	1. 根据记账凭证登记总账 2. 记账后在记账凭证上签字或盖章

七十一、收到虚拟企业货款及账务处理

业务概述：销售专员收到客户交给的用于支付货款的转账支票，交给财务人员办理收款。具体业务流程如表 5-71 所示。

表 5-71 收到虚拟企业货款及账务处理的业务流程

编号	活动名称	角色	活动描述—操作指导
1	销售收款	销售专员	接收客户采购员交付的转账支票
2	到银行办理入账	出纳	填写银行进账单交给银行柜员进行转账
3	收支票划款转账	银行柜员	1. 收到企业的出纳交来的转账支票 2. 验证支票后办理转账 3. 划款转账后讲收款结算凭证交给出纳
4	取回银行收款结算凭证（电汇回单）	出纳	1. 收到银行柜员打印的收款结算凭证 2. 将银行进账单回单交付会计做记账凭证

续表

编号	活动名称	角色	活动描述—操作指导
5	编制记账凭证	财务会计	1. 根据销售发票和销售回款结果填制记账凭证 2. 将发票粘贴到记账凭证后面 3. 将记账凭证交财务部经理审核
6	审核记账凭证	财务经理	1. 审核记账凭证的附件是否齐全、正确 2. 审核记账凭证的编制是否正确 3. 审核无误后在记账凭证上签字或盖章 4. 交出纳登记银行存款日记账
7	登记银行日记账	出纳	1. 根据审核后的记账凭证登记银行存款日记账 2. 记账后在记账凭证上签字或盖章 3. 交财务会计登记明细账
8	登记科目明细账	财务会计	1. 接收出纳送来的记账凭证 2. 核对财务部经理是否已审核 3. 根据审核后的记账凭证登记主营业务收入科目明细账 4. 记账后在记账凭证上签字或盖章

七十二、回收设备销售款

业务概述：企业回收销售生产线的设备款（具体以老师要求的规则为准）。具体业务流程如表5-72所示。

表5-72　回收设备销售款的业务流程

编号	活动名称	角色	活动描述—操作指导
1	催收货款	制造业采购员	1. 向购服务公司催收设备销售款 2. 收到服务公司递交的转账支票 3. 依据购销合同审核支票的金额 4. 将支票交出纳处理
2	支付货款	制造业出纳	1. 收到采购员递交的支票，审核支票的正确性 2. 填写进账单，连同支票一起送交银行进行入账
3	银行转账	银行柜员	1. 收到企业提交的支票与进账单 2. 审核支票的正确性 3. 根据进账单进行转账
4	填制记账凭证	财务会计	1. 根据银行回单填制记账凭证 2. 将银行回单、付款申请书和支票存根粘贴在记账凭证后作为附件

编号	活动名称	角色	活动描述—操作指导
5	审核记账凭证	制造业财务经理	1. 审核财务会计编制的记账凭证并对照相关附件检查是否正确 2. 审核无误后在记账凭证上签字或盖章 3. 将确认后的记账凭证传递给出纳登记日记账
6	登记日记账	制造业出纳	1. 根据记账凭证登记银行存款日记账 2. 记账后在记账凭证上签字或盖章 3. 将记账凭证传递给财务会计登记科目明细账
7	登记科目明细账	财务会计	1. 根据记账凭证登记科目明细账 2. 记账后在记账凭证上签字或盖章
8	登记总账	制造业财务经理	1. 根据记账凭证登记总账 2. 记账后在记账凭证上签字或盖章

七十三、支付 ISO9000 认证费

业务概述：制造业生产计划员依据收到服务公司的 ISO9000 认证发票，进行付款，交公司财务审核并做相关账务处理。具体业务流程如表 5-73 所示。

表 5-73　支付 ISO9000 认证费的业务流程

编号	活动名称	角色	活动描述—操作指导
1	填写付款申请表	生产计划员	1. 根据 ISO9000 认证的发票填写付款申请表 2. 将发票粘在付款申请表后
2	审核付款申请表	生产计划部经理	1. 收到生产计划员交给的付款申请表 2. 查看 ISO9000 认证合同的执行情况，审核付款申请表的准确性和合理性 3. 确认后在付款申请表签字 4. 将付款申请表交生产计划员，由生产计划员送交财务部经理审核
3	审核付款申请表	财务部经理	1. 收到计划部经理审核同意的付款申请表 2. 审核付款申请表的准确性和合理性 3. 确认后在付款申请表上签字
4	填写支票	出纳	依据审核通过的付款申请单填写转账支票
5	审核支票	财务部经理	1. 审核 ISO9000 认证的发票是否正确 2. 审核支票填写得是否正确 3. 确认无误后加盖财务专用章和法人章

续表

编号	活动名称	角色	活动描述—操作指导
6	登记支票登记簿	出纳	1. 填写支票登记簿 2. 将支票正联交给生产计划员 3. 让生产计划员在支票登记簿上签收
7	填制记账凭证	财务会计	1. 接收出纳交来的 ISO9000 认证发票的付款申请单 2. 核对出纳交来的 ISO9000 认证的发票 3. 根据付款申请表及支票金额编制记账凭证
8	审核记账凭证	财务部经理	1. 审核财务会计提交的记账凭证 2. 审核无误后在记账凭证上签字或盖章 3. 将记账凭证给出纳作为记账依据
9	登记银行存款日记账	出纳	1. 根据记账凭证登记银行存款日记账 2. 在记账凭证上签字或盖章 3. 将记账凭证交财务会计登账
10	登记科目明细账	财务会计	1. 根据记账凭证登记明细账 2. 在记账凭证上签字或盖章 3. 将记账凭证交财务经理登记总账
11	登记总账	财务经理	1. 接收财务会计交给的记账凭证 2. 根据记账凭证登记科目总账 3. 在记账凭证上签字或盖章
12	将支票送服务公司	生产计划员	生产计划员将支票送交服务公司
13	收到转账支票并到银行办理转账	服务公司总经理	1. 向办理 ISO9000 认证的企业催收 ISO9000 认证费 2. 拿到办理 ISO9000 认证的企业办理 ISO9000 认证费转账支票 3. 根据转账支票填写进账单 4. 携带转账支票与进账单到银行进行转账
14	办理转账并打印银行回单（银行）	银行柜员	1. 收到企业提交的进账单与支票 2. 根据进账单信息办理转账业务 3. 根据办理的转账业务打印银行业务回单 4. 将银行业务回单交给企业办事员

七十四、支付市场开拓费

业务概述：市场专员根据收到服务公司关于市场开拓的发票，核对后交本企业相关部门审核。公司按照财务付款流程依次办理手续，最终支付市场开拓的费用。具体业务流程如表5-74所示。

表 5-74 支付市场开拓费的业务流程

编号	活动名称	角色	活动描述—操作指导
1	填写付款申请单	市场专员	1. 查看发票记录表，确认未支付的发票信息 2. 对照发票记录表上的未支付发票信息填写付款申请单 3. 将付款申请提交给营销经理审核
2	审核付款申请	营销经理	1. 审核付款申请单和发票金额是否一致，确认无误后在付款申请上签字 2. 将付款申请交市场专员传递给财务经理审核
3	审核付款申请	财务经理	1. 审核付款申请单，确认无误后在申请单上签字 2. 将付款申请交还给出纳人员安排付款
4	填写转账支票	出纳	1. 收到财务经理转交的批复后的付款申请单 2. 确认后对照付款申请单金额开具转账支票 3. 出纳登记支票登记簿，支票领用人签字 4. 将支票正联交给财务经理审核、盖章
5	审核支票	财务经理	1. 审核支票填写的是否正确 2. 确认无误后签字并加盖公司财务章和法人章 3. 将支票正联交给营销经理支付给服务公司
6	将支票送至服务公司	市场专员	1. 登记在支票登记簿上 2. 将支票交给服务公司完成支付
7	接收支票并入账	服务公司总经理	1. 向办理市场开拓的企业催收市场开拓费 2. 拿到办理市场开拓企业办理市场开拓所开具的转账支票 3. 根据转账支票填写进账单 4. 携带转账支票与进账单到银行进行转账
8	办理转账并打印回单	银行柜员	1. 收到企业提交的进账单与支票 2. 根据进账单信息办理转账业务 3. 根据办理的转账业务打印银行业务回单 4. 将银行业务回单交给企业办事员
9	填制记账凭证	财务会计	1. 根据审核的付款申请单和支票存根填制记账凭证 2. 将支票存根和付款申请单粘贴在记账凭证后作为附件 3. 将记账凭证传递给财务经理审核
10	审核记账凭证	财务经理	1. 审核财务会计填制的记账凭证并对照相关附件检查是否正确 2. 审核无误后在记账凭证上签字或盖章 3. 将确认后的记账凭证传递给出纳登记日记账
11	登记日记账	出纳	1. 根据记账凭证登记银行存款日记账 2. 记账后在记账凭证上签字或盖章 3. 将记账凭证传递给财务会计登记科目明细账

编号	活动名称	角色	活动描述—操作指导
12	登记科目明细账	财务会计	1. 接收出纳交还的记账凭证 2. 根据记账凭证登记科目明细账 3. 记账后在记账凭证上签字或盖章
13	登记总账	财务经理	1. 接收财务会计的记账凭证 2. 根据记账凭证登记总账 3. 记账后在记账凭证上签字或盖章

七十五、支付广告投放费用

业务概述：市场专员收到服务公司开具的市场广告费的发票，进行核对后交本企业相关部门进行审核。公司按照财务付款流程依次办理手续，最终支付市场广告的费用。具体业务流程如表 5-75 所示。

表 5-75　支付广告投放费用的业务流程

编号	活动名称	角色	活动描述—操作指导
1	填写付款申请单	市场专员	1. 收到服务公司开具的广告费用发票 2. 对照发票信息填写付款申请单（用途、金额、收款单位、账号等） 3. 将发票与付款申请单交给营销部经理审核
2	审核付款申请	营销部经理	1. 收到市场专员交给的广告费付款申请单 2. 对照之前审核通过的广告投放申请单的内容、金额等进行审核 3. 审核无误后将发票和付款申请交由市场专员提交财务
3	审核付款申请	财务部经理	1. 审核市场专员交给的付款申请单和广告发票 2. 审核付款申请单填写的是否无误，确认后签字
4	填写支票并登记支票登记簿	出纳	1. 依照审核通过的付款申请单填写转账支票，盖财务专用章 2. 将填写好的支票给财务经理，财务经理审核合格后盖法人章 3. 登记支票登记簿，将支票正联交给市场专员，并请其签收 4. 将支票根粘贴在付款申请凭单后面
5	填制记账凭证	财务会计	1. 接收并核对出纳交来的支票根、付款申请单 2. 根据支票根、付款申请单编制记账凭证

续表

编号	活动名称	角色	活动描述—操作指导
6	审核记账凭证	财务部经理	1. 审核财务会计编制的记账凭证并对照支票根、付款申请单检查是否正确 2. 审核记账凭证填得是否正确 3. 确认无误后在记账凭证上签字或盖章
7	登记银行存款日记账	出纳	1. 根据记账凭证登记银行存款日记账 2. 记账后在记账凭证上签字或盖章 3. 将记账凭证交财务会计登账
8	登记科目明细账	财务会计	1. 根据记账凭证登记科目明细账 2. 记账后在记账凭证上签字或盖章
9	登记总账	财务部经理	1. 根据记账凭证登记总账 2. 记账后在记账凭证上签字或盖章
10	将支票送服务公司	市场专员	1. 在支票登记簿上签收 2. 将收到的支票交给收款方及服务公司
11	收到转账支票并到银行办理转账	服务公司总经理	1. 向办理市场广告的企业催收市场广告费 2. 拿到办理市场广告企业开具的转账支票 3. 根据转账支票填写进账单 4. 携带转账支票与进账单到银行进行转账
12	办理转账并打印银行回单（银行）	银行柜员	1. 收到企业提交的进账单与支票 2. 根据进账单信息办理转账业务 3. 根据办理的转账业务打印银行业务回单 4. 将银行业务回单交给企业办事员

七十六、收到虚拟经销商货款

业务概述：销售专员通知出纳查看收款信息，出纳根据收款的回单进行记账。具体业务流程如表5-76所示。

表5-76 收到虚拟经销商货款的业务流程

编号	活动名称	角色	活动描述—操作指导
1	销售收款	销售专员	1. 在VBSE系统中办理销售收款 2. 通知出纳查询银行存款
2	收到银行收款结算凭证（电汇回单）	出纳	1. 收到银行收款结算凭证（电汇回单） 2. 将银行收款结算凭证（电汇回单）交给财务会计

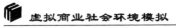

编号	活动名称	角色	活动描述—操作指导
3	编制记账凭证	财务会计	1. 收到银行收款结算凭证（电汇回单）并依据此编制记账凭证 2. 将电汇回单粘贴到记账凭证后面 3. 将记账凭证交财务经理审核
4	审核记账凭证	财务经理	1. 审核财务会计填制的记账凭证并对照相关附件检查是否正确 2. 审核无误后在记账凭证上签字或盖章 3. 将确认后的记账凭证传递给出纳登记日记账
5	登记日记账	出纳	1. 根据记账凭证登记银行存款日记账 2. 记账后在记账凭证上签字或盖章 3. 将记账凭证传递给财务会计登记科目明细账
6	登记科目明细账	财务会计	1. 根据记账凭证登记科目明细账 2. 记账后在记账凭证上签字或盖章
7	登记总账	财务经理	1. 根据记账凭证登记总账 2. 记账后在记账凭证上签字或盖章

第六章 工贸企业实训任务

虚拟商业社会环境的操作系统非常简单，只要严格按照"看流程、填表格、操业务"三步走，可以完成系统中的所有任务。由于系统中岗位多、业务杂，为了厘清相互之间的关系，本书列出了各类任务的业务操作流程，可以更好地帮助学生梳理企业交易流程，形成对企业的整体认知。工贸企业是制造企业唯一的原材料供应商，在模拟经营过程中还有可能需要一家工贸企业供应多家制造企业。为了保证经营效率，在繁忙时期需要商贸企业人员帮忙处理相关业务，因此工贸企业对企业总经理的管理能力要求较高。

一、批量办理个人银行卡

业务概述：行政经理收集员工信息，审核后到银行办理个人银行卡。具体业务流程如表6-1所示。

表6-1 批量办理个人银行卡的业务流程

编号	活动名称	角色	活动描述—操作指导
1	填写借记卡集体申领登记表	行政经理	1. 收集员工信息并在借记卡集体申领登记表中填写相关内容 2. 将填写完整的登记表交给财务经理审核
2	审核借记卡集体申领登记表	财务经理	1. 审核登记表无误后签字并加盖"财务专用"章 2. 将审核后的登记表交给行政经理到银行办理开卡手续
3	去银行办理开卡业务	行政经理	带着借记卡集体申领登记表及身份证复印件（实际业务中必须带身份证原件），到银行柜台递交开卡申请
4	办理银行开卡	银行柜员	银行柜员办理开卡完毕后，把银行卡交给办卡申请人

编号	活动名称	角色	活动描述—操作指导
5	从银行领回银行卡并发放	行政经理	1. 从银行柜员处领取银行卡，核对银行卡卡号与登记表中记录是否一致 2. 把银行卡卡号、姓名等信息进行归档备案 3. 提交一份银行卡信息给财务经理备案

二、企管部借款

业务概述：行政经理借备用金。具体业务流程如表6-2所示。

表6-2　企管部借款的业务流程

编号	活动名称	角色	活动描述—操作指导
1	填写借款单	行政经理	1. 在 VBSE 系统中填写借款单（实际工作中可能填写纸质借款单） 2. 填写借款单，借款作为部门备用金 3. 将填写好的借款单提交总经理审核
2	审核借款单	总经理	1. 在 VBSE 系统中对借款用途、金额、付款条款进行审核 2. 审核无误后在审核意见处签字确认
3	支付现金	总经理	1. 接收经过总经理审核签字的借款单 2. 确认无误后支付现金给借款人，借款人签字 3. 在借款单出纳签章处加盖签章。
4	填制记账凭证	财务经理	1. 根据已支付的借款单填制记账凭证将借款单粘贴在后面作为附件 2. 将记账凭证交由总经理审核
5	审核记账凭证	总经理	1. 审核财务经理填制的记账凭证并对照借款单检查是否正确 2. 审核无误后在记账凭证上签字或盖章 3. 将审核后的记账凭证交给总经理登记日记账
6	登记库存现金日记账	总经理	1. 根据审核后的记账凭证登记库存现金日记账 2. 记账后在记账凭证上签字或盖章
7	登记科目明细账	财务经理	1. 根据记账凭证登记科目明细账 2. 记账后在记账凭证上签字或盖章
8	登记总账	财务经理	1. 根据记账凭证登记总账 2. 记账后在记账凭证上签字或盖章

三、业务部借款

业务概述：业务经理借备用金。具体业务流程如表6-3所示。

表6-3 业务部借款的业务流程

编号	活动名称	角色	活动描述—操作指导
1	填写借款单	业务经理	1. 在VBSE系统中填写借款单（实际工作中可能填写纸质借款单） 2. 填写借款单，借款作为部门备用金 3. 将填写好的借款单提交总经理审核
2	审核借款单	总经理	1. 在VBSE系统中对借款用途、金额、付款条款进行审核 2. 审核无误后在审核意见处签字确认
3	支付现金	总经理	1. 接收经过总经理审核签字的借款单 2. 确认无误后支付现金给借款人，借款人签字 3. 在借款单出纳签章处加盖签章。
4	填制记账凭证	财务经理	1. 根据已支付的借款单填制记账凭证将借款单粘贴在后面作为附件 2. 将记账凭证交由总经理审核
5	审核记账凭证	总经理	1. 审核财务经理填制的记账凭证并对照借款单检查是否正确 2. 审核无误后在记账凭证上签字或盖章 3. 将审核后的记账凭证交给总经理登记日记账
6	登记库存现金日记账	总经理	1. 根据审核后的记账凭证登记库存现金日记账 2. 记账后在记账凭证上签字或盖章
7	登记科目明细账	财务经理	1. 根据记账凭证登记科目明细账 2. 记账后在记账凭证上签字或盖章
8	登记总账	财务经理	1. 根据记账凭证登记总账 2. 记账后在记账凭证上签字或盖章

四、发放薪酬

业务概述：发放上月薪酬。具体业务流程如表6-4所示。

表6-4　发放薪酬的业务流程

编号	活动名称	角色	活动描述—操作指导
1	薪资录盘	行政经理	1. 在VBSE系统里打开"薪资录盘"界面 2. 依据工资表信息，录入人员薪资，完成后保存并导出 3. 将导出的"薪酬发放"的文件拷贝到U盘中
2	填写支出凭单	行政经理	1. 依据工资表数据填写支出凭单 2. 将填好的支出凭单、工资表交总经理和财务经理进行审核
3	审核支出凭单和薪酬发放表	总经理	1. 审核支出凭单信息和工资表是否一致、正确 2. 审核支出凭单的日期、金额、支出方式、支出用途及金额大小写是否正确 3. 审核完成后在支出凭单上签字确认
4	审核支出凭单和薪酬发放表	财务经理	1. 审核支出凭单信息和工资表是否一致、正确 2. 审核支出凭单的日期、金额、支出方式、支出用途及金额大小写是否正确 3. 审核完成后在支出凭单上签字确认
5	开具转账支票	总经理	1. 根据支出凭单的信息开具转账支票 2. 检查支票填写无误后加盖公司财务章和法人章
6	登记支票登记簿	总经理	1. 根据签发的支票登记支票登记簿 2. 支票领用人在支票登记簿上签字
7	去银行办理薪资发放	财务经理	1. 填写进账单 2. 带齐薪资发放资料：转账支票、薪资录盘去银行办理工资发放
8	办理工资发放	银行柜员	1. 接到工资录盘文件和支票 2. 检查文件和支票 3. 在系统中导入工资录盘文件完成工资发放
9	取得银行业务回单	财务经理	取得银行的业务回单（可以直接在柜台办理时由银行柜员打印取回；在柜台未打印，次日可以在回单柜中取得）
10	填制记账凭证	财务经理	1. 依据银行业务回单、转账支票存根、支出凭单填制记账凭证 2. 编制记账凭证，将原始单据作为附件粘贴在记账凭证后面 3. 将记账凭证和相关原始单据交给总经理审核
11	审核记账凭证	总经理	1. 审核财务经理提交的记账凭证 2. 核对记账凭证与原始凭证一致性，审核无误后签字或盖章 3. 将审核后的记账凭证交给总经理登记日记账

续表

编号	活动名称	角色	活动描述—操作指导
12	登记银行存款日记账	总经理	1. 根据审核后的记账凭证登记银行存款日记账 2. 记账后在记账凭证上签字或盖章 3. 将记账凭证交回财务经理登记科目明细账
13	登记科目明细账	财务经理	1. 依据记账凭证登记科目明细账 2. 记账后在记账凭证上签字或盖章
14	登记总账	财务经理	1. 依据记账凭证登记总账 2. 记账后在记账凭证上签字或盖章

五、申报个人所得税

业务概述：财务经理申报上月个人所得税。具体业务流程如表6-5所示。

表6-5 申报个人所得税的业务流程

编号	活动名称	角色	活动描述—操作指导
1	整理、提交个人所得税纳税申报资料	行政经理	1. 收集整理员工信息 2. 根据员工信息在VBSE系统中下载导入模版，根据员工信息填写"个人所得税基础信息模板" 3. 将填好的"个人所得税基础信息模板"导入系统中并提交税务局 4. 将员工信息和工资表一同交给财务经理
2	审核企业提交的个人所得税纳税申报资料	税务专员	在VBSE系统中审核企业提交的个人所得税申报资料
3	网上个人所得税纳税申报	财务经理	1. 在VBSE系统中下载"扣缴个人所得税报告表模板" 2. 根据工资表和员工信息填写"扣缴个人所得税报告表模板" 3. 将填好的"扣缴个人所得税报告表模板"导入系统中并扣缴个人所得税

六、申报企业增值税

业务概述：月初财务经理申报上月企业增值税。具体业务流程如表6-6所示。

表 6-6　申报企业增值税的业务流程

编号	活动名称	角色	活动描述—操作指导
1	整理增值税纳税申报资料	财务经理	1. 准备上期的进项税，汇总并整理 2. 准备上期的销项税，汇总并整理
2	网上增值税纳税申报	财务经理	1. 在 VBSE 系统中根据确认的金额进行增值税纳税申报 2. 填写完成后提交税务机关审核
3	审核企业增值税申报	税务专员	在 VBSE 系统中审核企业提交的增值税申报

七、与制造业签订购销合同

业务概述：收到制造业的采购合同并签署。具体业务流程如表 6-7 所示。

表 6-7　与制造业签订购销合同的业务流程

编号	活动名称	角色	活动描述—操作指导
1	收到购销合同，填制合同会签单	业务经理	1. 业务经理依据收到的购销合同填写合同会签单 2. 业务经理将购销合同和合同会签单送交财务经理审核
2	审核购销合同和合同会签单	财务经理	1. 收到业务经理交给的购销合同及合同会签单 2. 审核购销合同的准确性和合理性 3. 财务部经理在合同会签单上签字 4. 将购销合同和会签单送至总经理审核
3	审核购销合同和合同会签单	总经理	1. 审核购销合同的条款、期限、付款信息等是否符合公司要求 2. 符合要求则在合同会签单上签字 3. 将审核通过后的购销合同和合同会签单一同送至行政经理处盖章
4	合同盖章	行政经理	1. 接到审核通过的合同会签单，在购销合同上盖章 2. 业务经理在公章印鉴使用登记表上登记并签字
5	合同存档	行政经理	1. 行政经理更新合同管理表与购销合同 2. 行政经理将合同会签单与一份盖章购销合同一起进行归档 3. 将一份盖章的合同交给业务经理送交合同当事人
6	购销合同登记	业务经理	1. 业务经理将盖章的购销合同登记交给合同当事人 2. 业务经理更新采购合同执行情况表

八、确认制造业的采购订单

业务概述：确认制造业的采购订单。具体业务流程如表6-8所示。

表6-8 确认制造业的采购订单的业务流程

编号	活动名称	角色	活动描述—操作指导
1	确认采购订单	业务经理	1. 在系统中确认制造业的采购订单 2. 根据系统的采购订单信息填写销售订单

九、下达采购订单

业务概述：向虚拟供应商下达采购订单。具体业务流程如表6-9所示。

表6-9 下达采购订单的业务流程

编号	活动名称	角色	活动描述—操作指导
1	下达采购	业务经理	1. 在系统中选择要采购的货物 2. 选择完成后确认采购

十、签订代发工资协议

业务概述：签订银企代发工资合作协议。具体业务流程如表6-10所示。

表6-10 签订代发工资协议的业务流程

编号	活动名称	角色	活动描述—操作指导
1	填写公章、印鉴、资质证照使用申请表	行政经理	1. 填写公章、印鉴、资质证照使用申请表，注明使用缘由是去银行签订银企代发工资合作协议 2. 将申请表提交给总经理审核
2	审核公章、印鉴、资质证照使用申请表	总经理	1. 审核公章、印鉴、资质证照使用申请表 2. 审核无误后在申请表上签字确认
3	到银行签订银企代发工资合作协议	行政经理	1. 根据审核后的申请表，整理相关资料，带好营业执照、法人身份证公章、预留印鉴等准备签订银企代发工资合作协议（实训中带上营业执照、公章、印鉴即可） 2. 到银行柜台签订协议

编号	活动名称	角色	活动描述—操作指导
4	办理银企代发工资合作协议	银行柜员	1. 接收、审核客户提交的银企代发工资合作协议 2. 审核通过后盖章返还客户
5	协议书归档	行政经理	1. 收到银行签字盖章的银企代发工资合作协议 2. 审核无误后将协议书归档 3. 登记合同管理表，填写协议书信息

十一、签订社保、公积金同城委托收款协议

业务概述：签订委托银行代收合同书。具体业务流程如表 6-11 所示。

表 6-11 签订社保、公积金同城委托收款协议的业务流程

编号	活动名称	角色	活动描述—操作指导
1	填写公章、印鉴、资质证照使用申请表	行政经理	1. 填写公章、印鉴、资质证照使用申请表，注明使用缘由是去银行签订委托银行代收合同书 2. 将申请表提交给总经理审核
2	审核公章、印鉴、资质证照使用申请表	总经理	1. 审核公章、印鉴、资质证照使用申请表 2. 审核无误后在申请表上签字确认
3	到人社局办理委托银行代收合同书	行政经理	携带相关资料到人社局办理三方协议
4	审核并办理	社保专员	1. 接收企业提交的资料并审核 2. 审核通过后下发委托银行代收合同书（待企业填写完成后盖章即可）
5	填写委托银行代收合同书	财务经理	1. 在社会保险/住房公积金中心填写委托银行代收合同书并盖企业公章，协议书一式三份 2. 填写完成后由社保公积金专员盖章
6	到银行办理委托银行代收合同	财务经理	1. 财务经理到银行办理委托收款业务 2. 提交相关资料给银行柜员
7	办理企业提交的委托银行代收合同书	银行柜员	1. 接收企业提交的一式三份的委托银行代收合同书并审核 2. 审核通过后盖银行公章留存一联其余两联返还客户

续表

编号	活动名称	角色	活动描述—操作指导
8	送交人社局	财务经理	1. 收到银行签字盖章的委托银行代收合同书 2. 将一份银行签字盖章的合同书交给行政经理归档 3. 将一份银行签字盖章的合同书交给人社局
9	接收企业返还的委托银行代收合同书	社保公积金专员	1. 接收企业返还的委托银行代收合同书 2. 将委托银行代收合同书进行归档
10	合同书归档	行政经理	1. 收到人社局、银行签字盖章的委托银行代收合同书 2. 审核无误后进行归档 3. 登记合同管理表，填写合同书信息

十二、签订税务同城委托收款协议

业务概述：签订授权划缴税款协议书。具体业务流程如表 6-12 所示。

表 6-12 签订税务同城委托收款协议的业务流程

编号	活动名称	角色	活动描述—操作指导
1	填写公章、印鉴、资质证照使用申请表	行政经理	1. 填写公章、印鉴、资质证照使用申请表，注明使用缘由是去银行签订授权划缴税款协议书 2. 将申请表提交给总经理审核
2	审核公章、印鉴、资质证照使用申请表	总经理	1. 审核公章、印鉴、资质证照使用申请表 2. 审核无误后在申请表上签字确认
3	到税务局办理授权划缴税款协议书	行政经理	携带相关公章、印鉴、资质到税务局办理三方协议
4	审核并办理	税务专员	1. 接收企业提交的资料并审核 2. 审核通过后下发授权划缴税款协议书（待企业填写完成后盖章即可）
5	填写授权划缴税款协议书并到银行办理	行政经理	1. 填写授权划缴税款协议书并盖企业公章，协议书一式三份 2. 填写完成后到银行办理委托收款手续 3. 将填写完成的授权划缴税款协议书提交给银行柜员

· 143 ·

编号	活动名称	角色	活动描述—操作指导
6	办理企业提交的授权划缴税款协议书	银行柜员	1. 接收企业提交的一式三份的授权划缴税款协议书并审核盖章 2. 审核通过后盖银行公章留存一联另两联返还客户
7	送交税务局	行政经理	1. 收到银行签字盖章的授权划缴税款协议书 2. 将一份银行签字盖章的协议书归档 3. 将一份银行签字盖章的协议书交给税务局
8	接收企业返还的授权划缴税款协议书	税务专员	1. 接收企业返还的授权划缴税款协议书 2. 将授权划缴税款协议书进行归档
9	协议书归档	行政经理	1. 收到税务局、银行签字盖章的授权划缴税款协议书 2. 审核无误后进行归档 3. 登记合同管理表，填写协议书信息

十三、扣缴"五险一金"

业务概述：收到银行代扣"五险一金"的业务回单。具体业务流程如表6-13所示。

表6-13　扣缴"五险一金"的业务流程

编号	活动名称	角色	活动描述—操作指导
1	到银行取"五险一金"银行扣款回单	财务经理	到银行取"五险一金"银行扣款回单
2	代扣社会保险	银行柜员	为企业代理扣缴社会保险
3	代扣公积金	银行柜员	为企业代理扣缴公积金
4	打印"五险一金"扣款回单	银行柜员	1. 接到客户打印请求，查询相关交易记录 2. 确认交易记录存在，即可为客户打印回单 3. 打印后将回单交于客户
5	填制记账凭证	财务经理	1. 财务经理依据银行回单填制记账凭证，将银行扣款凭证和"五险一金"扣款通知粘贴在记账凭证后作为附件 2. 将记账凭证传递给总经理审核

续表

编号	活动名称	角色	活动描述—操作指导
6	审核记账凭证	总经理	1. 审核财务经理填制的记账凭证并对照相关附件检查是否正确 2. 审核无误后在记账凭证上签字或盖章 3. 将审核后的记账凭证传递给总经理登记日记账
7	登记日记账	总经理	1. 根据记账凭证登记银行存款日记账 2. 记账后在记账凭证上签字或盖章
8	登记科目明细账	财务经理	1. 根据记账凭证登记科目明细账 2. 记账后在记账凭证上签字或盖章
9	登记总账	财务经理	1. 根据记账凭证登记总账 2. 记账后在记账凭证上签字或盖章

十四、准备发货并通知制造业取货

业务概述：业务经理下达发货通知给客户。具体业务流程如表6-14所示。

表6-14 准备发货并通知制造业取货的业务流程

编号	活动名称	角色	活动描述—操作指导
1	填制发货单	业务经理	1. 根据销售发货计划和仓库现状填制发货单（一式四联） 2. 将发货单财务部留存联交给财务经理
2	确认发货单	财务经理	1. 收到业务经理传过来的销售发货单 2. 检查本企业的应收账款额度是否过高，如过高则应通知业务经理限制发货
3	发送至客户	业务经理	将财务经理确认的发货单送至客户处

十五、给制造业办理出库并开发票

业务概述：业务经理办理销售出库并开具增值税专用发票。具体业务流程如表6-15所示。

表6-15 给制造业办理出库并开发票的业务流程

编号	活动名称	角色	活动描述—操作指导
1	填制出库单，办理出库业务	业务经理	1. 根据发货单填制销售出库单（一式三联） 2. 办理出库业务，根据销售出库单的数量发货给客户

编号	活动名称	角色	活动描述—操作指导
2	登记库存台账	业务经理	根据销售出库单登记库存台账
3	更新销售发货明细表	业务经理	依据销售出库单更新销售发货明细表
4	提交增值税专用发票申请	业务经理	1. 根据销售发货明细表和销售订单的信息提交开具增值税专用发票申请 2. 开票申请单提交至财务经理审核
5	审核增值税专用发票申请	财务经理	1. 审核业务经理提交的开具增值税专用发票申请 2. 审核后提交总经理审核
6	审核增值税专用发票申请	总经理	1. 审核财务经理提交的开具增值税专用发票申请 2. 审核通过后交业务经理送至财务经理处开具增值税发票
7	开具增值税专用发票	财务经理	根据业务经理送来审核的开具增值税专用发票申请开具增值税专用发票
8	登记发票领用表	财务经理	1. 业务经理在发票领用表登记并签字 2. 财务经理将增值税专用发票记账联保留，将发票联和抵扣联交给业务经理送给客户
9	发票送至客户	业务经理	业务经理将增值税专用发票送至客户手中
10	填制记账凭证	财务经理	1. 根据发票记账联填制记账凭证将发票记账联和销售出库单粘贴到记账凭证后面作为附件 2. 将记账凭证交总经理审核
11	审核记账凭证	总经理	1. 接收财务经理交给的记账凭证，进行审核 2. 审核无误后在记账凭证上签字或盖章
12	登记数量金额明细账	财务经理	根据记账凭证后所附销售出库单填写数量金额明细账
13	登记科目明细账	财务经理	1. 根据记账凭证登记科目明细账 2. 记账后在记账凭证上签字或盖章
14	登记科目明细账	财务经理	1. 根据记账凭证登记总账 2. 记账后在记账凭证上签字或盖章

十六、到货并办理入库

业务概述：接到虚拟供应商的货物，办理采购入库。具体业务流程如表6-16所示。

表 6-16　到货并办理入库的业务流程

编号	活动名称	角色	活动描述—操作指导
1	依据采购订单填写采购入库单	业务经理	业务经理依照确认的采购订单填写采购入库单
2	审核采购入库单	业务经理	审核采购入库单
3	在 VBSE 系统中办理入库	业务经理	依据采购订单、采购入库单在 VBSE 系统中办理货物入库
4	登记库存台账	业务经理	1. 依据采购入库单（存根联）信息登记到库存台账中 2. 将采购入库单传递给财务经理
5	更新采购情况执行表	业务经理	根据入库信息更新采购合同执行情况表
6	填制记账凭证	财务经理	1. 收到业务经理交来的采购入库单 2. 依据采购入库单填制记账凭证
7	审核记账凭证	总经理	1. 收到财务经理交来的工资表和记账凭证 2. 审核记账凭证的正确性 3. 审核无误后在记账凭证上签字或盖章 4. 交还给财务经理工资表和记账凭证
8	登记科目明细账	财务经理	1. 根据记账凭证登记科目明细账 2. 记账后在记账凭证上签字或盖章
9	登记总账	财务经理	1. 根据记账凭证登记总账 2. 记账后在记账凭证上签字或盖章

十七、缴纳个人所得税

业务概述：确认申报状态审核后，提交缴税扣款及账务处理。具体业务流程如表 6-17 所示。

表 6-17　缴纳个人所得税的业务流程

编号	活动名称	角色	活动描述—操作指导
1	查询网银扣款情况	总经理	1. 查询网银，确认个人所得税是否已扣款成功 2. 通知财务经理到银行打印税收缴税证明
2	打印缴税凭证	银行柜员	1. 查询转账记录 2. 确认后打印缴税证明

编号	活动名称	角色	活动描述—操作指导
3	填制记账凭证	财务经理	1. 根据扣款通知和税收缴款书填制记账凭证 2. 将扣款通知和税收缴款书粘贴在记账凭证后作为原始单据 3. 提交给总经理审核
4	审核记账凭证	总经理	1. 收到记账凭证和相关原始单据 2. 审核记账凭证是否正确 3. 确认无误签字或盖章，将记账凭证交给总经理登记银行存款日记账
5	登记日记账	总经理	1. 根据审核后的记账凭证登记银行存款日记账 2. 记账后在记账凭证上签字或盖章
6	登记科目明细账	财务经理	1. 根据审核后的记账凭证登记科目明细账 2. 记账后在记账凭证上签字或盖章
7	登记总账	财务经理	1. 根据审核后的记账凭证登记总账 2. 记账后在记账凭证上签字或盖章

十八、缴纳企业增值税

业务概述：确认申报状态，审核通过后提交扣款并进行账务处理。具体业务流程如表6-18所示。

表6-18 缴纳企业增值税的业务流程

编号	活动名称	角色	活动描述—操作指导
1	确认申报状态并提交扣款	财务经理	1. 在VBSE系统中查看申报状态 2. 审核通过后点击"扣缴"
2	查询网银扣款情况	总经理	1. 查询网银，确认增值税是否已扣款成功 2. 通知财务经理到银行打印税收缴税证明
3	打印缴税凭证	银行柜员	1. 查询转账记录 2. 确认后打印缴税证明
4	填制记账凭证	财务经理	1. 根据缴税证明编制记账凭证 2. 将银行税收缴款单和税收完税证明粘贴在记账凭证后面作为附件 3. 将记账凭证交给总经理审核

编号	活动名称	角色	活动描述—操作指导
5	审核记账凭证	总经理	1. 收到记账凭证和缴款证明 2. 审核记账凭证无误后签字或盖章 3. 将记账凭证交给总经理登记银行存款日记账
6	登记日记账	总经理	1. 根据审核后的记账凭证登记银行存款日记账 2. 记账后在记账凭证上签字或盖章
7	登记科目明细账	财务经理	1. 根据审核后的记账凭证登记科目明细账 2. 记账后在记账凭证上签字或盖章
8	登记总账	财务经理	1. 根据审核后的记账凭证登记总账 2. 记账后在记账凭证上签字或盖章

十九、收到制造业货款银行回单

业务概述：收到制造业支付的销售款，取得银行回单。具体业务流程如表6-19所示。

表6-19　收到制造业货款银行回单的业务流程

编号	活动名称	角色	活动描述—操作指导
1	查询网银	业务经理	1. 接收采购商的付款通知 2. 通知总经理查询网银，确认已收到货款 3. 通知财务经理到银行打印此款项回单
2	打印业务回单	银行柜员	1. 根据财务经理提供的信息查询到转账记录并打印 2. 将打印好的业务回单交给财务经理
3	确认回款客户	业务经理	1. 到财务部财务经理处确认收到货款 2. 在系统中填写收款确认单，对银行回款进行确认，确认回款客户 3. 将收款确认单传至财务经理审核
4	审核收款确认单并填制记账凭证	财务经理	1. 审核收款确认单 2. 依据收款确认单填制记账凭证，将银行业务回单粘贴在记账凭证背面作为原始凭证 3. 提交总经理审核
5	审核记账凭证	总经理	1. 审核财务经理填制的记账凭证并对照相关附件检查是否正确 2. 审核无误后在记账凭证上签字或盖章 3. 将审核后的记账凭证传递给总经理登记日记账

编号	活动名称	角色	活动描述—操作指导
6	登记日记账	总经理	1. 根据记账凭证登记银行存款日记账 2. 记账后在记账凭证上签字或盖章
7	登记科目明细账	财务经理	1. 根据记账凭证登记科目明细账 2. 记账后在记账凭证上签字或盖章
8	登记总账	财务经理	1. 根据记账凭证登记总账 2. 记账后在记账凭证上签字或盖章

二十、支付虚拟工贸企业货款

业务概述：支付虚拟供应商的货款。具体业务流程如表 6-20 所示。

表 6-20　支付虚拟工贸企业货款的业务流程

编号	活动名称	角色	活动描述—操作指导
1	提交付款申请	业务经理	依据采购入库单提交付款申请单
2	审核付款申请	财务经理	1. 接收业务经理提交的付款申请单 2. 依据采购入库单审核付款申请单
3	审核付款申请	总经理	审核财务经理提交的付款申请单
4	付款	总经理	1. 接收总经理提交审核通过的付款申请单 2. 依据审核通过的付款申请单在 VBSE 系统中进行付款 3. 通知财务经理到银行取得付款业务回单
5	打印银行付款回单	银行柜员	1. 查询并打印付款业务回单 2. 将付款业务回单交给财务经理 3. 财务经理取得业务回单，回公司填制记账凭证
6	去税务局代开增值税专用发票	业务经理	1. 业务经理整理采购订单信息 2. 根据信息到税务局找税务专员开具增值税专用发票
7	为虚拟供应商代开增值税专用发票	税务专员	1. 根据业务经理整理的信息开具增值税专用发票 2. 将开具好的增值税专用发票交给业务经理
8	收到税务局代开的增值税专用发票	业务经理	1. 收到税务局代开的增值税专用发票 2. 将收到的增值税专用发票带回并送至财务经理处

编号	活动名称	角色	活动描述—操作指导
9	填制记账凭证	财务经理	1. 将银行业务回单、增值税专用发票与付款申请单核对 2. 填制记账凭证，将银行业务回单粘贴在记账凭证背面作为原始凭证 3. 提交总经理审核
10	审核记账凭证	总经理	1. 审核财务经理填制的记账凭证并对照相关附件检查是否正确 2. 审核无误后在记账凭证上签字或盖章 3. 将审核后的记账凭证传递给总经理登记日记账
11	登记日记账	总经理	1. 根据记账凭证登记银行存款日记账 2. 记账后在记账凭证上签字或盖章
12	登记科目明细账	财务经理	1. 根据记账凭证登记科目明细账 2. 记账后在记账凭证上签字或盖章
13	登记总账	财务经理	1. 根据记账凭证登记总账 2. 记账后在记账凭证上签字或盖章

二十一、认证增值税抵扣联

业务概述：财务经理将公司的增值税抵扣联收集后，到税务部门进行认证，获得盖章认证的结果通知书后，与抵扣联一并装订。具体业务流程如表 6-21 所示。

表 6-21　认证增值税抵扣联的业务流程

编号	活动名称	角色	活动描述—操作指导
1	收集抵扣联	财务经理	统一收集齐抵扣联
2	到税务局进行抵扣认证	财务经理	将增值税抵扣联送至税务局，进行抵扣认证
3	审核企业提交的进项税抵扣联	税务专员	对企业提交的进项税抵扣联进行审核，通过后打印认证结果通知书，交给企业办事人员
4	抵扣联装订归档	财务经理	将从税务局取得的认证结果通知书与抵扣联装订，归档备查

二十二、核算薪酬

业务概述：行政经理核算职工薪酬，然后制作工资表。具体业务流程如表

6-22 所示。

表 6-22　核算薪酬的业务流程

编号	活动名称	角色	活动描述—操作指导
1	收集工资数据	行政经理	1. 依据期初数据查找当月入职人员记录，收集整理新增数据 2. 依据期初数据查找当月离职人员记录，收集整理减少数据 3. 依据期初数据查找当月晋升、调动及工资调整记录，收集整理变更数据 4. 依据期初数据查找当月考勤信息，整理汇总当月考勤数据 5. 依据期初数据查找当期绩效考核评价评分资料，整理汇总绩效考核结果 6. 依据期初数据查找当月奖励、处罚记录，并作汇总整理 7. 依据期初数据查找当月"五险一金"增减、缴费数据，计算"五险一金"
2	计算工资	行政经理	1. 下载企业员工花名册信息 2. 依照薪酬规则，参照发放的期初各类有关职工薪酬的各种表格，制作职工薪酬计算的各种表格，包括职工薪酬统计表、"五险一金"缴费统计表、部门汇总 3. 按照薪酬体系中每个项目的计算规则进行工资核算 4. 将工资表交给总经理审核
3	审核工资表	总经理	1. 收到行政经理交给的工资表 2. 审核工资结算总金额，了解总人工成本及波动幅度并就变动的合理性进行核查 3. 审核完成后在表单对应位置签字 4. 将签字完成的表单交还行政经理，然后拿给财务部记账
4	填制记账凭证	财务经理	1. 收到行政经理交来的工资表 2. 依据工资表编制本月工资记账凭证，计提本月工资
5	审核记账凭证	总经理	1. 收到财务经理交来的工资表和记账凭证 2. 审核记账凭证的正确性 3. 审核无误后在记账凭证上签字或盖章 4. 交还给财务经理工资表和记账凭证
6	登记科目明细账	财务经理	1. 根据记账凭证登记科目明细账 2. 记账后在记账凭证上签字或盖章
7	登记总账	财务经理	1. 根据记账凭证登记总账 2. 记账后在记账凭证上签字或盖章

二十三、计提折旧

业务概述：财务经理计提固定资产折旧。具体业务流程如表 6-23 所示。

表 6-23　计提折旧的业务流程

编号	活动名称	角色	活动描述—操作指导
1	计算固定资产折旧	财务经理	1. 根据固定资产政策及固定资产明细账计提折旧 2. 填写固定资产折旧计算表
2	填制记账凭证	财务经理	1. 根据固定资产折旧计算表填写记账凭证，将折旧计算表粘贴在记账凭证后作为附件 2. 将记账凭证交给总经理审核
3	审核记账凭证	总经理	1. 接收财务经理交给的记账凭证，进行审核 2. 审核无误后在记账凭证上签字或盖章 3. 将记账凭证传递给财务经理登记科目明细账
4	登记科目明细账	财务经理	1. 根据记账凭证登记科目明细账 2. 记账后在记账凭证上签字或盖章
5	登记总账	财务经理	1. 根据记账凭证登记总账 2. 记账后在记账凭证上签字或盖章

二十四、存货核算

业务概述：财务经理根据出入库明细表计算存货成本并结转销售成本。具体业务流程如表 6-24 所示。

表 6-24　存货核算的业务流程

编号	活动名称	角色	活动描述—操作指导
1	编制产品销售成本结转明细表	财务经理	1. 根据销售出库单汇总销售出库的产品明细数量 2. 根据销售数量和库存商品平均单价编制销售成本结转明细表 3. 将单据传递给财务经理填制记账凭证
2	填制记账凭证	财务经理	1. 根据产品出库单及销售成本结转明细表反映的业务内容编制记账凭证，将相关单据粘贴在后面作为附件 2. 将记账凭证传递给总经理审核

编号	活动名称	角色	活动描述—操作指导
3	审核记账凭证	总经理	1. 审核记账凭证的附件、记账科目、金额、手续是否正确与齐全 2. 审核无误在记账凭证上签字或盖章
4	登记科目明细账	财务经理	1. 根据记账凭证登记科目明细账 2. 记账后在记账凭证上签字或盖章
5	登记总账	财务经理	1. 根据记账凭证登记总账 2. 记账后在记账凭证上签字或盖章

二十五、期末账务处理

业务概述：财务经理在月末进行财务核算。具体业务流程如表6-25所示。

表6-25　期末账务处理的业务流程

编号	活动名称	角色	活动描述—操作指导
1	结转损益	财务经理	1. 汇总损益类发生额，并与总账核对 2. 将总账里的损益类科目本期发生额结转至本年利润科目 3. 填制记账凭证
2	计提企业所得税费用并结转	财务经理	1. 根据本年利润余额计算企业所得税 2. 填制记账凭证
3	结转本年利润	财务经理	1. 将本年利润余额结转至利润分配中 2. 填制记账凭证
4	计提法定盈余公积并结转	财务经理	1. 按本年净利润（减弥补以前亏损后）的10%提取法定盈余公积，法定盈余公积累计额达到注册资本的50%时可以不再提取 2. 将提取的法定盈余公积结转至利润分配中 3. 编制计提法定盈余公积凭证和结转凭证
5	审核记账凭证	总经理	审核财务经理提交的记账凭证，无误后签字或盖章确认
6	登记科目明细账	财务经理	1. 根据记账凭证登记科目明细账 2. 记账后在记账凭证上签字或盖章
7	登记总账	财务经理	1. 根据记账凭证登记总账 2. 记账后在记账凭证上签字或盖章

二十六、编制资产负债表

业务概述：财务经理编制资产负债表。具体业务流程如表6-26所示。

表6-26 编制资产负债表的业务流程

编号	活动名称	角色	活动描述—操作指导
1	编制财务报告	财务经理	1. 财务经理编制资产负债表和财务报表等财务报告相关内容 2. 确认无误后在财务报告上签字并盖章 3. 将财务报告交给总经理审查并签字盖章
2	审查财务报告	总经理	1. 总经理审查财务经理编制的财务报告 2. 总经理确认无误后在财务报告上签字并盖章

二十七、编制利润表

业务概述：财务经理编制利润表。具体业务流程如表6-27所示。

表6-27 编制利润表的业务流程

编号	活动名称	角色	活动描述—操作指导
1	编制财务报告	财务经理	1. 财务经理编制利润表和财务报表等财务报告相关内容 2. 确认无误后在财务报告上签字并盖章 3. 将财务报告交给总经理审查并签字盖章
2	审查财务报告	总经理	1. 总经理审查财务经理编制的财务报告 2. 总经理确认无误后在财务报告上签字并盖章

二十八、申领增值税发票

业务概述：向税务机关领用发票。具体业务流程如表6-28所示。

表6-28 申领增值税发票的业务流程

编号	活动名称	角色	活动描述—操作指导
1	申请领用发票	工贸财务经理	1. 申领人携带营业执照副本、经办人身份证到税务局 2. 向税务专员说明申请发票类型及数量

编号	活动名称	角色	活动描述—操作指导
2	登记并发放发票	税务专员	1. 收到企业的申请后填写发票领用表 2. 发票号由税务专员按序号排列即可 3. 填写后发放发票

二十九、购买支票

业务概述：企业向银行购买支票。具体业务流程如表6-29所示。

表6-29 购买支票的业务流程

编号	活动名称	角色	活动描述—操作指导
1	填写票据领用单	工贸财务经理	1. 经销商出纳到银行向银行柜员索要票据领用单 2. 填写票据领用单并交给银行柜员
2	发放支票	银行柜员	1. 收到企业提交的票据领用单，根据领用单填写数量为企业准备支票 2. 根据企业购买支票的金额办理转账并打印业务回单 3. 发放支票
3	编制记账凭证	工贸财务经理	1. 领用相关票据 2. 根据银行业务回单编制记账凭证 3. 将电汇回单粘贴到记账凭证后面 4. 将记账凭证交总经理审核
4	审核记账凭证	工贸总经理	1. 审核财务经理填制的记账凭证并对照相关附件检查是否正确 2. 审核无误后在记账凭证上签字或盖章
5	登记日记账	工贸总经理	1. 根据记账凭证登记银行存款日记账 2. 记账后在记账凭证上签字或盖章 3. 将记账凭证传递给财务经理登记科目明细账
6	登记科目明细账	工贸财务经理	1. 根据记账凭证登记科目明细账 2. 记账后在记账凭证上签字或盖章
7	登记总账	工贸财务经理	1. 根据记账凭证登记总账 2 记账后在记账凭证上签字或盖章

三十、购买仓库

业务概述：按生产需求向服务公司购买仓库。具体业务流程如表6-30所示。

表 6-30 购买仓库的业务流程

编号	活动名称	角色	活动描述—操作指导
1	填写购销合同	工贸业务经理	1. 根据公司需求确定购买需求，到服务公司协商仓库的价格 2. 准备购销合同并签署相关内容
2	填写合同会签单	工贸业务经理	1. 拿到双方盖章的购销合同 2. 根据购销合同填写合同会签单
3	财务审核合同会签单	工贸财务经理	1. 接收业务经理发送的合同和合同会签单 2. 审核合同及合同会签单并在合同会签单上签字
4	总经理审核合同会签单	工贸总经理	1. 接收财务部审核的合同和合同会签单 2. 审核合同及合同会签单并在合同会签单上签字 3. 在合同文件对应的位置盖章 4. 将合同发送给业务经理
5	将购销合同送交给服务公司	工贸业务经理	1. 接收总经理发送的合同 2. 拿本公司已盖章的合同去服务公司盖章
6	服务公司盖章	服务公司总经理	1. 收到企业盖章后的合同审核并盖章 2. 将盖章后的合同送交行政经理
7	合同归档	工贸行政经理	1. 行政经理更新合同管理表—采购合同 2. 行政经理登记完以后把采购合同留存备案
8	办理仓库销售	服务公司业务员	按照合同为企业办理仓库
9	开具发票	服务公司总经理	依据合同金额为企业开具发票

三十一、支付购买仓库款

业务概述：企业支付购买仓库的费用。具体业务流程如表 6-31 所示。

表 6-31 支付购买仓库款的业务流程

编号	活动名称	角色	活动描述—操作指导
1	收到发票	工贸业务经理	收到服务公司开具的增值税专用发票
2	填写付款申请单	工贸业务经理	1. 对照服务公司开具的增值税专用发票填写付款申请书 2. 将付款申请书及发票提交给财务经理审核
3	财务经理审核付款申请	工贸财务经理	1. 审核收到的付款申请书与增值税发票是否相符，并审核其正确性 2. 将发票抵扣联留档 3. 将付款申请书交总经理审核

续表

编号	活动名称	角色	活动描述—操作指导
4	总经理审核付款申请	工贸总经理	1. 审核付款申请书，确认无误后在申请书上签字 2. 将付款申请书交财务经理
5	支付货款	工贸财务经理	1. 收到总经理转交的批复后的付款申请书 2. 按付款申请书金额开具转账支票 3. 将转账支票交给服务公司总经理
6	填制记账凭证	工贸财务经理	1. 根据付款申请书和银行回单填制记账凭证 2. 将银行回单、付款申请书和支票存根粘贴在记账凭证后作为附件
7	登记日记账	工贸财务经理	1. 根据记账凭证登记银行存款日记账 2. 记账后在记账凭证上签字或盖章
8	登记科目明细账	工贸财务经理	1. 根据记账凭证登记科目明细账 2. 记账后在记账凭证上签字或盖章
9	登记总账	工贸财务经理	1. 根据记账凭证登记总账 2. 记账后在记账凭证上签字或盖章

第七章 商贸（经销商）企业实训任务

商贸企业是制造企业可选的销售商之一，在模拟经营过程中还有可能出现无法购买到成车的情况，会导致商贸企业无经营业务。为了保证正常经营，需要协调好与制造企业的友好关系。

一、批量办理个人银行卡

业务概述：行政经理收集员工信息，审核后到银行办理个人银行卡。具体业务流程如表7-1所示。

表7-1 批量办理个人银行卡的业务流程

编号	活动名称	角色	活动描述—操作指导
1	填写借记卡集体申领登记表	行政经理	1. 收集员工信息并在借记卡集体申领登记表中填写相关内容 2. 将填写完整的登记表交给财务经理审核
2	审核借记卡集体申领登记表	财务经理	1. 审核行政经理交来的登记表，无误后签字并加盖"财务专用"章 2. 将审核后的登记表交给行政经理到银行办理开卡手续
3	去银行办理开卡业务	行政经理	带着借记卡集体申领登记表及身份证复印件（实际业务中必须带身份证原件），到银行柜台递交开卡申请
4	办理银行开卡	银行柜员	银行柜员办理开卡完毕后，把银行卡交给办卡申请人
5	从银行领回银行卡并发放归档	行政经理	1. 从银行柜员处领取银行卡，核对银行卡卡号与登记表中记录是否一致 2. 把银行卡卡号、姓名等信息进行归档备案 3. 提交一份银行卡信息给财务经理备案

二、企管部借款

业务概述：企管部行政经理到财务部借款。具体业务流程如表7-2所示。

表7-2　企管部借款的业务流程

编号	活动名称	角色	活动描述—操作指导
1	填写借款单	行政经理	1. 在 VBSE 系统中填写借款单（实际工作中可能填写纸质借款单） 2. 填写借款单，借款作为部门备用金 3. 将填写好的借款单提交总经理审核
2	审核借款单	总经理	1. 在 VBSE 系统中对借款用途、金额、付款条款进行审核 2. 审核无误后在审核意见处签字确认
3	审核借款单	财务经理	1. 在 VBSE 系统中对借款用途、金额、付款条款进行审核 2. 审核无误后在审核意见处签字确认
4	支付现金	出纳	1. 接收经过财务经理审核签字的借款单 2. 确认无误后支付现金给借款人，借款人签字 3. 在借款单出纳签章处加盖签章
5	填制记账凭证	出纳	1. 根据已支付的借款单填制记账凭证将借款单粘贴在后面作为附件 2. 将记账凭证交由财务经理审核
6	审核记账凭证	财务经理	1. 审核出纳填制的记账凭证并对照借款单检查是否正确 2. 审核无误后在记账凭证上签字或盖章 3. 将审核后的记账凭证交给出纳登记日记账
7	登记库存现金日记账	出纳	1. 根据审核后的记账凭证登记库存现金日记账 2. 记账后在记账凭证上签字或盖章 3. 将记账凭证交回财务经理登记科目明细账
8	登记科目明细账	财务经理	1. 接收出纳交还的记账凭证 2. 根据记账凭证登记科目明细账 3. 记账后在记账凭证上签字或盖章
9	登记总账	财务经理	1. 接收财务经理交还的记账凭证 2. 在记账凭证上签字或盖章 3. 根据记账凭证登记总账

三、营销部借款

业务概述：营销部营销经理到财务部借款。具体业务流程如表7-3所示。

表 7-3　营销部借款的业务流程

编号	活动名称	角色	活动描述—操作指导
1	填写借款单	营销经理	1. 在 VBSE 系统中填写借款单（实际工作中可能填写纸质借款单） 2. 填写借款单，借款作为部门备用金 3. 将填写好的借款单提交总经理审核
2	审核借款单	总经理	1. 在 VBSE 系统中对借款用途、金额、付款条款进行审核 2. 审核无误后在审核意见处签字确认
3	审核借款单	财务经理	1. 在 VBSE 系统中对借款用途、金额、付款条款进行审核 2. 审核无误后在审核意见处签字确认
4	支付现金	出纳	1. 接收经过财务经理审核签字的借款单 2. 确认无误后支付现金给借款人，借款人签字 3. 在借款单出纳签章处加盖签章
5	填制记账凭证	出纳	1. 根据已支付的借款单填制记账凭证将借款单粘贴在后面作为附件 2. 将记账凭证交由财务经理审核
6	审核记账凭证	财务经理	1. 审核出纳填制的记账凭证并对照借款单检查是否正确 2. 审核无误后在记账凭证上签字或盖章 3. 将审核后的记账凭证交给出纳登记日记账
7	登记库存现金日记账	出纳	1. 根据审核后的记账凭证登记库存现金日记账 2. 记账后在记账凭证上签字或盖章 3. 将记账凭证交回财务经理登记科目明细账
8	登记科目明细账	财务经理	1. 接收出纳交还的记账凭证 2. 根据记账凭证登记科目明细账 3. 记账后在记账凭证上签字或盖章
9	登记总账	财务经理	1. 接收财务经理交还的记账凭证 2. 根据记账凭证登记总账 3. 记账后在记账凭证上签字或盖章

四、采购部借款

业务概述：采购部采购经理到财务部借款。具体业务流程如表 7-4 所示。

表7-4　采购部借款的业务流程

编号	活动名称	角色	活动描述—操作指导
1	填写借款单	采购经理	1. 在 VBSE 系统中填写借款单（实际工作中可能填写纸质借款单） 2. 填写借款单，借款作为部门备用金 3. 将填写好的借款单提交总经理审核
2	审核借款单	总经理	1. 在 VBSE 系统中对借款用途、金额、付款条款进行审核 2. 审核无误后在审核意见处签字确认
3	审核借款单	财务经理	1. 在 VBSE 系统中对借款用途、金额、付款条款进行审核 2. 审核无误后在审核意见处签字确认
4	支付现金	出纳	1. 接收经过财务经理审核签字的借款单 2. 确认无误后支付现金给借款人，借款人签字 3. 在借款单出纳签字处加盖签章
5	填制记账凭证	出纳	1. 根据已支付的借款单填制记账凭证将借款单粘贴在后面作为附件 2. 将记账凭证交由财务经理审核
6	审核记账凭证	财务经理	1. 审核出纳填制的记账凭证并对照借款单检查是否正确 2. 审核无误后在记账凭证上签字或盖章 3. 将审核后的记账凭证交给出纳登记日记账
7	登记库存现金日记账	出纳	1. 根据审核后的记账凭证登记库存现金日记账 2. 记账后在记账凭证上签字或盖章 3. 将记账凭证交回财务经理登记科目明细账
8	登记科目明细账	财务经理	1. 接收出纳交还的记账凭证 2. 根据记账凭证登记科目明细账 3. 记账后在记账凭证上签字或盖章
9	登记总账	财务经理	1. 接收财务经理交还的记账凭证 2. 根据记账凭证登记总账 3. 记账后在记账凭证上签字或盖章

五、仓储部借款

业务概述：仓储部仓储经理到财务部借款。具体业务流程如表7-5所示。

表7-5　仓储部借款的业务流程

编号	活动名称	角色	活动描述—操作指导
1	填写借款单	仓储经理	1. 在 VBSE 系统中填写借款单（实际工作中可能填写纸质借款单） 2. 填写借款单，借款作为部门备用金 3. 将填写好的借款单提交总经理审核

编号	活动名称	角色	活动描述—操作指导
2	审核借款单	总经理	1. 在 VBSE 系统中对借款用途、金额、付款条款进行审核 2. 审核无误后在审核意见处签字确认
3	审核借款单	财务经理	1. 在 VBSE 系统中对借款用途、金额、付款条款进行审核 2. 审核无误后在审核意见处签字确认
4	支付现金	出纳	1. 接收经过财务经理审核签字的借款单 2. 确认无误后支付现金给借款人，借款人签字 3. 在借款单出纳签章处加盖签章
5	填制记账凭证	出纳	1. 根据已支付的借款单填制记账凭证将借款单粘贴在后面作为附件 2. 将记账凭证交由财务经理审核
6	审核记账凭证	财务经理	1. 审核出纳填制的记账凭证并对照借款单检查是否正确 2. 审核无误后在记账凭证上签字或盖章 3. 将审核后的记账凭证交给出纳登记日记账
7	登记库存现金日记账	出纳	1. 根据审核后的记账凭证登记库存现金日记账 2. 记账后在记账凭证上签字或盖章 3. 将记账凭证交回财务经理登记科目明细账
8	登记科目明细账	财务经理	1. 接收出纳交还的记账凭证 2. 根据记账凭证登记科目明细账 3. 记账后在记账凭证上签字或盖章
9	登记总账	财务经理	1. 接收财务经理交还的记账凭证 2. 根据记账凭证登记总账 3. 记账后在记账凭证上签字或盖章

六、发放薪酬

业务概述：支付上月职工薪酬。具体业务流程如表 7-6 所示。

表 7-6　发放薪酬的业务流程

编号	活动名称	角色	活动描述—操作指导
1	薪资录盘	行政经理	1. 在 VBSE 系统中打开"薪资录盘"界面 2. 依据工资表信息录入人员薪资，完成后保存并导出 3. 将导出的"薪酬发放"的文件拷贝到 U 盘中
2	填写支出凭单	行政经理	1. 依据工资表数据填写支出凭单 2. 将填好的支出凭单、工资表交总经理经理和财务经理进行审核

续表

编号	活动名称	角色	活动描述—操作指导
3	审核支出凭单和薪酬发放表	总经理	1. 审核支出凭单信息和工资表是否一致、正确 2. 审核支出凭单的日期、金额、支出方式、支出用途及金额大小写是否正确 3. 审核完成后在支出凭单上签字确认
4	审核支出凭单和薪酬发放表	财务经理	1. 审核支出凭单信息和工资表是否一致、正确 2. 审核支出凭单的日期、金额、支出方式、支出用途及金额大小写是否正确 3. 审核完成后在支出凭单上签字确认
5	开具转账支票	出纳	1. 根据支出凭单的信息开具转账支票 2. 检查支票填写无误后找财务经理加盖公司财务章和法人章
6	登记支票登记簿	出纳	1. 根据签发的支票登记支票登记簿 2. 支票领用人在支票登记簿签字
7	去银行办理薪资发放	出纳	1. 填写进账单 2. 带齐薪资发放资料：转账支票、"薪资录盘"去银行办理工资发放
8	办理工资发放	银行柜员	1. 接到"薪资录盘"文件和支票 2. 检查文件和支票 3. 在系统中导入"薪资录盘"文件完成工资发放并打印回单给客户
9	取得银行业务回单	出纳	取得银行的业务回单（可以直接在柜台办理时由银行柜员打印取回；在柜台未打印，次日可以在回单柜中取得）
10	填制记账凭证	出纳	1. 依据银行业务回单、转账支票存根、支出凭单填制记账凭证 2. 编制记账凭证，将原始单据作为附件粘贴在记账凭证后面 3. 将记账凭证和相关原始单据交给财务经理审核
11	审核记账凭证	财务经理	1. 审核出纳提交的记账凭证 2. 核对记账凭证与原始凭证一致性，审核无误后签字或盖章 3. 将审核后的记账凭证交给出纳登记日记账
12	登记银行存款日记账	出纳	1. 根据审核后的记账凭证登记银行存款日记账 2. 记账后在记账凭证上签字或盖章 3. 将记账凭证交回财务经理登记科目明细账
13	登记科目明细账	财务经理	1. 依据记账凭证登记科目明细账 2. 记账后在记账凭证上签字或盖章

编号	活动名称	角色	活动描述—操作指导
14	登记总账	财务经理	1. 依据记账凭证登记总账 2. 记账后在记账凭证上签字或盖章

七、申报个人所得税

业务概述：申报上月个人所得税。具体业务流程如表7-7所示。

表7-7　申报个人所得税的业务流程

编号	活动名称	角色	活动描述—操作指导
1	整理、提交个人所得税纳税申报资料	行政经理	1. 收集整理员工信息 2. 根据员工信息在 VBSE 系统中下载导入模板，根据员工信息填写"个人所得税基础信息模板" 3. 将填好的"个人所得税基础信息模板"导入系统中并提交税务局 4. 将员工信息和工资表一同交给财务经理
2	审核企业提交的个人所得税纳税申报资料	税务专员	在 VBSE 系统中审核企业提交的个人所得税申报资料
3	网上个人所得税纳税申报	财务经理	1. 在 VBSE 系统中下载"扣缴个人所得税报告表模板" 2. 根据工资表和员工信息填写"扣缴个人所得税报告表模板" 3. 将填好的"扣缴个人所得税报告表模板"导入系统中并扣缴个人所得税

八、申报企业增值税

业务概述：月初财务经理申报上月增值税。具体业务流程如表7-8所示。

表7-8　申报企业增值税的业务流程

编号	活动名称	角色	活动描述—操作指导
1	整理增值税纳税申报资料	财务经理	1. 准备上期的进项税，汇总并整理 2. 准备上期的销项税，汇总并整理

编号	活动名称	角色	活动描述—操作指导
2	网上增值税纳税申报	财务经理	1. 在 VBSE 系统中根据确认的金额进行增值税纳税申报 2. 填写完成后提交税务机关审核
3	审核企业增值税申报	税务专员	在 VBSE 系统中审核企业提交的增值税申报

九、提交市场开拓申请

业务概述：营销经理根据市场预测提交市场开拓申请。具体业务流程如表 7-9 所示。

表 7-9　提交市场开拓申请的业务流程

编号	活动名称	角色	活动描述—操作指导
1	编制市场开拓申请单	营销经理	根据公司策略和市场预测，选择要开拓的市场及投放金额，填写市场开拓申请单
2	审批市场开拓申请单	总经理	1. 接到营销经理的申请开拓申请单 2. 根据公司的经营策略及资金使用计划审核其合理性 3. 确认同意后签字批准
3	市场开拓申请单盖章	行政经理	1. 营销经理在公章印鉴使用登记表登记签字 2. 确认签字后在审批通过的市场开拓申请单上盖上企业公章
4	到服务公司开拓市场	营销经理	1. 营销经理到服务公司办理市场开拓，经销商业务员要提交市场开拓申请单 2. 接收市场开拓申请单，确定市场开拓的地点
5	办理市场开拓	服务公司业务员	1. 查看经销商业务员要办理的市场开拓的地区 2. 依据开拓申请为对应的经销商开拓市场 3. 告知经销商办理人员业务办理完成，请其到总经理处领取发票
6	确认市场开拓结果	营销经理	到服务公司确认市场开拓结果

十、收取市场开拓发票

业务概述：营销经理收取服务公司的市场开拓费用发票。具体业务流程如表

7-10 所示。

表 7-10　收取市场开拓发票的业务流程

编号	活动名称	角色	活动描述—操作指导
1	到服务公司取市场开拓费用发票	营销经理	1. 到服务公司业务处取市场开拓费用发票 2. 携带本公司的开票信息（公司名称、税务登记号、注册地址记电话、开户银行记账户等信息）
2	开具市场开拓费用发票	服务公司业务员	1. 根据市场开拓申请单的金额和营销经理提供的企业信息开具增值税专用发票 2. 将增值税专用发票发票联、抵扣联交给营销经理 3. 将增值税专用发票记账联备案留档
3	收取市场开拓费用发票	营销经理	1. 从服务公司收取市场开拓费用专用发票并登记备案 2. 将市场开拓费用专用发票送至出纳处并登记发票
4	收到市场开拓费用专用发票并记账	出纳	1. 收到营销经理的市场开拓费用专用发票 2. 根据市场开拓费用专用发票填制记账凭证
5	审核记账凭证	财务经理	1. 审核出纳编制的记账凭证并对照相关附件检查是否正确 2. 审核无误后在记账凭证上签字或盖章
6	登记科目明细账	财务经理	1. 根据记账凭证登记科目明细账 2. 记账后在记账凭证上签字或盖章
7	登记总账	财务经理	1. 根据记账凭证登记总账 2. 记账后在记账凭证上签字或盖章

十一、与制造业签订购销合同

业务概述：采购经理与制造业签订购销合同。具体业务流程如表 7-11 所示。

表 7-11　与制造业签订购销合同的业务流程

编号	活动名称	角色	活动描述—操作指导
1	填写购销合同，填制合同会签单	采购经理	1. 采购经理填写购销合同与合同会签单 2. 采购经理将购销合同和合同会签单送交财务经理审核
2	审核购销合同和合同会签单	财务经理	1. 收到采购经理交给的购销合同及合同会签单 2. 审核购销合同的准确性和合理性 3. 财务部经理在合同会签单上签字 4. 将购销合同和会签单送至总经理审核

编号	活动名称	角色	活动描述—操作指导
3	审核购销合同和合同会签单	总经理	1. 审核购销合同的条款、期限、付款信息等是否符合公司要求 2. 符合要求在合同会签单上签字 3. 审核通过后的购销合同和合同会签单一同送至行政经理盖章
4	合同盖章	行政经理	1. 接到审核通过的合同会签单，在购销合同上盖章 2. 行政经理在公章印鉴使用登记表上登记并签字 3. 更新合同管理表—购销合同 4. 将购销合同交给采购经理
5	购销合同登记	采购经理	1. 采购经理将盖章的购销合同登记，并将购销合同交给供应商 2. 采购经理更新采购合同执行情况表

十二、录入采购订单

业务概述：采购经理依据采购合同填写采购订单。具体业务流程如表 7-12 所示。

表 7-12　录入采购订单的业务流程

编号	活动名称	角色	活动描述—操作指导
1	在 VBSE 系统中填写采购订单	采购经理	根据与供应商（制造业）签订好的采购合同在 VBSE 系统中填写采购订单

十三、与物流公司签订运输合同

业务概述：与物流公司签订运输合同。具体业务流程如表 7-13 所示。

表 7-13　与物流公司签订运输合同的业务流程

编号	活动名称	角色	活动描述—操作指导
1	收到物流公司的物流合同填制合同会签单	仓储经理	1. 收到物流公司草拟的物流运输合同 2. 审查物流运输合同的条款内容是否有误 3. 审查通过后填写合同会签单 4. 物流运输合同与合同会签单一同送财务经理审核

续表

编号	活动名称	角色	活动描述—操作指导
2	审核物流运输合同和合同会签单	财务经理	1. 审核物流运输合同的金额是否符合公司要求 2. 符合要求在合同会签单上签字 3. 审核通过后的物流运输合同和合同会签单一同送总经理审核
3	审核物流运输合同和合同会签单	总经理	1. 审核物流运输合同的条款、期限、付款信息等是否符合公司要求 2. 符合要求在合同会签单上签字 3. 审核通过后的物流运输合同和合同会签单由仓储经理一同送至行政经理处
4	合同盖章	行政经理	1. 接到审核通过的合同会签单，在物流运输合同上盖章 2. 仓储经理在公章印鉴使用登记表上登记
5	归档	行政经理	1. 将一份盖章的合同交给仓储经理再转交物流公司 2. 行政经理将合同会签单与一份盖章的物流运输合同一起进行归档 3. 登记合同管理表
6	合同盖章后返回物流公司	仓储经理	仓储经理将盖好公章的物流运输合同返回物流公司

十四、提交广告投放申请

业务概述：提交广告投放申请。具体业务流程如表7-14所示。

表7-14　提交广告投放申请的业务流程

编号	活动名称	角色	活动描述—操作指导
1	编制广告投放申请单	营销经理	根据公司策略、市场预测、开拓的市场及投放金额，填写广告投放申请单
2	审批广告投放申请单	总经理	1. 接到营销经理的申请广告投放申请单 2. 根据公司的经营策略及资金使用计划，审核其合理性 3. 确认同意后签字批准 4. 审核通过确认进行广告投放
3	广告投放申请单盖章	行政经理	1. 营销经理在公章印鉴使用登记表登记签字 2. 确认签字后在审批通过的广告投放申请单盖企业公章
4	到服务公司开拓市场	营销经理	到服务公司办理广告投放，提交广告投放申请单

编号	活动名称	角色	活动描述—操作指导
5	办理广告投放	服务公司业务员	1. 查看经销商营销经理提交的广告投放申请 2. 依据广告投放申请为对应的经销商办理广告投放
6	确认广告投放结果	营销经理	在服务公司确认广告投放结果

十五、收取广告投放费用发票

业务概述：收取广告投放费用发票。具体业务流程如表7-15所示。

表7-15 收取广告投放费用发票的业务流程

编号	活动名称	角色	活动描述—操作指导
1	到服务公司取广告投放费用发票	营销经理	1. 到服务公司业务员处取广告投放费用发票 2. 携带本公司的开票信息（公司名称、税务登记号、注册地址记电话、开户银行记账户等）
2	开具广告投放费用发票	服务公司业务员	1. 根据广告投放申请单的金额和营销经理提供的企业信息开具增值税专用发票 2. 将增值税专用发票发票联、抵扣联交给营销经理 3. 将增值税专用发票记账联备案留档
3	收取广告投放费用发票	营销经理	1. 从服务公司收取广告投放费用专用发票并登记备案 2. 将广告投放费用专用发票送至出纳处登记发票
4	收到广告投放费用专用发票并记账	出纳	1. 收到营销经理的广告投放费用专用发票 2. 根据广告投放费用专用发票填制记账凭证
5	审核记账凭证	财务经理	1. 审核出纳填制的记账凭证并对照相关附件检查是否正确 2. 审核无误后在记账凭证上签字或盖章
6	登记科目明细账	财务经理	1. 根据记账凭证登记科目明细账 2. 记账后在记账凭证上签字或盖章
7	登记总账	财务经理	1. 根据记账凭证登记总账 2. 记账后在记账凭证上签字或盖章

十六、签订代发工资协议

业务概述：行政经理签订银企代发工资合作协议。具体业务流程如表7-16所示。

表 7-16　签订代发工资协议的业务流程

编号	活动名称	角色	活动描述—操作指导
1	填写公章、印鉴、资质证照使用申请表	行政经理	1. 填写公章、印鉴、资质证照使用申请表，注明使用缘由是去银行签订银企代发工资合作协议 2. 将申请表提交给总经理审核
2	审核公章、印鉴、资质证照使用申请表	总经理	1. 审核公章、印鉴、资质证照使用申请表 2. 审核无误后在申请表上签字确认
3	到银行签订银企代发工资合作协议	行政经理	1. 根据审核后的申请表整理相关资料，带好营业执照、法人身份证、公章、预留印鉴等准备签订银企代发工资合作协议（实训中带上营业执照、公章、印鉴即可） 2. 到银行柜台签订协议
4	办理银企代发工资合作协议	银行柜员	1. 接收、审核客户提交的银企代发工资合作协议 2. 审核通过后盖章返还客户
5	协议书归档	行政经理	1. 收到银行签字盖章的银企代发工资合作协议 2. 审核无误后将协议书归档 3. 登记合同管理表，填写协议书信息

十七、DSB1 签订社保、公积金同城委托收款协议

业务概述：财务经理签订委托银行代收合同书。具体业务流程如表 7-17 所示。

表 7-17　DSB1 签订社保、公积金同城委托收款协议的业务流程

编号	活动名称	角色	活动描述—操作指导
1	填写公章、印鉴、资质证照使用申请表	行政经理	1. 填写公章、印鉴、资质证照使用申请表，注明使用缘由是去银行签订委托银行代收合同书 2. 将申请表提交给总经理审核
2	审核公章、印鉴、资质证照使用申请表	总经理	1. 审核公章、印鉴、资质证照使用申请表 2. 审核无误后在申请表上签字确认
3	到人社局办理委托银行代收合同书	行政经理	携带相关资料到人社局办理三方协议

编号	活动名称	角色	活动描述—操作指导
4	审核并办理	社保公积金专员	1. 接收企业提交的资料并审核 2. 审核通过后下发委托银行代收合同书（待企业填写完成后盖章即可）
5	填写委托银行代收合同书	财务经理	1. 在社会保险/住房公积金中心填写委托银行代收合同书并盖企业公章，合同书一式三份 2. 填写完成后由社保公积金专员盖章
6	到银行办理委托银行代收合同	财务经理	1. 财务经理到银行办理委托收款业务 2. 提交相关资料给银行柜员
7	办理企业提交的委托银行代收合同书	银行柜员	1. 接收企业提交的一式三份的委托银行代收合同书并审核 2. 审核通过后盖银行公章留存一联其余两联返还客户
8	送交人社局	财务经理	1. 收到银行签字盖章的委托银行代收合同书 2. 将一份银行签字盖章的合同书给行政经理归档 3. 将一份银行签字盖章的合同书交给人社局
9	接收企业返还的委托银行代收合同书	社保公积金专员	1. 接收企业返还的委托银行代收合同书 2. 将委托银行代收合同书进行归档
10	合同书归档	行政经理	1. 收到人社局、银行签字盖章的委托银行代收合同书 2. 审核无误后进行归档 3. 登记合同管理表，填写合同书信息

十八、签订税务同城委托收款协议

业务概述：财务经理签订授权划缴税款协议书。具体业务流程如表 7-18 所示。

表 7-18　签订税务同城委托收款协议的业务流程

编号	活动名称	角色	活动描述—操作指导
1	填写公章、印鉴、资质证照使用申请表	行政经理	1. 填写公章、印鉴、资质证照使用申请表，注明使用缘由是去银行签订授权划缴税款协议书 2. 将申请表提交给总经理审核
2	审核公章、印鉴、资质证照使用申请表	总经理	1. 审核公章、印鉴、资质证照使用申请表 2. 审核无误后在申请表上签字确认

续表

编号	活动名称	角色	活动描述—操作指导
3	到税务局办理授权划缴税款协议书	行政经理	携带相关资料到税务局办理三方协议
4	审核并办理	税务专员	1. 接收企业提交的资料并审核 2. 审核通过后下发授权划缴税款协议书（待企业填写完成后盖章即可）
5	填写授权划缴税款协议书	财务经理	1. 在税务局填写授权划缴税款协议书并盖企业公章，协议书一式三份 2. 填写完成后由税务专员盖章
6	到银行办理授权划缴税款协议书	财务经理	1. 财务经理到银行办理委托收款业务 2. 提交相关资料给银行柜员
7	办理企业提交的授权划缴税款协议书	银行柜员	1. 接收企业提交的一式三份的授权划缴税款协议书并审核 2. 审核通过后并盖银行公章留存一联其余两联返还客户
8	送交税务局	财务经理	1. 收到银行签字盖章的授权划缴税款协议书 2. 将一份银行签字盖章的协议书交给行政经理归档 3. 将一份银行签字盖章的协议书交给税务局
9	接收企业返还的授权划缴税款协议书	税务专员	1. 接收企业返还的授权划缴税款协议书 2. 将授权划缴税款协议书进行归档
10	协议书归档	行政经理	1. 收到税务局、银行签字盖章的授权划缴税款协议书 2. 审核无误后进行归档 3. 登记合同管理表，填写协议书信息

十九、扣缴"五险一金"

业务概述：财务经理收到扣缴"五险一金"回单，进行账务处理。具体业务流程如表7-19所示。

表7-19　扣缴"五险一金"的业务流程

编号	活动名称	角色	活动描述—操作指导
1	到银行取"五险一金"银行扣款回单	出纳	到银行取"五险一金"银行扣款回单

编号	活动名称	角色	活动描述—操作指导
2	代扣社会保险	银行柜员	为企业代理扣缴社会保险
3	代扣公积金	银行柜员	为企业代理扣缴公积金
4	打印"五险一金"扣款回单	银行柜员	1. 接到客户打印请求，查询相关交易记录 2. 确认交易记录存在，即可为客户打印回单 3. 打印后将回单交于客户
5	填制记账凭证	出纳	1. 出纳依据银行回单填制记账凭证，将银行扣款凭证和"五险一金"扣款通知粘贴在记账凭证后作为附件 2. 将记账凭证传递给财务经理审核
6	审核记账凭证	财务经理	1. 审核出纳填制的记账凭证并对照相关附件检查是否正确 2. 审核无误后在记账凭证上签字或盖章 3. 将确认后的记账凭证传递给出纳登记日记账
7	登记日记账	出纳	1. 根据记账凭证登记银行存款日记账 2. 记账后在记账凭证上签字或盖章 3. 将记账凭证传递给财务经理登记科目明细账
8	登记科目明细账	财务经理	1. 根据记账凭证登记科目明细账 2. 记账后在记账凭证上签字或盖章
9	登记总账	财务经理	1. 根据记账凭证登记总账 2. 记账后在记账凭证上签字或盖章

二十、查看虚拟销售订单

业务概述：营销经理在系统中查看地区的虚拟订单信息。具体业务流程如表7-20所示。

表 7-20　查看虚拟销售订单的业务流程

编号	活动名称	角色	活动描述—操作指导
1	查看、预选订单	营销经理	1. 在系统中查看可选订单 2. 收到服务公司通知后到服务公司进行选单

二十一、查看竞单结果

业务概述：营销经理在系统中查看选择的虚拟订单信息。具体业务流程在表7-21所示。

表 7-21 查看竞单结果的业务流程

编号	活动名称	角色	活动描述—操作指导
1	查看已选订单	营销经理	1. 查看已选订单 2. 确认订单信息是否正确 3. 确认交货日期是否正确

二十二、接到发货单

业务概述：采购经理接到供应商的发货通知并通知仓储经理准备收货。具体业务流程如表 7-22 所示。

表 7-22 接到发货单的业务流程

编号	活动名称	角色	活动描述—操作指导
1	接到供应商的发货通知	采购经理	1. 收到供应商的发货单 2. 将发货单发送给仓储部经理
2	准备采购收货	仓储经理	依据发货单准备采购收货

二十三、向物流下达运输订单

业务概述：仓储经理依据发货单填写运输订单，传至物流公司。具体业务流程如表 7-23 所示。

表 7-23 向物流下达运输订单的业务流程

编号	活动名称	角色	活动描述—操作指导
1	填写业务运输订单并审核	仓储经理	1. 接收采购经理发来的供应商发货单 2. 根据供应商的发货通知单填写业务运输订单并审核 3. 将运输订单传至物流公司

二十四、给虚拟经销商发货

业务概述：营销经理下达发货通知并通知仓储部发货。具体业务流程如表 7-24 所示。

表 7-24 给虚拟经销商发货的业务流程

编号	活动名称	角色	活动描述—操作指导
1	填制发货单	营销经理	1. 根据销售发货计划填制发货单（一式四联） 2. 将发货单财务部留存联交给财务经理 3. 将发货单仓储部留存联和客户联交给仓储经理
2	确认发货单	财务经理	1. 收到营销经理传过来的销售发货单 2. 检查本企业的应收账款额度是否过高，如过高则应通知营销经理限制发货 3. 将发货单留存联交给出纳填制记账凭证
3	确认发货单	仓储经理	1. 收到营销经理传过来的发货单 2. 根据仓库现状确认发货单 3. 进行发货准备工作

二十五、给虚拟经销商办理出库并开发票

业务概述：仓储经理给虚拟客户发货，营销经理提交开具增值税专用发票申请，财务部开出增值税专用发票并记账。具体业务流程如表 7-25 所示。

表 7-25 给虚拟经销商办理出库并开发票的业务流程

编号	活动名称	角色	活动描述—操作指导
1	填制出库单，办理出库业务	仓储经理	根据营销经理传递的发货单填制销售出库单（一式三联）
2	办理出库	仓储经理	1. 依据销售出库单在 VBSE 系统中办理出库业务 2. 将销售出库单的客户联与货物一起送至客户
3	登记库存台账	仓储经理	1. 办理出库完成后根据销售出库单的存根联登记库存台账 2. 将销售出库单的记账联传递给营销经理告知已出库
4	更新销售发货明细表	营销经理	依据仓储经理传递的销售出库单更新销售发货明细表
5	提交增值税专用发票申请	营销经理	1. 根据销售发货明细表和销售订单的记账联信息提交开具增值税专用发票申请 2. 开票申请单提交至财务经理审核
6	审核增值税专用发票申请	财务经理	1. 审核营销经理提交的开具增值税专用发票申请 2. 审核后提交总经理审核
7	审核增值税专用发票申请	总经理	1. 审核财务经理提交的开具增值税专用发票申请 2. 审核通过后交营销经理送至出纳处开具增值税发票

续表

编号	活动名称	角色	活动描述—操作指导
8	开具增值税专用发票	出纳	根据营销经理送来审核的开具增值税专用发票申请开具增值税专用发票
9	登记发票领用表	出纳	1. 营销经理在发票领用表登记并签字 2. 出纳将增值税专用发票记账联保留，将发票联和抵扣联交给营销经理送给客户
10	发票送至客户	营销经理	营销经理将增值税专用发票送至客户
11	填制记账凭证	出纳	1. 根据发票记账联填制记账凭证，将发票记账联和销售出库单粘贴到记账凭证后面作为附件 2. 将记账凭证交财务经理审核
12	审核记账凭证	财务经理	1. 接收出纳交给的记账凭证，进行审核 2. 审核无误后在记账凭证上签字或盖章 3. 交财务经理登记科目明细账
13	登记科目明细账	财务经理	1. 根据记账凭证登记科目明细账 2. 记账后在记账凭证上签字或盖章
14	登记总账	财务经理	1. 根据记账凭证登记总账 2. 记账后在记账凭证上签字或盖章

二十六、缴纳个人所得税

业务概述：确认申报状态审核后，提交缴税扣款及账务处理。具体业务流程如表 7-26 所示。

表 7-26　缴纳个人所得税的业务流程

编号	活动名称	角色	活动描述—操作指导
1	查询网银扣款情况	出纳	1. 查询网银，确认个人所得税是否已扣款成功 2. 到银行打印税收缴税证明
2	打印缴税凭证	银行柜员	1. 查询转账记录 2. 确认后打印缴税证明
3	填制记账凭证	出纳	1. 根据扣款通知和税收缴款书填制记账凭证 2. 将扣款通知和税收缴款书粘贴在记账凭证后作为原始单据 3. 提交给财务经理审核

编号	活动名称	角色	活动描述—操作指导
4	审核记账凭证	财务经理	1. 收到记账凭证和相关原始单据 2. 审核记账凭证是否正确 3. 确认无误签字或盖章，将记账凭证交给出纳登记银行存款日记账
5	登记日记账	出纳	1. 根据审核后的记账凭证登记银行存款日记账 2. 记账后在记账凭证上签字或盖章 3. 将记账凭证交给财务经理登记科目明细账
6	登记科目明细账	财务经理	1. 根据审核后的记账凭证登记科目明细账 2. 记账后在记账凭证上签字或盖章
7	登记总账	财务经理	1. 根据审核后的记账凭证登记总账 2. 记账后在记账凭证上签字或盖章

二十七、缴纳企业增值税

业务概述：确认申报状态，审核通过后提交扣款并进行账务处理。具体业务流程如表 7-27 所示。

表 7-27　缴纳企业增值税的业务流程

编号	活动名称	角色	活动描述—操作指导
1	确认申报状态并提交扣款	财务经理	1. 在 VBSE 系统中查看申报状态 2. 审核通过后点击"扣缴"
2	查询网银扣款情况	出纳	1. 查询网银，确认增值税是否已扣款成功 2. 扣款成功到银行打印税收缴税证明
3	打印缴税凭证	银行柜员	1. 查询转账记录 2. 确认后打印缴税证明
4	填制记账凭证	出纳	1. 根据缴税证明编制记账凭证 2. 将银行税收缴款单和税收缴税证明粘贴在记账凭证后面作为附件 3. 将记账凭证交给财务经理审核
5	审核记账凭证	财务经理	1. 收到记账凭证和缴款证明 2. 审核记账凭证无误后签字或盖章 3. 将记账凭证交给出纳登记银行存款日记账

编号	活动名称	角色	活动描述—操作指导
6	登记日记账	出纳	1. 根据审核后的记账凭证登记银行存款日记账 2. 记账后在记账凭证上签字或盖章 3. 将记账凭证交给财务经理登记科目明细账
7	登记科目明细账	财务经理	1. 根据审核后的记账凭证登记科目明细账 2. 记账后在记账凭证上签字或盖章
8	登记总账	财务经理	1. 根据审核后的记账凭证登记总账 2. 记账后在记账凭证上签字或盖章

二十八、收到虚拟经销商货款

业务概述：营销经理通知出纳查看收款信息，出纳根据收款的回单记账。具体业务流程如表7-28所示。

表7-28　收到虚拟经销商货款的业务流程

编号	活动名称	角色	活动描述—操作指导
1	销售收款	营销经理	1. 在 VBSE 系统中办理销售收款 2. 通知出纳查询银行存款
2	到银行取得收款结算凭证	出纳	1. 查询网银确认收入 2. 到银行取得收款结算凭证
3	查询并打印业务回单	银行柜员	1. 根据出纳提供的信息查询交易记录 2. 打印查到的交易记录业务回单 3. 将打印的业务回单交给出纳
4	编制记账凭证	出纳	1. 编制记账凭证 2. 将电汇回单粘贴到记账凭证后面 3. 将记账凭证交财务经理审核
5	审核记账凭证	财务经理	1. 审核出纳填制的记账凭证并对照相关附件检查是否正确 2. 审核无误后在记账凭证上签字或盖章 3. 将确认后的记账凭证传递给出纳登记日记账
6	登记日记账	出纳	1. 根据记账凭证登记银行存款日记账 2. 记账后在记账凭证上签字或盖章 3. 将记账凭证传递给财务经理登记科目明细账
7	登记科目明细账	财务经理	1. 根据记账凭证登记科目明细账 2. 记账后在记账凭证上签字或盖章

编号	活动名称	角色	活动描述—操作指导
8	登记总账	财务经理	1. 根据记账凭证登记总账 2. 记账后在记账凭证上签字或盖章

二十九、到货并办理入库

业务概述：仓储经理接到物流的运单，核对无误后完成入库和记账。具体业务流程如表 7-29 所示。

表 7-29　到货并办理入库的业务流程

编号	活动名称	角色	活动描述—操作指导
1	接到物流交来的运单	仓储经理	1. 接收物流交来的运单（一式三联） 2. 对照货物检查无误签字确认 3. 留下运单的存根联和记账联
2	办理入库	仓储经理	依据采购订单、供应商发货单和物流运单办理入库业务
3	填写并审核采购入库单	仓储经理	1. 填写并审核采购入库单 2. 将入库信息传递给营销部经理
4	VBSE 系统生成采购入库单	仓储经理	在 VBSE 系统中生成采购入库单
5	登记库存台账	仓储经理	1. 依据入库单（存根联）信息登记到库存台账中 2. 将采购入库单传递给采购经理和财务经理登记相关账表
6	更新采购合同执行情况表	采购经理	1. 接收仓储部传递的采购入库单 2. 根据采购入库单信息更新采购合同执行情况表

三十、收到运输费发票并支付

业务概述：仓储经理接到物流的运费增值税专用发票，依据增值税发票信息提交付款申请，财务部付款并记账。具体业务流程如表 7-30 所示。

表 7-30　收到运输费发票并支付的业务流程

编号	活动名称	角色	活动描述—操作指导
1	收到当次的运费专用发票	仓储经理	1. 收到物流公司开具的运输费用发票 2. 将发票信息登记到发票记录表上（发票号、开票单位、金额、日期、到期日等） 3. 确认发票信息无误后交给财务经理审核

续表

编号	活动名称	角色	活动描述—操作指导
2	审核运输费发票	财务经理	1. 审核收到的运输费用发票 2. 将发票抵扣联留档 3. 将发票记账联传递给出纳填制记账凭证
3	填制记账凭证	出纳	1. 接收运输费用发票记账联 2. 根据发票金额填制记账凭证，将发票记账联粘贴在记账凭证后作为附件 3. 将记账凭证传递给财务经理审核
4	审核记账凭证	财务经理	1. 审核出纳填制的记账凭证并对照相关附件检查是否正确 2. 审核无误后在记账凭证上签字或盖章
5	登记科目明细账	财务经理	1. 根据记账凭证登记科目明细账 2. 记账后在记账凭证上签字或盖章
6	登记总账	财务经理	1. 根据记账凭证登记总账 2. 记账后在记账凭证上签字或盖章
7	填写付款申请单	仓储经理	1. 查看发票记录表，确认未支付的运输费增值税专用发票信息 2. 对照记录表上的未支付发票信息填写付款申请单 3. 将付款申请提交给财务经理审核
8	审核付款申请	财务经理	1. 审核付款申请单和发票金额是否一致，确认无误后在付款申请上签字 2. 将付款申请交仓储经理传递给总经理审核
9	审核付款申请	总经理	1. 审核付款申请单，确认无误后在申请单上签字 2. 将付款申请交还给仓储经理传递给出纳安排付款
10	办理网银付款	出纳	1. 收到仓储经理转交的批复后的付款申请单 2. 确认后对照付款申请办理网银付款
11	编制记账凭证	出纳	1. 编制记账凭证 2. 将电汇回单粘贴到记账凭证后面 3. 将记账凭证交财务经理审核
12	审核记账凭证	财务经理	1. 审核出纳填制的记账凭证并对照相关附件检查是否正确 2. 审核无误后在记账凭证上签字或盖章 3. 将确认后的记账凭证传递给出纳登记日记账
13	登记日记账	出纳	1. 根据记账凭证登记银行存款日记账 2. 记账后在记账凭证上签字或盖章 3. 将记账凭证传递给财务经理登记科目明细
14	登记科目明细账	财务经理	1. 根据记账凭证登记科目明细账 2. 记账后在记账凭证上签字或盖章

编号	活动名称	角色	活动描述—操作指导
15	登记总账	财务经理	1. 根据记账凭证登记总账 2. 记账后在记账凭证上签字或盖章

三十一、收到制造业发票并支付

业务概述：采购经理接到供应商的销售增值税专用发票，依据增值税发票信息提交付款申请，财务部付款并记账。具体业务流程如表 7-31 所示。

表 7-31　收到制造业发票并支付的业务流程

编号	活动名称	角色	活动描述—操作指导
1	收到供应商开具的增值税专用发票	采购经理	1. 收到供应商开具的增值税专用发票 2. 将发票信息登记到发票记录表上（发票号、开票单位、金额、日期、到期日等）
2	填写付款申请单	采购经理	1. 查看发票记录表，确认未支付的供应商增值税专用发票信息 2. 对照记录表上的未支付发票信息填写付款申请单 3. 将付款申请提交给财务经理审核
3	审核付款申请	财务经理	1. 审核收到的增值税专用发票，与相关采购入库单进行对比，确定发票上的数量金额与入库单是否相符 2. 将发票抵扣联留档 3. 将付款申请交采购经理传递给总经理审核
4	审核付款申请	总经理	1. 审核付款申请单，确认无误后在申请单上签字 2. 将付款申请交还给采购经理传递给出纳安排付款
5	支付货款	出纳	1. 收到采购经理转交的批复后的付款申请单 2. 确认后在 VBSE 系统中办理网银支付 3. 转账后到银行打印回单作为转账支付凭证
6	填制记账凭证	出纳	1. 出纳根据审核后的付款申请单和银行回单填制记账凭证 2. 将银行回单和付款申请单粘贴在记账凭证后作为附件 3. 将记账凭证传递给财务经理审核
7	审核记账凭证	财务经理	1. 审核出纳编制的记账凭证并对照相关附件检查是否正确 2. 审核无误后在记账凭证上签字或盖章 3. 将确认后的记账凭证传递给出纳登记日记账

编号	活动名称	角色	活动描述—操作指导
8	登记日记账	出纳	1. 根据记账凭证登记银行存款日记账 2. 记账后在记账凭证上签字或盖章 3. 将记账凭证传递给财务经理登记科目明细账
9	登记科目明细账	财务经理	1. 根据记账凭证登记科目明细账 2. 记账后在记账凭证上签字或盖章
10	登记总账	财务经理	1. 根据记账凭证登记总账 2. 记账后在记账凭证上签字或盖章

三十二、认证增值税抵扣联

业务概述：财务经理将公司的增值税抵扣联收集后，到税务部门进行认证，获得盖章认证的结果通知书后，与抵扣联一并装订。具体业务流程如表 7-32 所示。

表 7-32 认证增值税抵扣联的业务流程

编号	活动名称	角色	活动描述—操作指导
1	收集抵扣联	财务经理	统一收集齐抵扣联
2	到税务局进行抵扣认证	财务经理	将增值税抵扣联送至税务局进行抵扣认证
3	审核企业提交的进项税抵扣联	税务专员	对企业提交的进项税抵扣联进行审核，通过后打印认证结果通知书，交给企业办事人员
4	抵扣联装订归档	财务经理	将从税务局取得的认证结果通知书与抵扣联装订，归档备查

三十三、核算薪酬

业务概述：行政经理统计考勤、制作工资表并提交至财务部。具体业务流程如表 7-33 所示。

表 7-33　核算薪酬的业务流程

编号	活动名称	角色	活动描述—操作指导
1	收集工资数据	行政经理	1. 依据期初数据查找当月入职人员记录，收集整理新增数据 2. 依据期初数据查找当月离职人员记录，收集整理减少数据 3. 依据期初数据查找当月晋升、调动及工资调整记录，收集整理变更数据 4. 依据期初数据查找当月考勤信息，整理汇总当月考勤数据 5. 依据期初数据查找当期绩效考核评价评分资料，整理汇总绩效考核结果 6. 依据期初数据查找当月奖励、处罚记录，并作汇总整理 7. 依据期初数据查找当月"五险一金"增减、缴费数据，计算"五险一金"
2	计算工资	行政经理	1. 下载企业员工花名册信息 2. 依据薪酬规则，参照发放的期初各类有关职工薪酬的各种表格，制作职工薪酬计算的各种表格，包括职工薪酬统计表、"五险一金"缴费统计表、部门汇总 3. 按照薪酬体系中每个项目的计算规则进行工资核算 4. 将工资表交给总经理审核
3	审核工资表	总经理	1. 收到行政经理交给的工资表 2. 审核工资结算总金额，了解总人工成本及波动幅度，并就变动的合理性进行核查 3. 审核完成后在表单对应位置签字 4. 将签字完成的表单交还行政经理，行政经理拿给财务部记账
4	填制记账凭证	出纳	1. 收到行政经理交来的工资表 2. 依据工资表编制本月工资记账凭证计提本月工资
5	审核记账凭证	财务经理	1. 收到出纳交来的工资表和记账凭证 2. 审核记账凭证的正确性 3. 审核无误后在记账凭证上签字或盖章 4. 交还给出纳工资表和记账凭证
6	登记科目明细账	财务经理	1. 根据记账凭证登记科目明细账 2. 记账后在记账凭证上签字或盖章
7	登记总账	财务经理	1. 根据记账凭证登记总账 2. 记账后在记账凭证上签字或盖章

三十四、计提折旧

业务概述：财务经理对固定资产进行折旧计提。具体业务流程如表 7-34 所示。

表 7-34　计提折旧的业务流程

编号	活动名称	角色	活动描述—操作指导
1	计算固定资产折旧	财务经理	1. 根据固定资产政策及固定资产明细账计提折旧 2. 填写固定资产折旧计算表
2	填制记账凭证	出纳	1. 接收财务经理提供的固定资产折旧计算表 2. 根据固定资产折旧计算表填写记账凭证，将折旧计算表粘贴在记账凭证后作为附件 3. 将记账凭证交给财务部经理审核
3	审核记账凭证	财务经理	1. 接收出纳交给的记账凭证，进行审核 2. 审核无误后在记账凭证上签字或盖章
4	登记科目明细账	财务经理	1. 根据记账凭证登记科目明细账 2. 记账后在记账凭证上签字或盖章
5	登记总账	财务经理	1. 根据记账凭证登记总账 2. 记账后在记账凭证上签字或盖章

三十五、存货核算

业务概述：财务经理根据本月的商品进出库记录进行成本核算。具体业务流程如表 7-35 所示。

表 7-35　存货核算的业务流程

编号	活动名称	角色	活动描述—操作指导
1	编制产品销售成本结转明细表	财务经理	1. 根据销售出库单汇总销售出库的产品明细数量 2. 根据销售数量和库存商品平均单价编制销售成本结转明细表 3. 将单据传递给出纳填制记账凭证
2	填制记账凭证	出纳	1. 根据产品出库单及销售成本结转明细表反映的业务内容编制记账凭证，将相关单据粘贴在后面作为附件 2. 将记账凭证传递给财务经理审核
3	审核记账凭证	财务经理	1. 审核记账凭证的附件、记账科目、金额、手续是否正确与齐全 2. 审核无误后在记账凭证上签字或盖章
4	登记科目明细账	财务经理	1. 根据记账凭证登记科目明细账 2. 记账后在记账凭证上签字或盖章

编号	活动名称	角色	活动描述—操作指导
5	登记总账	财务经理	1. 根据记账凭证登记总账 2. 记账后在记账凭证上签字或盖章

三十六、期末账务处理

业务概述：财务经理在月末进行财务核算。具体业务流程如表 7-36 所示。

表 7-36　期末账务处理的业务流程

编号	活动名称	角色	活动描述—操作指导
1	结转损益	财务经理	1. 汇总损益类发生额，并与总账核对 2. 将总账里的损益类科目本期发生额结转致本年利润科目
2	填制记账凭证	出纳	收到财务经理的数据填制记账凭证
3	计提企业所得税费用并结转	财务经理	1. 根据本年利润余额计算企业所得税 2. 将计算数额通知出纳填制记账凭证
4	填制记账凭证	出纳	收到财务经理的数据填制记账凭证
5	结转本年利润	财务经理	将本年利润余额结转至利润分配中
6	填制记账凭证	出纳	收到财务经理的数据填制记账凭证
7	计提法定盈余公积并结转	财务经理	1. 按本年净利润（减弥补以前亏损后）的 10% 提取法定盈余公积，法定盈余公积累计额达到注册资本的 50% 时可以不再提取 2. 将提取的法定盈余公积结转至利润分配中
8	填制记账凭证	出纳	1. 编制计提法定盈余公积凭证和结转凭证 2. 提交财务部经理审核
9	审核记账凭证	财务经理	1. 审核出纳提交的记账凭证是否有误 2. 审核无误后在记账凭证上签字或盖章
10	登记科目明细账	财务经理	1. 根据记账凭证登记科目明细账 2. 记账后在记账凭证上签字或盖章
11	登记总账	财务经理	1. 根据记账凭证登记总账 2. 记账后在记账凭证上签字或盖章

三十七、编制资产负债表

业务概述：财务经理根据财务数据编制资产负债表。具体业务流程如表 7-37

所示。

表 7-37 编制资产负债表的业务流程

编号	活动名称	角色	活动描述—操作指导
1	编制财务报告	财务经理	1. 财务经理编制资产负债表、财务报表等财务报告相关内容 2. 确认无误后在财务报告上签字并盖章 3. 将财务报告交给总经理审查并签字盖章
2	审查财务报告	总经理	1. 总经理审查财务经理编制的财务报告 2. 总经理确认无误后在财务报告上签字并盖章

三十八、编制利润表

业务概述：财务经理根据财务数据编制利润表。具体业务流程如表 7-38 所示。

表 7-38 编制利润表的业务流程

编号	活动名称	角色	活动描述—操作指导
1	编制财务报告	财务经理	1. 财务经理编制利润表、财务报表等财务报告相关内容 2. 确认无误后在财务报告上签字并盖章 3. 将财务报告交给总经理审查并签字盖章
2	审查财务报告	总经理	1. 总经理审查财务经理编制的财务报告 2. 总经理确认无误后在财务报告上签字并盖章

三十九、申领增值税发票

业务概述：向税务机关领用发票。具体业务流程如表 7-39 所示。

表 7-39 申领增值税发票的业务流程

编号	活动名称	角色	活动描述—操作指导
1	申请领用发票	经销商出纳	1. 申领人携带营业执照副本、经办人身份证到税务局 2. 向税务专员说明申请发票类型及数量

编号	活动名称	角色	活动描述—操作指导
2	登记并发放发票	税务专员	1. 收到企业的申请后填写发票领用表 2. 发票号由税务专员按序号排列即可 3. 填写后发放发票

四十、购买支票

业务概述：企业向银行购买支票。具体业务流程如表 7-40 所示。

表 7-40　购买支票的业务流程

编号	活动名称	角色	活动描述—操作指导
1	填写票据领用登记单	经销商出纳	1. 经销商出纳到银行向银行柜员索要票据领用登记单 2. 填写票据领用登记单并交给银行柜员
2	发放支票	银行柜员	1. 收到企业提交的票据领用登记单，根据领用单填写数量为企业准备支票 2. 根据企业购买支票的金额办理转账并打印业务回单 3. 发放支票
3	编制记账凭证	经销商出纳	1. 领用相关票据 2. 根据银行业务回单编制记账凭证 3. 将电汇回单粘贴到记账凭证后面 4. 将记账凭证交给财务经理审核
4	审核记账凭证	经销商财务经理	1. 审核出纳填制的记账凭证并对照相关附件检查是否正确 2. 审核无误后在记账凭证上签字或盖章 3. 将确认后的记账凭证传递给出纳登记日记账
5	登记日记账	经销商出纳	1. 根据记账凭证登记银行存款日记账 2. 记账后在记账凭证上签字或盖章 3. 将记账凭证传递给财务经理登记科目明细账
6	登记科目明细账	经销商财务经理	1. 根据记账凭证登记科目明细账 2. 记账后在记账凭证上签字或盖章
7	登记总账	经销商财务经理	1. 根据记账凭证登记总账 2. 记账后在记账凭证上签字或盖章

四十一、购买仓库

业务概述：按生产需求向服务公司购买仓库。具体业务流程如表 7-41 所示。

表 7-41 购买仓库的业务流程

编号	活动名称	角色	活动描述—操作指导
1	填写购销合同	经销商采购经理	1. 根据公司需求确定购买需求，到服务公司协商仓库的价格 2. 准备购销合同并签署相关内容
2	填写合同会签单	经销商采购经理	1. 拿到双方盖章的购销合同 2. 根据购销合同填写合同会签单
3	财务审核合同会签单	经销商财务经理	1. 接收采购部经理发送的合同和合同会签单 2. 审核合同及合同会签单并在合同会签单上签字
4	经销商总经理审核合同会签单	经销商总经理	1. 接收财务部审核的合同和合同会签单 2. 审核合同及合同会签单并在合同会签单对应的位置盖章 3. 将合同发送给仓储经理
5	将购销合同送交给服务公司	经销商采购经理	1. 接收总经理发送的合同 2. 拿本公司已盖章的合同去服务公司盖章
6	服务公司盖章	服务公司总经理	1. 收到企业盖章后的合同审核并盖章 2. 将盖章后的合同送交行政经理
7	合同归档	经销商行政经理	1. 行政经理更新合同管理表 2. 行政经理登记完后把购销合同留存备案
8	办理仓库购买	经销商采购经理	按照合同在系统中选择相应的仓库进行采购
9	确定仓库销售	服务公司业务员	在系统中确定企业的仓库采购
10	开具发票	服务公司总经理	依据合同金额为企业开具发票

四十二、支付购买仓库款

业务概述：企业支付购买仓库的费用。具体业务流程如表 7-42 所示。

表 7-42 支付购买仓库款的业务流程

编号	活动名称	角色	活动描述—操作指导
1	收到发票	经销商采购经理	收到服务公司开具的增值税专用发票
2	填写付款申请单	采购经理	1. 对照服务公司开具的增值税专用发票填写付款申请书 2. 将付款申请书及发票提交给财务经理审核
3	财务经理审核付款申请	财务经理	1. 审核收到的付款申请书与增值税发票是否相符，并审核其正确性 2. 将发票抵扣联留档 3. 将付款申请书提交总经理审核

编号	活动名称	角色	活动描述—操作指导
4	总经理审核付款申请	总经理	1. 审核付款申请书,确认无误后在申请书上签字 2. 将付款申请书交给出纳付款
5	支付货款	出纳	1. 收到总经理转交的批复后的付款申请书,审核其准确性 2. 按付款申请书金额开具转账支票 3. 将转账支票交给服务公司总经理
6	填制记账凭证	出纳	1. 根据付款申请书和银行回单填制记账凭证 2. 将银行回单、付款申请书和支票存根粘贴在记账凭证后作为附件
7	审核记账凭证	财务经理	1. 审核出纳编制的记账凭证并对照相关附件检查是否正确 2. 审核无误后在记账凭证上签字或盖章 3. 将确认后的记账凭证传递给出纳登记日记账
8	登记日记账	出纳	1. 根据记账凭证登记银行存款日记账 2. 记账后在记账凭证上签字或盖章 3. 将记账凭证传递给财务经理登记科目明细账
9	登记科目明细账	财务经理	1. 根据记账凭证登记科目明细账 2. 记账后在记账凭证上签字或盖章
10	登记总账	财务经理	1. 根据记账凭证登记总账 2. 记账后在记账凭证上签字或盖章

四十三、支付市场开拓费

业务概述:营销经理根据市场开拓费用发票提交支付市场开拓费申请,财务进行付款处理。具体业务流程如表7-43所示。

表7-43 支付市场开拓费的业务流程

编号	活动名称	角色	活动描述—操作指导
1	填写付款申请单	营销经理	1. 查看发票记录表,确认未支付的发票信息 2. 对照发票记录表上的未支付发票信息填写付款申请单 3. 将付款申请提交给财务经理审核
2	审核付款申请	财务经理	1. 审核付款申请单和发票金额是否一致,确认无误后在付款申请上签字 2. 将付款申请交营销经理传递给总经理审核

续表

编号	活动名称	角色	活动描述—操作指导
3	审核付款申请	总经理	1. 审核付款申请单，确认无误后在申请单上签字 2. 将付款申请交还给营销经理拿给出纳人员安排付款
4	开具转账支票	出纳	1. 收到营销经理转交的批复后的付款申请单 2. 确认后对照付款申请单金额开具转账支票 3. 出纳登记支票登记簿，支票领用人签字 4. 将支票正联交给财务经理审核、盖章
5	审核支票	财务经理	1. 审核支票填写得是否正确 2. 确认无误后签字并加盖公司财务章和法人章 3. 将支票正联交给营销经理支付给服务公司
6	将支票送至服务公司	营销经理	1. 登记在支票登记簿上 2. 将支票交给服务公司完成支付
7	填制记账凭证	出纳	1. 出纳根据审核的付款申请单和支票存根填制记账凭证 2. 将支票存根和付款申请单粘贴在记账凭证后作为附件 3. 将记账凭证传递给财务经理审核
8	审核记账凭证	财务经理	1. 审核出纳填制的记账凭证并对照相关附件检查是否正确 2. 审核无误后在记账凭证上签字或盖章 3. 将确认后的记账凭证传递给出纳登记日记账
9	登记日记账	出纳	1. 根据记账凭证登记银行存款日记账 2. 记账后在记账凭证上签字或盖章 3. 将记账凭证传递给财务经理登记科目明细账
10	登记科目明细账	财务经理	1. 接收出纳交还的记账凭证 2. 根据记账凭证登记科目明细账 3. 记账后在记账凭证上签字或盖章
11	登记总账	财务经理	1. 接收财务经理交还的记账凭证 2. 根据记账凭证登记总账 3. 记账后在记账凭证上签字或盖章
12	收到转账支票并到银行办理转账	服务公司总经理	1. 向办理市场开拓的企业催收市场开拓费 2. 拿到办理市场开拓的企业所开具的转账支票 3. 根据转账支票填写进账单 4. 携带转账支票与进账单到银行进行转账
13	办理转账——市场开拓（银行）并打印银行回单（银行）	银行柜员	1. 收到企业提交的进账单与支票 2. 根据进账单信息办理转账业务 3. 根据办理的转账业务打印银行业务回单 4. 将银行业务回单交给企业办事员

四十四、支付广告投放费用

业务概述：支付广告投放费用。具体业务流程如表7-44所示。

表7-44 支付广告投放费用的业务流程

编号	活动名称	角色	活动描述—操作指导
1	填写付款申请单	营销经理	1. 查看发票记录表，确认未支付的发票信息 2. 对照发票记录表上的未支付发票信息填写付款申请单 3. 将付款申请提交给财务经理审核
2	审核付款申请	财务经理	1. 审核付款申请单和发票金额是否一致，确认无误后在付款申请上签字 2. 将付款申请交营销经理传递给总经理审核
3	审核付款申请	总经理	1. 审核付款申请单，确认无误后在申请单上签字 2. 将付款申请交还给营销经理拿给出纳人员安排付款
4	开具转账支票	出纳	1. 收到营销经理转交的批复后的付款申请单 2. 确认后对照付款申请单金额开具转账支票 3. 出纳登记支票登记簿，支票领用人签字 4. 将支票正联交给财务经理审核、盖章
5	审核支票	财务经理	1. 审核支票填写的是否正确 2. 确认无误后签字并加盖公司财务章和法人章 3. 将支票正联交给营销经理支付给服务公司
6	将支票送至服务公司	营销经理	1. 登记在支票登记簿上 2. 将支票交给服务公司完成支付
7	填制记账凭证	出纳	1. 出纳根据审核的付款申请单和支票存根填制记账凭证 2. 将支票存根和付款申请单粘贴在记账凭证后作为附件 3. 将记账凭证传递给财务经理审核
8	审核记账凭证	财务经理	1. 审核出纳填制的记账凭证并对照相关附件检查是否正确 2. 审核无误后在记账凭证上签字或盖章 3. 将确认后的记账凭证传递给出纳登记日记账
9	登记日记账	出纳	1. 根据记账凭证登记银行存款日记账 2. 记账后在记账凭证上签字或盖章 3. 将记账凭证传递给财务经理登记科目明细账
10	登记科目明细账	财务经理	1. 接收出纳提交的记账凭证 2. 根据记账凭证登记科目明细账 3. 记账后在记账凭证上签字或盖章

编号	活动名称	角色	活动描述—操作指导
11	登记总账	财务经理	1. 接收财务经理提交的记账凭证 2. 根据记账凭证登记总账 3. 记账后在记账凭证上签字或盖章
12	收到转账支票并到银行办理转账	服务公司总经理	1. 向办理广告投放的企业催收广告投放费 2. 拿到办理广告投放企业办理广告投放所开具的转账支票 3. 根据转账支票填写进账单 4. 携带转账支票与进账单到银行进行转账
13	办理转账——广告投放（银行）并打印银行回单（银行）	银行柜员	1. 收到企业提交的进账单与支票 2. 根据进账单信息办理转账业务 3. 根据办理的转账业务打印银行业务回单 4. 将银行业务回单交给企业办事员

四十五、申报企业增值税

业务概述：月初财务经理申报上月增值税。具体业务流程如表 7-45 所示。

表 7-45 申报企业增值税的业务流程

编号	活动名称	角色	活动描述—操作指导
1	整理增值税纳税申报资料	财务经理	1. 准备上期资产负债表 2. 准备上期利润表
2	网上增值税纳税申报	财务经理	1. 在 VBSE 系统中根据确认的金额进行增值税纳税申报 2. 填写完成后提交税务机关审核
3	审核企业增值税申报	税务专员	在 VBSE 系统中审核企业提交的增值税申报

第八章 政务中心实训任务

政务中心集所有企业服务的职能部门为一体，每个窗口都具有独立的服务功能。分别有集销售厂房、仓库、生产设备、招聘工人、产品研发及认证、开拓市场、投放广告及选单等功能为一体的服务公司；有负责产品销售渠道的招投标、国际贸易、连锁超市等业务的中介公司；有市场监督局、税务局、人社局等政府服务部门；还有负责物流配送的物流公司、会计审计等业务的会计师事务所等。政务中心业务的繁杂对总经理的管理能力要求较高。

一、综合服务公司

（一）分发办公用品（服务公司）

业务概述：整理办公用品，发放给本次实训课程的组织。具体业务流程如表8-1所示。

表 8-1 分发办公用品的业务流程

编号	活动名称	角色	活动描述—操作指导
1	整理办公用品	服务公司总经理	1. 确定本次实训的机构数量 2. 整理每个机构应发放的办公用品 3. 通知服务公司业务员准备分发办公用品
2	通知并分发办公用品	服务公司业务员	1. 按顺序通知各机构到服务公司领用办公用品 2. 将总经理分配好的办公用品分发给各机构领用人员并做好登记

（二）组织经销商竞单（服务公司）

业务概述：组织经销商进行竞单。具体业务流程如表8-2所示。

表8-2 组织经销商竞单的业务流程

编号	活动名称	角色	活动描述—操作指导
1	通知经销商竞单	服务公司总经理	让服务公司业务员去通知已投放广告的企业到服务公司来进行竞单
2	为经销商办理选单	服务公司总经理	1. 选择一个区域 2. 按该区域中各公司投放广告顺序依次选单 3. 收到企业选单命令后，选择对应企业，再选择对应的订单进行确认

（三）核对车间水电费并开具发票（服务公司）

业务概述：核对各企业车间水电费并为企业开具发票。具体业务流程如表8-3所示。

表8-3 核对车间水电费并开具发票的业务流程

编号	活动名称	角色	活动描述—操作指导
1	查看水电费单	服务公司业务员	1. 收到企业提交的水电费付款单，核准单据 2. 通知企业找服务公司总经理领取发票
2	开具发票	服务公司总经理	1. 与业务员确定服务金额 2. 根据金额为经销商开具发票

（四）收取车间水电费（服务公司）

业务概述：按月收取各企业的水电费。具体业务流程如表8-4所示。

表8-4 收取车间水电费的业务流程

编号	活动名称	角色	活动描述—操作指导
1	收到转账支票	服务公司总经理	1. 向办理业务的企业收取水电费 2. 拿到申请企业开的支票
2	到银行办理转账	服务公司总经理	1. 根据转账支票填写进账单 2. 携带转账支票与进账单到银行进行转账
3	办理转账——水电费（银行）	银行柜员	1. 收到企业提交的进账单与支票 2. 根据进账单信息办理转账业务
4	打印银行回单（银行）	银行柜员	1. 找到办理的转账业务，打印回单 2. 将回单交给企业办事员

（五）组织制造业竞单（服务公司）

业务概述：组织制造业进行竞单。具体业务流程如表8-5所示。

表8-5　组织制造业竞单的业务流程

编号	活动名称	角色	活动描述—操作指导
1	通知制造业竞单	服务公司总经理	让服务公司业务员去通知已投放广告的企业到服务公司来进行竞单
2	为制造业办理选单	服务公司总经理	1. 选择中部区域 2. 按该区域中各公司投放广告顺序依次选单 3. 收到企业选单命令后选择对应企业，再选择对应的订单进行确认

（六）支付设备回购款（服务公司）

业务概述：支付回收设备的货款。具体业务流程如表8-6所示。

表8-6　支付设备回购款的业务流程

编号	活动名称	角色	活动描述—操作指导
1	填写支票	服务公司总经理	1. 回收制造企业设备后找到支票，按回收价格填写支票 2. 填写后交由业务员送交对应企业采购员
2	递送支票	服务公司业务员	从总经理处拿过支票，送到相应企业

（七）回收厂房销售款（服务公司）

业务概述：回收销售给企业的厂房销售款。具体业务流程如表8-7所示。

表8-7　回收厂房销售款的业务流程

编号	活动名称	角色	活动描述—操作指导
1	催收货款	服务公司业务员	1. 向购买厂房的企业催收货款 2. 收到企业递交的转账支票 3. 依据仓库购销合同审核支票的金额 4. 填写进账单，连同支票一起送交银行进行转账
2	银行转账	银行柜员	1. 收到企业提交的支票与进账单 2. 审核支票的正确性 3. 根据进账单进行转账

（八）回收仓库销售款（服务公司）

业务概述：回收销售给企业的仓库销售款。具体业务流程如表 8-8 所示。

表 8-8 回收仓库销售款的业务流程

编号	活动名称	角色	活动描述—操作指导
1	催收货款	服务公司业务员	1. 向购买仓库的企业催收货款 2. 收到企业递交的转账支票 3. 依据仓库购销合同审核支票的金额 4. 填写进账单，连同支票一起送交银行进行转账
2	银行转账	银行柜员	1. 收到企业提交的支票与进账单 2. 审核支票的正确性 3. 根据进账单进行转账

（九）回收 3C 认证款（服务公司）

业务概述：回收企业办理 3C 认证款。具体业务流程如表 8-9 所示。

表 8-9 回收 3C 认证款的业务流程

编号	活动名称	角色	活动描述—操作指导
1	催收货款	服务公司业务员	1. 向办理 3C 认证的企业催收货款 2. 收到企业递交的转账支票 3. 依据 3C 认证办理费审核支票的金额 4. 填写进账单，连同支票一起送交银行进行转账
2	银行转账	银行柜员	1. 收到企业提交的支票与进账单 2. 审核支票的正确性 3. 根据进账单进行转账

（十）回收设备销售款（服务公司）

业务概述：回收企业购买设备款。具体业务流程如表 8-10 所示。

表 8-10 回收设备销售款的业务流程

编号	活动名称	角色	活动描述—操作指导
1	催收货款	服务公司业务员	1. 向购买设备的企业催收货款 2. 收到企业递交的转账支票 3. 依据设备销售合同审核支票的金额 4. 填写进账单，连同支票一起送交银行进行转账

编号	活动名称	角色	活动描述—操作指导
2	银行转账	银行柜员	1. 收到企业提交的支票与进账单 2. 审核支票的正确性 3. 根据进账单进行转账

二、招投标公司

(一) 名称预先核准申请（招投标）

业务概述：企业起名后到工商局办理名称核准。具体业务流程如表 8-11 所示。

表 8-11　名称预先核准申请的业务流程

编号	活动名称	角色	活动描述—操作指导
1	企业取名	招投标总经理	1. 申办人应提前准备好 3~5 个公司名称，公司名称要符合规范，具体格式例如：某地（地区名）+某某（企业名）+贸易（行业名）+有限公司（类型） 2. 在实训中，公司名称已给定
2	填写企业名称预先核准申请表	招投标总经理	1. 找到名称预先核准申请书 2. 填写已准备好的公司名称，完成企业名称预先核准申请表
3	到工商局审核申请书	招投标总经理	到工商局递交名称预先核准申请书，等待工商局审批结果
4	审核申请书	工商专员	1. 审核企业递交的名称预先核准申请书 2. 审核后为企业发放企业名称预先核准通知书

(二) 企业设立登记（招投标）

业务概述：到工商局办理工商注册。具体业务流程如表 8-12 所示。

表 8-12　企业设立登记的业务流程

编号	活动名称	角色	活动描述—操作指导
1	填写企业设立登记	招投标总经理	1. 找到企业设立登记申请表 2. 填写已准备好的公司名称，完成企业名称预先核准申请表

续表

编号	活动名称	角色	活动描述—操作指导
2	到工商局办理审核	招投标总经理	携带房屋租赁合同、房产证复印件（实训中未提供，可不带）、公司章程、企业名称核准通知书到工商局进行企业设立登记，等待工商局人员进行审核
3	工商局审核设立登记	工商专员	1. 接收企业提交的企业设立登记申请表 2. 审核企业设立登记申请表并发放营业执照

（三）税务登记（招投标）

业务概述：办理税务报到，完成税务登记。具体业务流程如表 8-13 所示。

表 8-13 税务登记的业务流程

编号	活动名称	角色	活动描述—操作指导
1	签订税收代扣协议	招投标总经理	到银行领取同城委托收款协议并填写
2	审核代扣协议（银行）	银行柜员	1. 收到企业填写的同城委托收款协议 2. 审核协议并签署相关部分
3	填写税务登记	招投标总经理	1. 到税务局领取并填写税务登记表 2. 将税务登记表提交国税局进行审核
4	审核登记表（税务）	税务专员	审核企业提交的税务登记表

（四）银行开户申请（招投标）

业务概述：到银行开立企业的基本账户。具体业务流程如表 8-14 所示。

表 8-14 银行开户申请的业务流程

编号	活动名称	角色	活动描述—操作指导
1	填写银行开户申请	招投标总经理	1. 到银行领取银行结算账户申请书并填写 2. 填写后将单据与营业执照、法人身份证、经办人身份证交由银行进行审核
2	审核开户申请（银行）	银行柜员	1. 收到企业填写的银行结算账户申请书 2. 审核协议并签署相关部分

（五）签订招投标委托合同（招投标）

业务概述：与委托方签订招投标委托合同。具体业务流程如表 8-15 所示。

表 8-15　签订招投标委托合同的业务流程

编号	活动名称	角色	活动描述—操作指导
1	签订委托代理合同	招投标总经理	1. 委托方为湖北强盛商贸有限公司，开户行为中国工商银行，账号为 4563512600681022353 2. 根据以上信息，签订委托代理合同，因委托方是虚拟企业，所以委托代理合同由招投标总经理一人代签

（六）制作招标文件（招投标）

业务概述：招投标总经理编制招标文件。具体业务流程如表 8-16 所示。

表 8-16　制作招投标文件的业务流程

编号	活动名称	角色	活动描述—操作指导
1	制作招标文件	招投标总经理	招投标总经理编制招标文件

（七）发布招标公告（招投标）

业务概述：招投标总经理发布招标公告。具体业务流程如表 8-17 所示。

表 8-17　发布招投标公告的业务流程

编号	活动名称	角色	活动描述—操作指导
1	编制招标公告	招投标总经理	招投标总经理根据招标公告模板新建 Word 文档编制招标公告
2	发布招标公告	招投标总经理	1. 打印编制完成的招标公告 2. 将招标公告贴到公告板中，通知企业到公告板处查看

（八）资格预审（制造业）

业务概述：企业确认投标后，编写并提交资格预审文件。具体业务流程如表 8-18 所示。

表 8-18　资格预审的业务流程

编号	活动名称	角色	活动描述—操作指导
1	编制资格预审文件	销售专员	1. 确定投标后找到资格预审文件，编制资格预审文件 2. 编制完成，由部门经理审核后，销售员提交到招投标公司

编号	活动名称	角色	活动描述—操作指导
2	审核资格预审文件	招投标总经理	1. 收到企业提交的资格预审文件 2. 审核资格预审文件

（九）出售招标文件（招投标）

业务概述：招投标公司出售招标文件。具体业务流程如表8-19所示。

表8-19　出售招标文件的业务流程

编号	活动名称	角色	活动描述—操作指导
1	出售招标文件	招投标总经理	1. 收到企业购买申请的需求 2. 将招标文件销售给企业销售员，招标文件200元一份

（十）制作投标文件（制造业）

业务概述：企业领取招标文件。具体业务流程如表8-20所示。

表8-20　制作投标文件的业务流程

编号	活动名称	角色	活动描述—操作指导
1	购买招标文件	销售专员	1. 到招投标公司说明要购买招标文件，每份招标文件200元 2. 从招投标总经理处接过招标文件
2	编制投标文件	销售专员	根据招标文件内容及公司自身情况，编制投标文件

（十一）组织开标会（招投标）

业务概述：招投标公司总经理组织开标会。具体业务流程如表8-21所示。

表8-21　组织开标会的业务流程

编号	活动名称	角色	活动描述—操作指导
1	组织开标会	招投标总经理	1. 招投标经理组织已投标的企业人员进行投标讲演 2. 请4~5位评委对招标情况进行评审

（十二）参加开标会（招投标）

业务概述：招投标公司总经理组织开标会。具体业务流程如表8-22所示。

表 8-22　参加开标会的业务流程

编号	活动名称	角色	活动描述—操作指导
1	参加开标会	销售专员	1. 准备用于投标讲解的 PPT 2. 到招投标公司指定地点参加开标会

（十三）定标并发出中标订单（招投标）

业务概述：招投标公司总经理组织开标会。具体业务流程如表 8-23 所示。

表 8-23　定标并发出中标订单的业务流程

编号	活动名称	角色	活动描述—操作指导
1	招标评分	招投标总经理	联合评标委员进行评分
2	定标发放中标公告	招投标总经理	1. 确定评分后确定中标企业 2. 在 VBSE 系统中发布中标公告
3	填写中标通知书	招投标总经理	1. 填写中标通知书 2. 中标通知书送交中标企业
4	发放中标订单	招投标总经理	在 VBSE 系统中发放中标订单

（十四）给招标客户发货（制造业）

业务概述：营销部销售专员填写发货单，交营销部经理审核批准后通知经销商。具体业务流程如表 8-24 所示。

表 8-24　给招标客户发货的业务流程

编号	活动名称	角色	活动描述—操作指导
1	填写发货单	销售专员	1. 填写发货单 2. 将发货单送交营销部经理审核
2	审核发货单	营销部经理	1. 接收销售专员交给的发货单并审核发货单 2. 将发货单发送销售专员
3	分发发货单	销售专员	1. 接收营销部经理交给的发货单 2. 分发发货单给经销商

（十五）给招标客户办理出库（制造业）

业务概述：仓储部给招标客户办理出库，由销售专员申请开具发票后，进行相关账务处理。具体业务流程如表 8-25 所示。

表 8-25   给招标客户办理出库的业务流程

编号	活动名称	角色	活动描述—操作指导
1	填制产品出库单	仓管员	1. 依据发货单填制产品的销售出库单 2. 提交至仓储部经理审批
2	审核产品出库单	仓储部经理	1. 仓储部经理收到仓管员开具的产品销售出库单 2. 审核填写是否正确 3. 确认无误后签字并交还仓管员去办理出库手续
3	登记库存台账	仓管员	接收仓储部经理审核批准的产品销售出库单填写库存台账，留存备案
4	销售发运并申请开票	销售专员	1. 根据销售出库单进行销售发运，并将销售出库单第四联送交客户 2. 向出纳申请开票
5	开具发票	出纳	1. 从销售专员处获取卖给该客户的销售价格 2. 根据产品出库单，结合销售价格，开具销售发票
6	发票送给客户	销售专员	销售专员将发票交物流公司，由物流公司送给客户
7	填制记账凭证	财务会计	1. 根据开具的发票填制记账凭证 2. 将记账凭证交给财务部经理审核
8	审核记账凭证	财务部经理	1. 接收财务会计交给的记账凭证进行审核 2. 审核后交财务会计登记科目明细账
9	登记明细账	财务会计	1. 接收财务部经理交给的记账凭证 2. 核对财务部经理是否已审核 3. 根据审核后的记账凭证登记科目明细账
10	登记总账	财务经理	1. 接收出纳交给的记账凭证 2. 根据记账凭证登记科目总账

（十六）收到招标客户货款（制造业）

业务概述：营销经理通知出纳查看收款信息，出纳根据收款的回单进行记账。具体业务流程如表 8-26 所示。

表 8-26   收到招标客户货款的业务流程

编号	活动名称	角色	活动描述—操作指导
1	销售收款	销售专员	1. 在 VBSE 系统中办理销售收款 2. 通知出纳查询银行存款
2	收到银行收款结算凭证（电汇回单）	出纳	收到银行收款结算凭证（电汇回单）

编号	活动名称	角色	活动描述—操作指导
3	编制记账凭证	财务会计	1. 编制记账凭证 2. 将电汇回单粘贴到记账凭证后面 3. 将记账凭证交财务经理审核
4	审核记账凭证	财务经理	1. 审核出纳填制的记账凭证并对照相关附件检查是否正确 2. 审核无误后签字确认 3. 将确认后的记账凭证传递给出纳登记日记账
5	登记日记账	出纳	1. 根据记账凭证登记簿登记银行存款日记账 2. 记账后在记账凭证上签字或盖章 3. 将记账凭证传递给财务经理登记科目明细
6	登记科目明细账	财务会计	1. 根据记账凭证登记科目明细账 2. 记账后在记账凭证上签字或盖章
7	登记总账	财务经理	1. 根据记账凭证登记总账 2. 记账后在记账凭证上签字或盖章

（十七）结算招投标服务费（招投标）

业务概述：结算招投标服务费。具体业务流程如表 8-27 所示。

表 8-27　结算招投标服务费的业务流程

编号	活动名称	角色	活动描述—操作指导
1	结算招标代理费	招投标总经理	结算招投标公司的服务费

三、国际贸易

（一）贸易洽谈（国贸）

业务概述：国贸企业进行贸易洽谈。具体业务流程如表 8-28 所示。

表 8-28　贸易洽谈的业务流程

编号	活动名称	角色	活动描述—操作指导
1	选中目标客户	国贸进出口经理	在 VBSE 系统中选中目标客户订单
2	向进口商发建交函	国贸进出口经理	向进口商发建交函，介绍自己公司的业务，表达希望能与对方公司建立贸易伙伴关系
3	进口商询盘	国贸进出口经理	收到进口商发来的询盘函

续表

编号	活动名称	角色	活动描述—操作指导
4	出口报价核算	国贸进出口经理	1. 请示交易条件和利润率，并在获取相关信息后开始计算价格 2. 进行报价核算，得出美元单价
5	起草发盘函	国贸进出口经理	1. 起草发盘函 2. 送交总经理审核
6	审核发盘函	国贸总经理	1. 对发盘函的内容进行审核 2. 签字确认
7	发盘	国贸进出口经理	起草发盘函，经领导审核无误后对外报价（初次报价中的支付条款一般坚持要求使用不可撤销即期信用证，irrevocable sight letter of credit or L/C）
8	还盘、再还盘、接受	国贸进出口经理	在实际业务过程中，很少有第一次报价的内容就完全被对方接受，一般都会针对某个或几个成交条件发生几次不同意见的还盘、再还盘，直到一方宣布完全同意已经谈过的所有条件，即接受

（二）出口合同签订（国贸）

业务概述：国贸企业签订出口合同。具体业务流程如表8-29所示。

表8-29 国贸企业签订出口合同的业务流程

编号	活动名称	角色	活动描述—操作指导
1	双方接受合同条款	国贸进出口经理	双方经过贸易洽谈，接受销售合同条款
2	填写销售合同会签单	国贸进出口经理	填写销售合同会签单
3	审批销售合同	国贸总经理	1. 填写合同会签单 2. 审核合同
4	在销售合同上签字、盖章	国贸总经理	在合同上签字、盖章
5	寄给进口商	国贸进出口经理	寄给进口商
6	进口商会签	国贸进出口经理	1. 进口商会签合同 2. 进口商寄回一份给卖方

（三）催证、审证、改证（国贸）

业务概述：国贸企业办理信用证。具体业务流程如表8-30所示。

表8-30　催证、审证、改证的业务流程

编号	活动名称	角色	活动描述—操作指导
1	依合同明确开证时间和种类	国贸进出口经理	买卖双方在合同的支付条款中明确使用信用证及其种类和开证时间
2	催开信用证	国贸进出口经理	及时开出信用证是买方在信用证支付方式合同中的一项主要义务，但买方往往会因资金短缺或市场变化等原因不能按时开出信用证。在这种情况下，卖方应适时采取措施敦促买方开证，以便如期装运。在出口贸易实践中较多使用传真和 E-mail 等形式向买方进行催证。由于通过银行开出信用证在办理手续上需要几天的时间，而作为一个职业的出口业务管理人员，于合同规定日期之前的适当时间善意地提醒买方开证是合理的
3	买方申请开证	国贸进出口经理	1. 买方（信用证申请人）在合同规定时间内向当地往来银行申请开立以卖方为受益人的信用证 2. 信用证内容的依据是双方贸易合同的条款 3. 信用证申请人（Applicant）同时向开证银行（Issuing Bank）提供押金或某种担保
4	买方银行开证（开证行）	国贸进出口经理	买方银行依据合同条款开证
5	开证行把信用证交给卖方银行（通知行）	国贸进出口经理	开证银行通过邮寄或电报方式将开立的信用证交给卖方当地的往来银行（通知行），要求其转给受益人（卖方）
6	通知行审核信用证	银行柜员	1. 在实际业务中，由于种种原因，买方通过其往来银行开立的信用证其条款与合同规定常有不符，这就直接影响卖方收回货款的安全性。所以，严格审核信用证并及时要求买方给予必要的更正，对保护卖方合同利益至关重要 2. 信用证审核工作由出口方通知（议付）行和出口方共同承担。银行方面着重审核信用证真伪、开证行的政治背景、资信情况、付款责任、索汇路线等，并在通知出口方（信用证受益人）时做必要的提示
7	通知并把信用证交给卖方	银行柜员	向卖方下达信用证通知书并把信用证交给卖方

续表

编号	活动名称	角色	活动描述—操作指导
8	审核信用证	国贸进出口经理	出口方应注意阅读通知（议付）行提出的问题，同时依据合同条款以及国际商会的《跟单信用证统一惯例》（第600号出版物）审查信用证易出现问题的内容
9	审核信用证	国贸总经理	出口方应注意阅读通知（议付）行提出的问题，同时依据合同条款以及国际商会的《跟单信用证统一惯例》（第600号出版物）审查信用证易出现问题的内容
10	修改并确认信用证	国贸进出口经理	1. 改证程序一般是受益人→开证申请人→开证行→通知行→受益人 2. 收到信用证修改件

（四）开商业发票和装箱单（国贸）

业务概述：国贸企业开具商业发票和装箱单。具体业务流程如表8-31所示。

表8-31 开商业发票和装箱单的业务流程

编号	活动名称	角色	活动描述—操作指导
1	填写商业发票	国贸进出口经理	1. 商业发票是出口方对进口商开立的载有货物名称、品质、数量、包装、价格等内容的商业单据 2. 它是双方交接货物、结算货款、出口进口报关以及纳税的依据，是重要的议付单据之一 3. 商业发票的内容一般有卖方相关信息、买方相关信息、发票号码、发票日期、信用证号码以及商品名称、规格、数量、包装、唛头、单价和货物的总值等
2	审核商业发票	国贸总经理	审核商业发票的正确性、真实性和完整性
3	填写装箱单	国贸进出口经理	装箱单是对商业发票的补充说明单据，是信用证普遍要求的议付单据之一。它的内容主要包括货物的包装、数量、重量、体积、件数。信用证中关于装箱单的要求比较简单，如：Packinglist in 3 Orginals, Showing Gross Weight, Net Weight, and Measurement of Each Item
4	审核装箱单	国贸总经理	审核装箱单的正确性、真实性和完整性

（五）订舱（国贸）

业务概述：国贸企业租船订舱。具体业务流程如表8-32所示。

表 8-32　订舱的业务流程

编号	活动名称	角色	活动描述—操作指导
1	选择合适的船舶公司和航次	国贸进出口经理	出口方要通过各船公司定期发布的船舶、船期、运价信息选择合适的船舶和航次，这些信息也可以同时从货代那里征询
2	选定某一个货代	国贸进出口经理	1. 本实训没有货代组织，假设已经选定某一个货代公司 2. 为了让学生体验这部分业务而更好地掌握前面外贸环节的诸多知识点，我们将这部分工作设计为由国贸公司进出口经理代替货代公司完成
3	填写货代提供的订舱委托书	国贸进出口经理	1. 填写其提供的订舱委托书，确立出口方与货代之间的委托代理关系。出口方与货代在订舱过程中统称托运人 2. 订舱委托书中需要列明托运人（出口方）名称、收货人名称、信用证相关信息、出口货物的描述、目的港、最后装运日期、是否允许分批和转运等内容，这些信息作为订舱的依据 3. 这些内容要严格按照信用证规定填写，如果信用证中没有相应规定，则按合同内容填写
4	审核订舱委托书	国贸总经理	审核订舱委托书的准确性
5	委托货代订舱	国贸进出口经理	把填制好的订舱委托书和商业发票、装箱单及其他必要的单据提交给货代，委托货代代理订舱
6	货代办理订舱	国贸进出口经理	1. 货代接受订舱委托后开始缮制托运单，即订舱单，并将其同相关单据（如商业发票和装箱单）交给船公司 2. 托运单一式多联（本版本实训只用三联：配舱回单、装货单和大副收据联）
7	船公司在托运单上编号并签字	国贸进出口经理	1. 船公司根据具体情况接受订舱 2. 船公司在托运单的几个联上编号（与提单号码一致的编号）并签字
8	船公司把托运单的相关联和其他单据交给货代	国贸进出口经理	船公司处理完业务，把托运单的相关联（本版本实训只用三联：配舱回单、装货单和大副收据联）以及商业发票和装箱单交给货代
9	出口商（货代）可以凭此办理报关、投保等手续	国贸进出口经理	出口商（货代）可以凭此办理报关、投保等手续
10	出口商（货代）可以凭此把货物发到港口，办理装船	国贸进出口经理	出口商（货代）可以凭此把货物发到港口，准备办理装船

（六）出口货物发货（国贸）

业务概述：出口货物办理发货。具体业务流程如表 8-33 所示。

表 8-33 出口货物办理发货的业务流程

编号	活动名称	角色	活动描述—操作指导
1	填制发货单	国贸进出口经理	填制发货单并交给国贸总经理
2	办理出口货物出库	国贸总经理	接收发货单，填制销售出库单，在 VBSE 系统中办理出库
3	登记库存台账	国贸总经理	登记库存台账
4	更新销售发货明细表	国贸总经理	依据销售出库单更新销售发货明细表

（七）商检（国贸）

业务概述：出口货物办理商检。具体业务流程如表 8-34 所示。

表 8-34 商检的业务流程

编号	活动名称	角色	活动描述—操作指导
1	委托报检行申报检验	国贸进出口经理	出口商委托报检行于装运或报关 7 天前填写"出境货物报检单"，附上合同、信用证、有关合同货物品质的来往通信内容、凭样成交的样品等，向检验检疫机构申报检验
2	接受报检	国贸进出口经理	1. 检查单据及相关材料 2. 接受报检（本版本实训没有设立检验检疫局组织，检验检疫局的工作由国贸进出口经理代替完成）
3	实施检验	国贸进出口经理	按照检验标准实施检验（本版本实训没有设立检验检疫局组织，检验检疫局的工作由国贸进出口经理代替完成）
4	实施检验	国贸进出口经理	经过检验，检验结果合格（本版本实训没有设立检验检疫局组织，检验检疫局的工作由国贸进出口经理代替完成）
5	发检验证书	国贸进出口经理	1. 制作品质证证书 2. 在证书上签字、盖章（本版本实训没有设立检验检疫局组织，检验检疫局的工作由国贸进出口经理代替完成）
6	获得证书可以报关	国贸进出口经理	将货物运送至码头，准备报关

（八）投保（国贸）

业务概述：出口货物办理保险。具体业务流程如表 8-35 所示。

表 8-35　投保的业务流程

编号	活动名称	角色	活动描述—操作指导
1	出口方得到配舱回单开始投保	国贸进出口经理	1. 出口方得到配舱回单可以开始投保 2. 因为配舱回单上已经提供了船名、航次、提单号等保单上所需要的准确的装运信息
2	出口方填写投保单提交给保险公司	国贸进出口经理	出口方根据销售合同、信用证、商业发票和配舱回单填写投保单提交给保险公司
3	保险公司审核并接受投保单	国贸进出口经理	保险公司审核并接受投保单，提供投保回执给投保人（本版本实训没有设立保险公司组织，保险公司的工作由国贸进出口经理代替完成）
4	出口方填写保险单提交给保险公司	国贸进出口经理	出口方填写保险单提交给保险公司
5	保险公司对保险单确认	国贸进出口经理	保险公司对保险单确认
6	出口方准备支付保险费	国贸进出口经理	出口方准备支付保险费

（九）支付保险费获得签发保险单（国贸）

业务概述：支付出口货物保险费。具体业务流程如表 8-36 所示。

表 8-36　支付保险费获得签发保险单的业务流程

编号	活动名称	角色	活动描述—操作指导
1	填写付款申请单	国贸进出口经理	按照投保单和保险单填写付款申请单
2	业务审核	国贸总经理	1. 对付款申请单内容进行审核 2. 签字确认
3	填写支票	国贸进出口经理	填写转账支票
4	登记支票登记簿	国贸进出口经理	登记支票登记簿
5	把转账支票交给银行（实际应为保险公司）	国贸进出口经理	把转账支票交给银行，实际上应为保险公司（本版本实训没有设立保险公司组织，由服务公司代替）
6	银行转账给保险公司	银行柜员	银行转账给保险公司（服务公司代收）

编号	活动名称	角色	活动描述—操作指导
7	保险公司签发保险单给出口方	国贸进出口经理	保险公司签发保险单给出口方

（十）出口收汇核销单申领与备案（国贸）

业务概述：国际贸易企业出口收汇核销单申领与备案。具体业务流程如表8-37所示。

表8-37　出口收汇核销单申领与备案的业务流程

编号	活动名称	角色	活动描述—操作指导
1	核销单电子申请	国贸进出口经理	1. 在去申请之前必须在网上（中国电子口岸）申请 2. 进入主页 http：//www. chinaport. gov. cn/，再进入执法口岸，输入密码进入，点申请核销单就会得到一个核销单号码
2	去外汇局申领纸质核销单	国贸进出口经理	1. 到外汇管理局后，提交申请书和合同的复印件（若第一次申请，需要准备更多的文件资料） 2. 在外汇管理局的登记本上登记一下就可以领到核销单了 3. 在核销单每联的"出口单位"栏内填写单位名称 4. 在三条之间的两个夹缝"出口单位盖章"处，加盖出口方公司公章
3	在核销单上加盖印章	国贸进出口经理	外汇局会在核销单上加盖"条码章"（本次实训没有设立外汇局，外汇局办事员相关工作由国贸进出口经理代理）
4	发放核销单	国贸进出口经理	发放核销单给申请人（本次实训没有设立外汇局，外汇局办事员相关工作由国贸进出口经理代理）
5	取得核销单	国贸进出口经理	取得核销单
6	报关前核销单进行备案	国贸进出口经理	1. 回来后进行网上备案 2. 以备出口报关时使用

（十一）报关（国贸）

业务概述：国际贸易企业进行出口报关。具体业务流程如表8-38所示。

表 8-38　报关的业务流程

编号	活动名称	角色	活动描述—操作指导
1	填制报关单	国贸进出口经理	1. 报关单是海关对出口货物进行监管、查验、征税和统计的基本单据 2. 出口报关单一般分六联：①海关作业联，是报关员配合海关查验、缴纳税费、提取或装运货物的重要凭证，也是海关的重要凭证，由海关收走。②海关留存联，是报关员配合海关查验、缴纳税费、提取或装运货物的重要凭证，也是海关的重要凭证，由海关收走。③企业留存联，企业自己留存备份。④海关核销联，是海关对实际申报进口的货物所签发的证明文件，也是海关办理加工贸易合同核销结案手续的重要凭证。⑤出口收汇证明联（黄色），用于到外汇局办理外汇核销用。⑥出口退税证明联（白色），是国家税务部门办理出口货物退税手续的重要凭证 3. 本实训只用到海关作业联、海关核销联和企业留存联 4. 直接拿去出口报关的有三联：海关作业联、海关核销联、企业留存联 5. 结关后去海关打印出口退税联和出口收汇证明联，用于收汇核销和出口退税用 6. 本实训中不需要出口退税联和出口收汇证明联
2	交单申报	国贸进出口经理	报关时应向海关提交下列单证：报关单（海关作业联，海关核销联，企业留存联）、出口收汇核销单（3联）、装货单、品质证、商业发票、装箱单（海关方面在电脑系统中已经看到）、合同复印件
3	接受申报	海关官员	接受申报
4	审核单证	海关官员	对单证进行审核，单单相符，单证相符
5	查验货物	海关官员	1. 海关以出口报关单为依据，在海关监管区内对出口货物进行查验，核实出口货物是否和报关单申报内容一致 2. 报关单位应派人员在现场负责开箱装箱，协助海关完成查验工作
6	征税	海关官员	本实训不缴纳税费
7	结关放行	海关官员	1. 向海关提交收汇核销单。海关审核无误，在核销单和与核销单有相同编号的报关单上盖上"验讫"章 2. 报关单的海关作业联和海关核销联由海关留存，企业留存联给企业留存 3. 经查验合格后，在报关单位照章办理纳税手续后（本实训不需要纳税），海关在装货单盖上海关"验讫"章，即为结关放行

续表

编号	活动名称	角色	活动描述—操作指导
8	整理单据	国贸进出口经理	1. 结关后去海关打印报关单出口退税联和出口收汇证明联，海关盖章后收好拿回来，用于收汇核销和出口退税（本实训不需要出口退税联和出口收汇证明联） 2. 收好报关单企业留存联 3. 收好装货单，要求船方装船 4. 收好结汇核销单，办理结汇核销 5. 收好品质证、合同复印件、装箱单

（十二）装船（国贸）

业务概述：国际贸易企业出口货物装船。具体业务流程如表8-39所示。

表8-39　装船的业务流程

编号	活动名称	角色	活动描述—操作指导
1	货代凭装货单要求船方装船	国贸进出口经理	货代凭盖有船公司印章和海关放行章的装货单要求船方装船
2	货代把装货单和大副收据给理货公司	国贸进出口经理	货代把装货单和大副收据给理货公司（本版本实训没有理货公司组织，由国贸进出口经理替代）
3	理货公司凭此装船	国贸进出口经理	1. 船舶抵港后，理货公司凭此理货装船 2. 货物都顺利装上船
4	理货公司给船方大副装货单和大副收据	国贸进出口经理	理货公司给船方大副装货单和大副收据
5	大副留存装货单并签发大副收据给货代	国贸进出口经理	大副留存装货单并签发大副收据经理货公司给货代
6	货代凭大副收据准备缴海运费	国贸进出口经理	货代凭大副收据准备缴海运费，以便换取海运提单

（十三）支付海运费换取清洁海运提单（国贸）

业务概述：国际贸易企业支付海运费换取清洁海运提单。具体业务流程如表8-40所示。

表 8-40　支付海运费换取清洁海运提单的业务流程

编号	活动名称	角色	活动描述—操作指导
1	填写付款申请单	国贸进出口经理	按照托运单大副收据联填写付款申请单
2	业务审核	国贸总经理	1. 对付款申请单内容进行审核 2. 签字确认
3	填写转账支票	国贸进出口经理	1. 填写转账支票 2. 把支票交给货代
4	登记支票登记簿	国贸进出口经理	登记支票登记簿
5	货代把转账支票交给银行	国贸进出口经理	货代把转账支票交给银行，实际上应为船公司
6	银行转账给海运公司	银行柜员	银行转账给海运公司（服务公司代收）
7	货代凭大副收据从船公司换取提单	国贸进出口经理	1. 货代凭大副收据从船公司换取清洁海运提单 2. 船方留下大副收据
8	出口方向买方发装运通知	国贸进出口经理	出口方向买方发装运通知

（十四）制单（国贸）

业务概述：国际贸易企业依据信用证要求缮制议付所需要提供的单据。具体业务流程如表 8-41 所示。

表 8-41　制单的业务流程

编号	活动名称	角色	活动描述—操作指导
1	缮制汇票	国贸进出口经理	1. 拿到提单后开始进行制单工作 2. 缮制汇票
2	汇集相关单据准备议付	国贸进出口经理	1. 依据信用证要求汇集相关单据准备议付 2. 单据列示：汇票、商业发票、装箱单、保险单、海运提单

（十五）货款议付和信用证下一步处理（国贸）

业务概述：国际贸易企业货款议付和信用证下一步处理。具体业务流程如表 8-42 所示。

表 8-42　货款议付和信用证下一步处理的业务流程

编号	活动名称	角色	活动描述—操作指导
1	提交单据	国贸进出口经理	1. 当所有装运单据（Shipping Documents）准备好，便可携带这些单据连同信用证在交单日期内到银行进行汇款的议付（Negotiation） 2. 提交单据：汇票、商业发票、装箱单、保险单、海运提单
2	与信用证进行检查核对	银行柜员	银行进行检查比对核对信用证内相应要求
3	代（开证行）支付货款	银行柜员	如果没有发现任何问题（正点交单）则收下单据，代开证行支付货款，划拨至出口方的账户（外币账户）
4	提供结汇水单	银行柜员	1. 在结汇水单上填写有关核销单编号，提供结汇水单给出口方 2. 结汇水单一般包括两联：一联为贷记通知，是公司财务人员的记账凭证；另一联为出口收汇核销专用联，专为外汇局核销用
5	收到结汇水单	国贸进出口经理	收到结汇水单，在下一步外汇核销使用
6	确认款项到账	国贸进出口经理	确认款项是否到账
7	议付行把所有单据转交开证行	银行柜员	议付行把所有单据转交给开证行
8	议付行向开证行索偿	银行柜员	议付行向开证行索偿
9	开证行核对单据无误，向议付行兑付款项	银行柜员	开证行核对单据无误，向议付行兑付款项
10	开证行要求买方赎单	银行柜员	开证行要求买方赎单
11	买方付款赎单	银行柜员	买方付款赎单
12	买方获取提单去提货	银行柜员	买方凭提单去提货

（十六）外汇核销（国贸）

业务概述：国际贸易企业办理外汇核销。具体业务流程如表 8-43 所示。

表 8-43　外汇核销的业务流程

编号	活动名称	角色	活动描述—操作指导
1	检查核销单前面的工作	国贸进出口经理	1. 已经申领与备案 2. 海关盖上海关"验讫"章 3. 议付的时候，银行的结汇水单上有核销单编号
2	填写核销单退税联	国贸进出口经理	1. 办理前在核销单上填写相关内容，注意只填写核销单最后一联，即出口退税联 2. 在退税联上填写货物名称、币种总价等 3. 填写报关单编号，报关单编号和报关号要一致
3	去外汇局办理核销	国贸进出口经理	持核销单、报关单（核销联、退税联）、结汇水单（出口收汇核销专用联）到外汇局办理核销
4	在核销单（正本联和退税联）上加盖公章和签订日期	国贸进出口经理	在核销单（正本联和退税联）上加盖公章和签订日期（本实训没有设立外汇局，外汇局专员工作由国贸进出口经理代理）
5	退还核销单退税联给出口方	国贸进出口经理	退还核销单退税联给出口方（本实训没有设立外汇局，外汇局专员工作由国贸进出口经理代理）

（十七）与制造业签订购销合同（国贸）

业务概述：国贸企业与制造业签订购销合同。具体业务流程如表 8-44 所示。

表 8-44　与制造业签订购销合同的业务流程

编号	活动名称	角色	活动描述—操作指导
1	填写购销合同，填制合同会签单	国贸内陆业务经理	1. 内陆业务经理填写购销合同、合同会签单 2. 内陆业务经理将购销合同和合同会签单送交总经理审核
2	审核购销合同和合同会签单	国贸总经理	1. 审核购销合同的条款、期限、付款信息等是否符合公司要求 2. 符合要求在合同会签单上签字 3. 审核通过后的购销合同盖章
3	合同存档	国贸总经理	1. 国贸总经理更新合同管理表中的购销合同 2. 将盖章的合同交给制造业营销专员 3. 国贸总经理将合同会签单与一份制造业盖章的购销合同一起进行归档
4	购销合同登记	国贸总经理	购销经理更新购销合同执行情况表

（十八）与国贸企业签订购销合同（制造业）

业务概述：营销部为开展商业活动、保护公司利益，与国贸企业签订购销合同。具体业务流程如表 8-45 所示。

表 8-45 与国贸企业签订购销合同的业务流程

编号	活动名称	角色	活动描述—操作指导
1	填写购销合同	销售专员	1. 销售专员根据销售计划与客户沟通销售合同细节内容 2. 填写购销合同，并要求国贸企业签字盖章，一式两份
2	填写合同会签单	销售专员	1. 填写合同会签单 2. 将购销合同和合同会签单送交营销部经理审核
3	合同会签单签字	营销部经理	1. 接收销售专员交给的购销合同及合同会签单 2. 审核购销合同内容填写的准确性和合理性 3. 在合同会签单上签字确认
4	合同会签单签字	财务部经理	1. 接收销售专员交给的购销合同及合同会签单 2. 审核购销合同内容填写的准确性和合理性 3. 在合同会签单上签字确认
5	合同会签单签字	总经理	1. 接收销售专员交给的购销合同及合同会签单 2. 审核购销合同内容填写的准确性和合理性 3. 在合同会签单上签字确认
6	购销合同盖章	行政助理	1. 营销部经理把购销合同和合同会签单交给销售专员去盖章 2. 销售专员拿购销合同和合同会签单找行政助理盖章 3. 行政助理检查合同会签单是否签字 4. 行政助理给合同盖章 5. 行政助理将盖完章的购销合同交还销售专员
7	送还对方一份已签字盖章的合同	销售专员	销售专员把本企业已经签字盖章的购销合同送还对方一份。

（十九）录入采购订单（国贸）

业务概述：国际贸易企业录入与制造业的采购订单。具体业务流程如表 8-46 所示。

表 8-46 录入采购订单的业务流程

编号	活动名称	角色	活动描述—操作指导
1	在系统中录入采购订单	国贸内陆业务经理	根据国贸企业与制造业签订好的购销合同，将采购订单信息录入 VBSE 系统

（二十）确认国贸企业采购订单（制造业）

业务概述：确认国贸企业的采购订单。具体业务流程如表8-47所示。

表8-47　确认国贸企业采购订单的业务流程

编号	活动名称	角色	活动描述—操作指导
1	确认采购订单	销售专员	1. 在VBSE系统中确认国贸企业的采购订单 2. 根据系统的采购订单信息填写销售订单

（二十一）销售发货给国贸企业（制造业）

业务概述：制造业销售发货给国际贸易企业。具体业务流程如表8-48所示。

表8-48　销售发货给国贸企业的业务流程

编号	活动名称	角色	活动描述—操作指导
1	填制发货单	销售专员	1. 根据销售订单明细表和发货计划填制发货单 2. 报部门经理和财务部经理审核
2	审核发货单	营销部经理	1. 根据销售订单明细表审核发货单，确认客户名称、产品名称、型号等重要项的填写 2. 发货单签字，将审核完的发货单交还销售专员 3. 销售专员留存发货单第一联，将第二联送仓储部，第三联送财务部
3	审核发货单	财务部经理	审核发货单并签字
4	填制销售出库单	仓管员	1. 根据发货单填制销售出库单 2. 请销售专员签字 3. 提交至部门经理审批
5	审核销售出库单	仓储部经理	1. 仓储部经理审核销售出库单 2. 办理出库手续
6	登记库存台账	仓储部经理	根据出库单填写库存台账，登记完交仓管员留存备案
7	在系统中处理销售发货	销售专员	在VBSE系统中选择发货的订单，并发货
8	发货单交给客户	销售专员	根据发货单进行销售发运，并将发货单第四联送交国贸客户
9	办理物流运输	物流业务经理	物流业务经理在VBSE系统中办理物流运输
10	开具增值税专用发票	出纳	1. 从销售专员处获取卖给该客户的销售价格 2. 根据销售出库单，结合销售价格，开具销售发票

编号	活动名称	角色	活动描述—操作指导
11	填制收入记账凭证	财务会计	1. 根据开具的发票填制记账凭证 2. 将记账凭证交给财务经理审核
12	审核记账凭证	财务部经理	1. 接收财务会计交给的记账凭证，进行审核 2. 审核后交财务会计登记科目明细账
13	登记数量金额明细账	成本会计	1. 根据出库单填写存货明细账 2. 只填写数量，月末计算成本
14	登记明细账	财务会计	1. 接收财务部经理交给的记账凭证 2. 核对财务部经理是否已审核 3. 根据审核后的记账凭证登记科目明细账
15	登记总账	财务经理	1. 接收财务会计交给的记账凭证 2. 根据记账凭证登记科目总账

（二十二）采购入库（国贸）

业务概述：接到制造业的货物，办理采购入库。具体业务流程如表8-49所示。

表8-49 采购入库的业务流程

编号	活动名称	角色	活动描述—操作指导
1	依据采购订单填写采购入库单	国贸内陆业务经理	内陆业务经理依照确认的采购订单填写采购入库单
2	审核采购入库单	国贸总经理	审核采购入库单
3	VBSE 系统办理入库	国贸内陆业务经理	依据采购订单、采购入库单在 VBSE 系统中办理货物入库
4	登记库存台账	国贸总经理	依据采购入库单（存根联）信息登记到库存台账中
5	更新采购情况执行表	国贸内陆业务经理	根据入库信息更新采购合同执行情况表

（二十三）向制造业支付货款（国贸）

业务概述：内陆业务经理接到制造业的销售增值税专用发票，依据增值税发票信息提交付款申请并付款。具体业务流程如表8-50所示。

表 8-50　向制造业支付货款的业务流程

编号	活动名称	角色	活动描述—操作指导
1	收到制造业开具的增值税专用发票	内陆业务经理	1. 收到制造业开具的专用增值税发票 2. 在 VBSE 系统中录入付款申请表 3. 将发票和付款申请表提交给总经理审核
2	审核付款申请单	总经理	1. 收到内陆业务经理提交的发票和付款申请表 2. 审核付款申请表与发票信息是否一致、付款要求是否合理 3. 确认合理后签字
3	办理网银付款（转账）	总经理	对照付款申请表在 VBSE 系统中办理网银付款

（二十四）收到国贸企业货款银行回单（制造业）

业务概述：出纳去银行取回国贸企业货款的电汇凭单，并交由财务部依据公司流程进行账务处理。具体业务流程如表 8-51 所示。

表 8-51　收到国贸企业货款银行回单的业务流程

编号	活动名称	角色	活动描述—操作指导
1	到银行取回电子银行转账回单	出纳	1. 到银行取回电子银行转账回单 2. 将电子银行转账回单交给财务会计
2	编制记账凭证	财务会计	1. 接收出纳送来的银行进账单回单 2. 编制记账凭证 3. 将电汇回单粘贴到记账凭证后面 4. 将记账凭证提交财务部经理审核
3	审核记账凭证	财务经理	1. 接收财务会计送来的记账凭证 2. 审核记账凭证的附件是否齐全、正确 3. 审核记账凭证的编制是否正确 4. 审核完毕后交给出纳登记银行存款日记账
4	登记银行日记账	出纳	1. 根据审核后的记账凭证登记银行存款日记账 2. 登记完毕后交给财务会计登记明细账
5	登记科目明细账	财务会计	1. 接收出纳送来的记账凭证 2. 核对财务部经理是否已审核 3. 根据审核后的记账凭证登记科目明细账
6	登记总账	财务经理	1. 接收出纳交给的记账凭证 2. 根据记账凭证登记科目总账

四、工商局

（一）虚拟商业社会行政管理制度编制（工商局）

业务概述：学习 VBSE 虚拟商业社会运营规则、工商知识，制定本次课程的《工商行政管理暂行规定》并制作成文档或 PPT，与主讲老师沟通确认后，对《工商行政管理暂行规定》进行讲解。具体业务流程如表 8-52 所示。

表 8-52　虚拟商业社会行政管理制度编制的业务流程

编号	活动名称	角色	活动描述—操作指导
1	学习、制定本次课程的《工商行政管理暂行规定》	工商专员	1. 学习 VBSE 虚拟商业社会运营规则、《工商行政管理暂行规定》，制定本次课程的《工商行政管理暂行规定》 2. 将制定的《工商行政管理暂行规定》制作成文档或 PPT
2	《工商行政管理暂行规定》讲解	工商专员	1. 与主讲老师沟通，确认讲解的方式和时间 2. 进行《工商行政管理暂行规定》讲解 3. 记录企业关于《工商行政管理暂行规定》的问题，在查找资料确认后给予答复

（二）行政管理检查（工商局）

业务概述：根据《工商行政管理暂行规定》进入企业进行检查，记录结果，对确认存在问题的企业开具工商行政处罚决定书，并跟踪整改情况。具体业务流程如表 8-53 所示。

表 8-53　行政管理检查的业务流程

编号	活动名称	角色	活动描述—操作指导
1	根据《工商行政管理暂行规定》对企业进行例行检查，并记录在案	工商专员	1. 根据《工商行政管理暂行规定》到企业进行现场检查 2. 根据制定、公示的《工商行政管理暂行规定》对企业销售部、采购部或主管销售采购的负责人进行检查
2	下达工商行政处罚决定书	工商专员	根据检查结果对问题企业下达工商行政处罚决定书
3	检查整改情况	工商专员	1. 根据工商行政处罚决定书检查企业整改情况 2. 按期整改的，缴纳罚款后恢复信用评级 3. 未按期整改的，不予恢复信用评级，并给予警告或暂停营业、生产

（三）商标制作及注册（制造业）

业务概述：制作本企业的商标标识，制作完成后提交工商局审核公示并备案。具体业务流程如表 8-54 所示。

表 8-54　制造业商标制作及注册的业务流程

编号	活动名称	角色	活动描述—操作指导
1	制作本企业商标标识并提交工商局审核	制造业行政助理	1. 组织公司所有员工进行公司商标制作，包括图片、商标说明（除商标标识的说明内容外，还需要增加商标标识适用的产品或服务的类别）、商标含义、企业营业执照复印件、联系人、联系地址、联系电话、邮编等 2. 将制作好的商标标识的图片、说明文档拷贝到 U 盘中提交给工商局工商专员
2	审核企业提交的商标标识，通过后公示并备案	工商专员	1. 接收企业提交的商标标识申请资料 2. 对提交的申请资料进行审核 3. 审核通过后进行公示（与主讲老师确认张贴公示地点），公示无异议后备案存档

（四）商标制作及注册（商贸企业）

业务概述：制作本企业的商标标识，制作完成后提交工商局审核公示并备案。具体业务流程如表 8-55 所示。

表 8-55　商贸企业商标制作及注册的业务流程

编号	活动名称	角色	活动描述—操作指导
1	制作本企业商标标识并提交工商局审核	经销商行政经理	1. 组织公司所有员工进行公司商标制作，包括图片、商标说明（除商标标识的说明内容外，还需要增加商标标识适用的产品或服务的类别）、商标含义、企业营业执照复印件、联系人、联系地址、联系电话、邮编等 2. 将制作好的商标标识的图片、说明文档拷贝到 U 盘中提交给工商局工商专员
2	审核企业提交的商标标识，通过后公示并备案	工商专员	1. 接收企业提交的商标标识申请资料 2. 对提交的申请资料进行审核 3. 审核通过后进行公示（与主讲老师确认张贴公示地点），公示无异议后备案存档

（五）商标制作及注册（工贸企业）

业务概述：制作本企业的商标标识，制作完成后提交工商局审核公示并备案。具体业务流程如表8-56所示。

表 8-56 工贸企业商标制作及注册的业务流程

编号	活动名称	角色	活动描述—操作指导
1	制作本企业商标标识并提交工商局审核	工贸行政经理	1. 组织公司所有员工进行公司商标制作，包括图片、商标说明（除商标标识的说明内容外，还需要增加商标标识适用的产品或服务的类别）、商标含义、企业营业执照复印件、联系人、联系地址、联系电话、邮编等 2. 将制作好的商标标识的图片、说明文档拷贝到U盘中提交给工商局工商专员
2	审核企业提交的商标标识，通过后公示并备案	工商专员	1. 接收企业提交的商标标识申请资料 2. 对提交的申请资料进行审核 3. 审核通过后进行公示（与主讲老师确认张贴公示地点），公示无异议后备案存档

（六）商标制作及注册（物流企业）

业务概述：制作本企业的商标标识，制作完成后提交工商局审核公示并备案。具体业务流程如表8-57所示。

表 8-57 物流企业商标制作及注册的业务流程

编号	活动名称	角色	活动描述—操作指导
1	制作本企业商标标识并提交工商局审核	物流总经理	1. 组织公司所有员工进行公司商标制作，包括图片、商标说明（除商标标识的说明内容外，还需要增加商标标识适用的产品或服务的类别）、商标含义、企业营业执照复印件、联系人、联系地址、联系电话、邮编等 2. 将制作好的商标标识的图片、说明文档拷贝到U盘中提交给工商局工商专员
2	审核企业提交的商标标识，通过后公示并备案	工商专员	1. 接收企业提交的商标标识申请资料 2. 对提交的申请资料进行审核 3. 审核通过后进行公示（与主讲老师确认张贴公示地点），公示无异议后备案存档

（七）商标制作及注册（服务公司）

业务概述：制作本企业的商标标识，制作完成后提交工商局审核公示并备案。具体业务流程如表8-58所示。

表 8-58 服务公司商标制作及注册的业务流程

编号	活动名称	角色	活动描述—操作指导
1	制作本企业商标标识并提交工商局审核	服务公司总经理	1. 组织公司所有员工进行公司商标制作，包括图片、商标说明（除商标标识的说明内容外，还需要增加商标标识适用的产品或服务的类别）、商标含义、企业营业执照复印件、联系人、联系地址、联系电话、邮编等 2. 将制作好的商标标识的图片、说明文档拷贝到 U 盘中提交给工商局工商专员
2	审核企业提交的商标标识，通过后公示并备案	工商专员	1. 接收企业提交的商标标识申请资料 2. 对提交的申请资料进行审核 3. 审核通过后进行公示（与主讲老师确认张贴公示地点），公示无异议后备案存档

（八）企业年度报告公示（制造业）

业务概述：在 VBSE 系统提交本企业的年报数据，提交工商局审核、公示。具体业务流程如表 8-59 所示。

表 8-59 制造业企业年度报告公示的业务流程

编号	活动名称	角色	活动描述—操作指导
1	填写本企业的年报	制造业行政助理	1. 与人力资源确认上一年度在职人员信息，与财务部确认上一年度销售数据 2. 根据确认的企业的信息在 VBSE 系统中填写年报资料 3. 检查信息无误后提交工商局进行审核
2	审核企业提交的年报，通过后公示并备案	工商专员	1. 接收企业提交的企业年报资料 2. 在 VBSE 系统中对提交的企业年报资料进行审核 3. 审核通过后进行公示，公示无异议后备案存档

（九）企业年度报告公示（经销商）

业务概述：在 VBSE 系统提交本企业的年报数据，提交工商局审核、公示。具体业务流程如表 8-60 所示。

表 8-60 经销商企业年度报告公示的业务流程

编号	活动名称	角色	活动描述—操作指导
1	填写本企业的年报	经销商行政经理	1. 与人力资源确认上一年度在职人员信息，与财务部确认上一年度销售数据 2. 根据确认的企业的信息在 VBSE 系统中填写年报资料 3. 检查信息无误后提交工商局进行审核

编号	活动名称	角色	活动描述—操作指导
2	审核企业提交的年报，通过后公示并备案	工商专员	1. 接收企业提交的企业年报资料 2. 在 VBSE 系统中对提交的企业年报资料进行审核 3. 审核通过后进行公示，公示无异议后备案存档

（十）企业年度报告公示（工贸企业）

业务概述：在 VBSE 系统提交本企业的年报数据，提交工商局审核、公示。具体业务流程如表 8-61 所示。

表 8-61　工贸企业年度报告公示的业务流程

编号	活动名称	角色	活动描述—操作指导
1	填写本企业的年报	工贸行政经理	1. 与人力资源确认上一年度在职人员信息，与财务部确认上一年度销售数据 2. 根据确认的企业的信息在 VBSE 系统中填写年报资料 3. 检查信息无误后提交工商局进行审核
2	审核企业提交的年报，通过后公示并备案	工商专员	1. 接收企业提交的企业年报资料 2. 在 VBSE 系统中对提交的企业年报资料进行审核 3. 审核通过后进行公示，公示无异议后备案存档

（十一）企业年度报告公示（物流企业）

业务概述：在 VBSE 系统提交本企业的年报数据，提交工商局审核、公示。具体业务流程如表 8-62 所示。

表 8-62　物流企业年度报告公示的业务流程

编号	活动名称	角色	活动描述—操作指导
1	填写本企业的年报	物流总经理	1. 与人力资源确认上一年度在职人员信息，与财务部确认上一年度销售数据 2. 根据确认的企业的信息在 VBSE 系统中填写年报资料 3. 检查信息无误后提交工商局进行审核
2	审核企业提交的年报，通过后公示并备案	工商专员	1. 接收企业提交的企业年报资料 2. 在 VBSE 系统中对提交的企业年报资料进行审核 3. 审核通过后进行公示，公示无异议后备案存档

（十二）企业年度报告公示（服务公司）

业务概述：在系统提交本企业的年报数据，提交工商局审核、公示。具体业务流程如表8-63所示。

表8-63 服务公司企业年度报告公示的业务流程

编号	活动名称	角色	活动描述—操作指导
1	填写本企业的年报	服务公司总经理	1. 与人力资源确认上一年度在职人员信息，与财务部确认上一年度销售数据 2. 根据确认的企业的信息在VBSE系统中填写年报资料 3. 检查信息无误后提交工商局进行审核
2	审核企业提交的年报，通过后公示并备案	工商专员	1. 接收企业提交的企业年报资料 2. 在VBSE系统中对提交的企业年报资料进行审核 3. 审核通过后进行公示，公示无异议后备案存档

（十三）商标制作及注册（国贸）

业务概述：制作本企业的商标标识，制作完成后提交工商局审核、公示并备案。具体业务流程如表8-64所示。

表8-64 国际贸易公司商标制作及注册的业务流程

编号	活动名称	角色	活动描述—操作指导
1	制作本企业商标标识并提交工商局审核	国贸总经理	1. 组织公司所有员工进行公司商标制作，包括图片、商标说明（除商标标识的说明内容外，还需要增加商标标识适用的产品或服务的类别）、商标含义、企业营业执照复印件、联系人、联系地址、联系电话、邮编等 2. 将制作好的商标标识的图片、说明文档拷贝到U盘中提交给工商局工商专员
2	审核企业提交的商标标识，通过后公示并备案	工商专员	1. 接收企业提交的商标标识申请资料 2. 对提交的申请资料进行审核 3. 审核通过后进行公示（与主讲老师确认张贴公示地点），公示无异议后备案存档

（十四）商标制作及注册（连锁）

业务概述：制作本企业的商标标识，制作完成后提交工商局审核、公示并备案。具体业务流程如表8-65所示。

表8-65 连锁公司商标制作及注册的业务流程

编号	活动名称	角色	活动描述—操作指导
1	制作本企业商标标识并提交工商局审核	连锁总经理	1. 组织公司所有员工进行公司商标制作，包括图片、商标说明（除商标标识的说明内容外，还需要增加商标标识适用的产品或服务的类别）、商标含义、企业营业执照复印件、联系人、联系地址、联系电话、邮编等 2. 将制作好的商标标识的图片、说明文档拷贝到U盘中提交给工商局工商专员
2	审核企业提交的商标标识，通过后公示并备案	工商专员	1. 接收企业提交的商标标识申请资料 2. 对提交的申请资料进行审核 3. 审核通过后进行公示（与主讲老师确认张贴公示地点），公示无异议后备案存档

（十五）商标制作及注册（会计师事务所）

业务概述：制作本企业的商标标识，制作完成后提交工商局审核、公示并备案。具体业务流程如表8-66所示。

表8-66 会计师事务所商标制作及注册的业务流程

编号	活动名称	角色	活动描述—操作指导
1	制作本企业商标标识并提交工商局审核	会计师事务所项目经理	1. 组织公司所有员工进行公司商标制作，包括图片、商标说明（除商标标识的说明内容外，还需要增加商标标识适用的产品或服务的类别）、商标含义、企业营业执照复印件、联系人、联系地址、联系电话、邮编等 2. 将制作好的商标标识的图片、说明文档拷贝到U盘中提交给工商局工商专员
2	审核企业提交的商标标识，通过后公示并备案	工商专员	1. 接收企业提交的商标标识申请资料 2. 对提交的申请资料进行审核 3. 审核通过后进行公示（与主讲老师确认张贴公示地点），公示无异议后备案存档

（十六）企业年度报告公示（国贸）

业务概述：在VBSE系统提交本企业的年报数据，提交工商局审核、公示。具体业务流程如表8-67所示。

表 8-67　国际贸易公司企业年度报告公示的业务流程

编号	活动名称	角色	活动描述—操作指导
1	填写本企业的年报	国贸总经理	1. 与人力资源确认上一年度在职人员信息，与财务部确认上一年度销售数据 2. 根据确认企业的信息在 VBSE 系统中填写年报资料 3. 检查信息无误后提交工商局进行审核
2	审核企业提交的年报，通过后公示并备案	工商专员	1. 接收企业提交的企业年报资料 2. 在 VBSE 系统中对提交的企业年报资料进行审核 3. 审核通过后进行公示，公示无异议后备案存档

（十七）企业年度报告公示（连锁）

业务概述：在 VBSE 系统提交本企业的年报数据，提交工商局审核、公示。具体业务流程如表 8-68 所示。

表 8-68　连锁公司年度报告公示的业务流程

编号	活动名称	角色	活动描述—操作指导
1	填写本企业的年报	连锁总经理	1. 与人力资源确认上一年度在职人员信息，与财务部确认上一年度销售数据 2. 根据确认企业的信息在 VBSE 系统中填写年报资料 3. 检查信息无误后提交工商局进行审核
2	审核企业提交的年报，通过后公示并备案	工商专员	1. 接收企业提交的企业年报资料 2. 在 VBSE 系统中对提交的企业年报资料进行审核 3. 审核通过后进行公示，公示无异议后备案存档

（十八）企业年度报告公示（会计师事务所）

业务概述：在 VBSE 系统提交本企业的年报数据，提交工商局审核、公示。具体业务流程如表 8-69 所示。

表 8-69　会计师事务所企业年度报告公示的业务流程

编号	活动名称	角色	活动描述—操作指导
1	填写本企业的年报	会计师事务所项目经理	1. 与人力资源确认上一年度在职人员信息，与财务部确认上一年度销售数据 2. 根据确认企业的信息在 VBSE 系统中填写年报资料 3. 检查信息无误后提交工商局进行审核

续表

编号	活动名称	角色	活动描述—操作指导
2	审核企业提交的年报，通过后公示并备案	工商专员	1. 接收企业提交的企业年报资料 2. 在 VBSE 系统中对提交的企业年报资料进行审核 3. 审核通过后进行公示，公示无异议后备案存档

（十九）接收工商行政处罚并处理（制造业）

业务概述：接收工商专员送达的工商行政处罚决定书，根据工商行政处罚决定书缴纳罚款。具体业务流程如表 8-70 所示。

表 8-70　制造业接收工商行政处罚并处理的业务流程

编号	活动名称	角色	活动描述—操作指导
1	接收工商行政处罚决定书	行政助理	1. 接收工商行政处罚决定书 2. 根据工商行政处罚决定书填写付款申请单并提交至总经理
2	审核付款申请	总经理	1. 根据工商行政处罚决定书审核行政助理提交的付款申请单 2. 将审核通过的付款申请单返回行政助理
3	将审核的付款申请单提交财务	行政助理	1. 接收审核通过的付款申请单 2. 将收到的工商行政处罚决定书和审核通过的付款申请单一并送至财务部出纳
4	接收审核付款申请单	出纳	1. 审核行政助理提交的工商行政处罚决定书、付款申请单 2. 审核通过后提交财务经理审核
5	审核付款申请	财务经理	1. 审核出纳提交的工商行政处罚决定书、付款申请单 2. 审核通过后返回出纳进行转账付款
6	转账付款	出纳	1. 接收财务经理审核通过的付款申请单 2. 根据付款申请单进行转账付款 3. 转账后查询网银，确认转账成果后到银行取业务回单
7	查询并打印业务回单	银行柜员	1. 根据出纳提供的信息查询并打印业务回单，打印两份 2. 将打印好的两份业务回单交给出纳
8	取得银行业务回单	出纳	1. 取得银行业务回单 2. 将其中一份送至行政助理 3. 将另一份送至财务会计填写记账凭证

编号	活动名称	角色	活动描述—操作指导
9	填写记账凭证	财务会计	1. 接收出纳提交的工商行政处罚决定书、付款申请单、银行业务回单 2. 根据工商行政处罚决定书、付款申请单、银行业务回单填写记账凭证 3. 填写完成后将工商行政处罚决定书、付款申请单、银行业务回单贴到记账凭证后面，并提交财务经理审核
10	审核记账凭证	财务经理	1. 审核财务会计提交的记账凭证 2. 审核通过后返回出纳登记银行存款日记账
11	登记日记账	出纳	1. 接收财务经理审核通过的记账凭证 2. 根据记账凭证登记银行存款日记账 3. 登记完成后将凭证送至财务会计处登记明细账
12	登记明细账	财务会计	1. 接收出纳送过来的记账凭证 2. 根据记账凭证登记明细账 3. 登记完成后将凭证送至财务经理处登记总账
13	登记总账	财务经理	1. 接收财务会计送过来的记账凭证 2. 根据记账凭证登记总账
14	接收银行付款回单并送至工商局	行政助理	1. 接收出纳送过来的银行业务回单 2. 将银行业务回单送至工商局
15	接收银行付款回单并销案	工商专员	1. 接收行政助理送过来的银行业务回单 2. 核对金额无误后销案处理，并做好记录

（二十）接收行政处罚并处理（商贸企业）

业务概述：接收工商专员送达的工商行政处罚决定书，根据工商行政处罚决定书缴纳罚款。具体业务流程如表 8-71 所示。

表8-71　商贸企业接收行政处罚并处理的业务流程

编号	活动名称	角色	活动描述—操作指导
1	接收工商行政处罚决定书	行政经理	1. 接收工商行政处罚决定书 2. 根据工商行政处罚决定书填写付款申请单并提交至总经理
2	审核付款申请	总经理	1. 根据工商行政处罚决定书审核行政经理提交的付款申请单 2. 将审核通过的付款申请单返回行政经理

续表

编号	活动名称	角色	活动描述—操作指导
3	将审核的付款申请单提交财务	行政经理	1. 接收审核通过的付款申请单 2. 将收到的工商行政处罚决定书和审核通过的付款申请单一并送至财务部出纳
4	接收审核付款申请单	出纳	1. 审核行政经理提交的工商行政处罚决定书、付款申请单 2. 审核通过后提交财务经理审核
5	审核付款申请	财务经理	1. 审核出纳提交的工商行政处罚决定书、付款申请单 2. 审核通过后返回出纳进行转账付款
6	转账付款	出纳	1. 接收财务经理审核通过的付款申请单 2. 根据付款申请单进行转账付款 3. 转账后查询网银，确认转账成果后到银行取业务回单
7	查询并打印业务回单	银行柜员	1. 根据出纳提供的信息查询并打印业务回单，打印两份 2. 将打印好的两份业务回单交给出纳
8	根据业务回单填写记账凭证	出纳	1. 取得银行业务回单 2. 将其中一份送至行政经理 3. 根据另一份工商行政处罚决定书、付款申请单、银行业务回单填写记账凭证 4. 填写完成后将工商行政处罚决定书、付款申请单、银行业务回单贴到记账凭证后面，并提交财务经理审核
9	审核记账凭证	财务经理	1. 审核出纳提交的记账凭证 2. 审核通过后返回出纳登记银行存款日记账
10	登记日记账	出纳	1. 接收财务经理审核通过的记账凭证 2. 根据记账凭证登记银行存款日记账 3. 登记完成后将凭证送至财务经理处登记明细账
11	登记明细账	财务经理	1. 接收出纳送过来的记账凭证 2. 根据记账凭证登记明细账
12	登记总账	财务经理	根据记账凭证登记总账
13	接收银行付款回单并送至工商局	行政经理	1. 接收出纳送过来的银行业务回单 2. 将银行业务回单送至工商局
14	接收银行付款回单并销案	工商专员	1. 接收行政经理送过来的银行业务回单 2. 核对金额无误后销案处理，并做好记录

（二十一）接收工商行政处罚并处理（工贸企业）

业务概述：接收工商专员送达的工商行政处罚决定书，根据工商行政处罚决定书缴纳罚款。具体业务流程如表8-72所示。

表 8-72　工贸企业接收工商行政处罚并处理的业务流程

编号	活动名称	角色	活动描述—操作指导
1	接收工商行政处罚决定书	行政经理	1. 接收工商行政处罚决定书 2. 根据工商行政处罚决定书填写付款申请单并提交至总经理
2	审核付款申请	总经理	1. 根据工商行政处罚决定书审核行政经理提交的付款申请单 2. 将审核通过的付款申请单提交至财务经理审核
3	审核付款申请	财务经理	1. 审核总经理提交的工商行政处罚决定书、付款申请单 2. 审核通过后返回总经理进行转账付款
4	转账付款	总经理	1. 接收财务经理审核通过的付款申请单 2. 根据付款申请单进行转账付款 3. 转账后查询网银，确认转账成果后通知财务经理到银行取业务回单
5	查询并打印业务回单	银行柜员	1. 根据财务经理提供的信息查询并打印业务回单，打印两份 2. 将打印好的两份业务回单交给财务经理
6	取得银行业务回单	财务经理	1. 取得银行业务回单 2. 将其中一份送至行政经理 3. 将另一份送至总经理填写记账凭证
7	填写记账凭证	总经理	1. 接收财务经理提交的工商行政处罚决定书、付款申请单、银行业务回单 2. 根据工商行政处罚决定书、付款申请单、银行业务回单填写记账凭证 3. 填写完成后将工商行政处罚决定书、付款申请单、银行业务回单贴到记账凭证后面，并提交财务经理审核
8	审核记账凭证	财务经理	1. 审核总经理提交的记账凭证 2. 审核通过后返回总经理登记银行存款日记账
9	登记日记账	总经理	1. 接收财务经理审核通过的记账凭证 2. 根据记账凭证登记银行存款日记账 3. 登记完成后将凭证送至财务经理处登记明细账
10	登记明细账	财务经理	1. 接收总经理送过来的记账凭证 2. 根据记账凭证登记明细账
11	登记总账	财务经理	根据记账凭证登记总账
12	接收银行付款回单并送至工商局	行政经理	1. 接收财务经理送过来的银行业务回单 2. 将银行业务回单至工商局

续表

编号	活动名称	角色	活动描述—操作指导
13	接收银行付款回单并销案	工商专员	1. 接收行政经理送过来的银行业务回单 2. 核对金额无误后销案处理，并做好记录

五、税务局

（一）税务知识讲解（税务局）

业务概述：学习税务知识，制作成文档或PPT，与主讲老师沟通确认后，对税务知识进行讲解。具体业务流程如表8-73所示。

表8-73 税务知识讲解的业务流程

编号	活动名称	角色	活动描述—操作指导
1	学习、制作税务知识讲解PPT	税务专员	1. 学习税务的基本知识 2. 根据学习的情况制作文档、PPT
2	税务知识宣讲	税务专员	1. 与主讲老师沟通，确认讲解的方式和时间 2. 进行税务知识讲解 3. 记录企业关于税收的问题，再查找资料确认后给予答复

（二）税务检查制度和奖惩机制的制定（税务局）

业务概述：学习虚拟商业社会的运营规则，根据规则制定本次课程的税务检查制度和奖惩办法。具体业务流程如表8-74所示。

表8-74 税务检查制度和奖惩机制的制定的业务流程

编号	活动名称	角色	活动描述—操作指导
1	学习运营规则制定规则	税务专员	1. 了解虚拟商业社会经营规则之 2. 制定本次课程的税务管理规定 3. 制定完成后公示或宣讲
2	公示并宣讲规则	税务专员	1. 与主讲老师沟通，确认讲解的方式和时间 2. 进行税务规则讲解 3. 记录企业关于税务规则的问题，再查找资料确认后给予答复

（三）税务稽查（税务局）

业务概述：根据制定税务管理规定对企业进行随机的稽查，记录、公示稽查结果，并对问题企业做出行政处罚。具体业务流程如表 8-75 所示。

表 8-75　税务稽查的业务流程

编号	活动名称	角色	活动描述—操作指导
1	对企业的税务进行稽查并记录结果	税务专员	根据税务稽查制度对企业进行稽查，并记录在案
2	公示稽查结果并通知问题企业限期补缴	税务专员	1. 与主讲老师沟通，确认公示时间（每天课程结束前 5 分钟） 2. 将稽查结果张贴在税务局进行公示 3. 根据检查结果通知问题企业限期补缴
3	检查企业补缴情况	税务专员	1. 到期未补缴的开具税务行政处罚决定书 2. 到期补缴的，确认后不作处罚
4	做出行政处罚	税务专员	1. 根据税务行政处罚决定书，进行行政处罚 2. 将开具的税务行政处罚决定书送至相关问题企业

（四）接收税务行政处罚并处理（制造业）

业务概述：接收税务专员送达的税务行政处罚决定书，根据税务行政处罚决定书补缴税款及罚款。具体业务流程如表 8-76 所示。

表 8-76　制造业接收税务行政处罚并处理的业务流程

编号	活动名称	角色	活动描述—操作指导
1	接收税务行政处罚决定书	行政助理	1. 接收税务行政处罚决定书 2. 根据税务行政处罚决定书填写付款申请单并提交至总经理
2	审核付款申请	总经理	1. 根据税务行政处罚决定书审核行政助理提交的付款申请单 2. 将审核通过的付款申请单返回行政助理
3	将审核的付款申请单提交财务	行政助理	1. 接收审核通过的付款申请单 2. 将收到的税务行政处罚决定书和审核通过的付款申请单一并送至财务部出纳
4	接收审核付款申请单	出纳	1. 审核行政助理提交的税务行政处罚决定书、付款申请单 2. 审核通过后提交财务经理审核

续表

编号	活动名称	角色	活动描述—操作指导
5	审核付款申请	财务经理	1. 审核出纳提交的税务行政处罚决定书、付款申请单 2. 审核通过后返回出纳进行转账付款
6	转账付款	出纳	1. 接收财务经理审核通过的付款申请单 2. 根据付款申请单进行转账付款 3. 转账后查询网银，确认转账成果后到银行取业务回单
7	查询并打印业务回单	银行柜员	1. 根据出纳提供的信息查询并打印业务回单，打印两份 2. 将打印好的两份业务回单交给出纳
8	取回银行业务回单	出纳	1. 取得银行业务回单 2. 将其中一份送至行政助理 3. 将另一份送至财务会计填写记账凭证
9	填写记账凭证	财务会计	1. 接收出纳提交的税务行政处罚决定书、付款申请单、银行业务回单 2. 根据税务行政处罚决定书、付款申请单、银行业务回单填写记账凭证 3. 填写完成后将税务行政处罚决定书、付款申请单、银行业务回单贴到记账凭证后面，并提交财务经理审核
10	审核记账凭证	财务经理	1. 审核财务会计提交的记账凭证 2. 审核通过后返回出纳登记银行存款日记账
11	登记日记账	出纳	1. 接收财务经理审核通过的记账凭证 2. 根据记账凭证登记银行存款日记账 3. 登记完成后将凭证送至财务会计处登记明细账
12	登记明细账	财务会计	1. 接收出纳送过来的记账凭证 2. 根据记账凭证登记明细账 3. 登记完成后将凭证送至财务经理处登记总账
13	登记总账	财务经理	1. 接收财务会计送过来的记账凭证 2. 根据记账凭证登记总账
14	接收银行付款回单并送至税务局	行政助理	1. 接收出纳送过来的银行业务回单 2. 将银行业务回单送至税务局
15	接收银行付款回单并销案	税务专员	1. 接收行政助理送过来的银行业务回单 2. 核对金额无误后销案处理，并做好记录

（五）接收税务行政处罚并处理（商贸企业）

业务概述：接收税务专员送达的税务行政处罚决定书，根据税务行政处罚决定书补缴税款及罚款。具体业务流程如表8-77所示。

表 8-77　商贸企业接收税务行政处罚并处理的业务流程

编号	活动名称	角色	活动描述—操作指导
1	接收税务行政处罚决定书	行政经理	1. 接收税务行政处罚决定书 2. 根据税务行政处罚决定书填写付款申请单并提交至总经理
2	审核付款申请	总经理	1. 根据税务行政处罚决定书审核行政经理提交的付款申请单 2. 将审核通过的付款申请单返回行政经理
3	将审核的付款申请单提交财务	行政经理	1. 接收审核通过的付款申请单 2. 将收到的税务行政处罚决定书和审核通过的付款申请单一并送至财务部出纳
4	接收审核付款申请单	出纳	1. 审核行政经理提交的税务行政处罚决定书、付款申请单 2. 审核通过后提交财务经理审核
5	审核付款申请	财务经理	1. 审核出纳提交的税务行政处罚决定书、付款申请单 2. 审核通过后返回出纳进行转账付款
6	转账付款	出纳	1. 接收财务经理审核通过的付款申请单 2. 根据付款申请单进行转账付款 3. 转账后查询网银，确认转账成果后到银行取业务回单
7	查询并打印业务回单	银行柜员	1. 根据出纳提供的信息查询并打印业务回单，打印两份 2. 将打印好的两份业务回单交给出纳
8	根据业务回单填写记账凭证	出纳	1. 取得银行业务回单 2. 将其中一份送至行政经理 3. 根据另一份税务行政处罚决定书、付款申请单、银行业务回单填写记账凭证 4. 填写完成后将税务行政处罚决定书、付款申请单、银行业务回单贴到记账凭证后面，并提交财务经理审核
9	审核记账凭证	财务经理	1. 审核出纳提交的记账凭证 2. 审核通过后返回出纳登记银行存款日记账
10	登记日记账	出纳	1. 接收财务经理审核通过的记账凭证 2. 根据记账凭证登记银行存款日记账 3. 登记完成后将凭证送至财务经理处登记明细账
11	登记明细账	财务经理	1. 接收出纳送过来的记账凭证 2. 根据记账凭证登记明细账
12	登记总账	财务经理	根据记账凭证登记总账
13	接收银行付款回单并送至税务局	行政经理	1. 接收出纳送过来的银行业务回单 2. 将银行业务回单送至税务局

续表

编号	活动名称	角色	活动描述—操作指导
14	接收银行付款回单并销案	税务专员	1. 接收行政经理送过来的银行业务回单 2. 核对金额无误后销案处理，并做好记录

（六）接收税务行政处罚并处理（工贸企业）

业务概述：接收税务专员送达的税务行政处罚决定书，根据税务行政处罚决定书补缴税款及罚款。具体业务流程如表8-78所示。

表8-78 工贸企业接收税务行政处罚并处理的业务流程

编号	活动名称	角色	活动描述—操作指导
1	接收税务行政处罚决定书	行政经理	1. 接收税务行政处罚决定书 2. 根据税务行政处罚决定书填写付款申请单并提交至总经理
2	审核付款申请	总经理	1. 根据税务行政处罚决定书审核行政经理提交的付款申请单 2. 将审核通过的付款申请单交给财务经理
3	审核付款申请	财务经理	1. 审核总经理提交的税务行政处罚决定书、付款申请单 2. 审核通过后返回总经理进行转账付款
4	转账付款	总经理	1. 接收财务经理审核通过的付款申请单 2. 根据付款申请单进行转账付款 3. 转账后查询网银，确认转账成果后通知财务经理到银行取业务回单
5	查询并打印业务回单	银行柜员	1. 根据财务经理提供的信息查询并打印业务回单，打印两份 2. 将打印好的两份业务回单交给财务经理
6	取回银行业务回单	财务经理	1. 取得银行业务回单 2. 将其中一份送至行政经理 3. 将另一份送至总经理填写记账凭证
7	填写记账凭证	总经理	1. 接收财务经理提交的税务行政处罚决定书、付款申请单、银行业务回单 2. 根据税务行政处罚决定书、付款申请单、银行业务回单填写记账凭证 3. 填写完成后将税务行政处罚决定书、付款申请单、银行业务回单贴到记账凭证后面，并提交财务经理审核

编号	活动名称	角色	活动描述—操作指导
8	审核记账凭证	财务经理	1. 审核总经理提交的记账凭证 2. 审核通过后返回总经理登记银行存款日记账
9	登记日记账	总经理	1. 接收财务经理审核通过的记账凭证 2. 根据记账凭证登记银行存款日记账 3. 登记完成后将凭证送至财务经理处登记明细账
10	登记明细账	财务经理	1. 接收总经理送过来的记账凭证 2. 根据记账凭证登记明细账
11	登记总账	财务经理	根据记账凭证登记总账
12	接收银行付款回单并送至税务局	行政经理	1. 接收财务经理送过来的银行业务回单 2. 将银行业务回单送至税务局
13	接收银行付款回单并销案	税务专员	1. 接收行政经理送过来的银行业务回单 2. 核对金额无误后销案处理，并做好记录

六、人社局

（一）虚拟商业社会社会保障制度编制（人社局）

业务概述：学习 VBSE 虚拟商业社会运营规则、社保、住房公积金知识，制定本次课程的社会保障制度并制作成文档或 PPT，与主讲老师沟通确认后，对社会保障制度进行讲解。具体业务流程如表 8-79 所示。

表 8-79　虚拟商业社会社会保障制度编制的业务流程

编号	活动名称	角色	活动描述—操作指导
1	学习、制定本次课程的社会保障制度	社保公积金专员	1. 学习 VBSE 虚拟商业社会运营规则，制定本次课程的社会保障制度 2. 将制定的社会保障制度制作成文档或 PPT
2	社会保障制度讲解	社保公积金专员	1. 与主讲老师沟通，确认讲解的方式和时间 2. 进行社会保障制度讲解 3. 记录企业关于社会保障制度的问题，在查找资料确认后给予答复

（二）下达社保稽查通知书（人社局）

业务概述：填写社保稽核通知书，下发至制造企业、经销商、工贸企业。具体业务流程如表 8-80 所示。

表 8-80　下达社保稽查通知书的业务流程

编号	活动名称	角色	活动描述—操作指导
1	下达稽查通知书	社保公积金专员	1. 填写社保稽核通知书 2. 填写完成后下发到制造企业的人力资源部或行政部门（企业管理部）、经销商行政经理、工贸企业行政经理 3. 提请各企业社保稽核通知书准备相关内容、资料、原始凭证等

（三）社保稽核（人社局）

业务概述：根据制定的社会保障制度对企业进行社保稽核，存在问题的形成稽核整改意见书并送达相关企业。具体业务流程如表 8-81 所示。

表 8-81　社保稽核的业务流程

编号	活动名称	角色	活动描述—操作指导
1	根据社会保障制度对企业进行例行检查，并记录在案	社保公积金专员	1. 根据社保稽核通知书的时间到企业进行现场稽核 2. 根据制定、公示的社会保障制度对企业人力资源部、财务部或人力资源主管和财务负责人进行稽查 3. 检查人力资源参保人员情况、财务部按时缴纳保费情况等
2	下达稽查整改意见书	社保公积金专员	1. 根据检查结果对没有问题的企业出具社会保险稽核报告 2. 根据检查结果对问题企业提出稽查整改意见书

（四）行政处罚（人社局）

业务概述：根据社保稽核检查结果，对问题企业做出行政处罚。具体业务流程如表 8-82 所示。

表 8-82　人社局行政处罚的业务流程

编号	活动名称	角色	活动描述—操作指导
1	根据社保稽核整改意见书检查企业整改情况	社保公积金专员	1. 根据社保稽核整改意见书检查企业整改情况 2. 到期未整改的开具社会保险提请行政处罚建议书，提请至劳动监察部门 3. 到期整改的，确认后不作处罚
2	做出行政处罚	社保公积金专员	1. 根据行政处罚建议书进行行政处罚 2. 将开具的劳动保障监察行政处罚决定书送达相关问题企业

（五）接收行政处罚并处理（制造业）

业务概述：接收社保公积金专员送达的劳动保障监察行政处罚决定书，根据劳动保障监察行政处罚决定书缴纳罚款。具体业务流程如表8-83所示。

表8-83　制造业接收行政处罚并处理的业务流程

编号	活动名称	角色	活动描述—操作指导
1	接收劳动保障监察行政处罚决定书	行政助理	1. 接收劳动保障监察行政处罚决定书 2. 根据劳动保障监察行政处罚决定书填写付款申请单并提交至总经理
2	审核付款申请	总经理	1. 根据劳动保障监察行政处罚决定书审核行政助理提交的付款申请单 2. 将审核通过的付款申请单交给行政助理
3	将审核的付款申请单提交财务	行政助理	1. 接收审核通过的付款申请单 2. 将收到的劳动保障监察行政处罚决定书和审核通过的付款申请单一并送至财务部出纳
4	接收审核付款申请单	出纳	1. 审核行政助理提交的劳动保障监察行政处罚决定书、付款申请单 2. 审核通过后提交财务经理审核
5	审核付款申请	财务经理	1. 审核出纳提交的劳动保障监察行政处罚决定书、付款申请单 2. 审核通过后交给出纳进行转账付款
6	转账付款	出纳	1. 接收财务经理审核通过的付款申请单 2. 根据付款申请单进行转账付款 3. 转账后查询网银，确认转账成果后到银行取业务回单
7	查询并打印业务回单	银行柜员	1. 根据出纳提供的信息查询并打印业务回单，打印两份 2. 将打印好的两份业务回单交给出纳
8	取回银行业务回单	出纳	1. 取得银行业务回单 2. 将其中一份送至行政助理 3. 将另一份交给财务会计填写记账凭证
9	填写记账凭证	财务会计	1. 接收出纳提交的劳动保障监察行政处罚决定书、付款申请单、银行业务回单 2. 根据劳动保障监察行政处罚决定书、付款申请单、银行业务回单填写记账凭证 3. 填写完成后将劳动保障监察行政处罚决定书、付款申请单、银行业务回单贴到记账凭证后面，并提交财务经理审核
10	审核记账凭证	财务经理	1. 审核财务会计提交的记账凭证 2. 审核通过后交给出纳登记银行存款日记账

续表

编号	活动名称	角色	活动描述—操作指导
11	登记日记账	出纳	1. 接收财务经理审核通过的记账凭证 2. 根据记账凭证登记银行存款日记账 3. 登记完成后将凭证送至财务会计处登记明细账
12	登记明细账	财务会计	1. 接收出纳送来的记账凭证 2. 根据记账凭证登记明细账 3. 登记完成后将凭证送至财务经理处登记总账
13	登记总账	财务经理	1. 接收财务会计送来的记账凭证 2. 根据记账凭证登记总账
14	接收银行付款回单并送至人社局（或社保中心）	行政助理	1. 接收出纳送来的银行业务回单 2. 将银行业务回单送至人社局（或社保中心）
15	接收银行付款回单并销案	社保公积金专员	1. 接收行政助理送来的银行业务回单 2. 核对金额无误后销案处理，并做好记录

（六）接收行政处罚并处理（商贸企业）

业务概述：接收社保公积金专员送达的劳动保障监察行政处罚决定书，根据劳动保障监察行政处罚决定书缴纳罚款。具体业务流程如表8-84所示。

表8-84　商贸企业接收行政处罚并处理的业务流程

编号	活动名称	角色	活动描述—操作指导
1	接收劳动保障监察行政处罚决定书	行政经理	1. 接收劳动保障监察行政处罚决定书 2. 根据劳动保障监察行政处罚决定书填写付款申请单并提交至总经理
2	审核付款申请	总经理	1. 根据劳动保障监察行政处罚决定书审核行政经理提交的付款申请单 2. 将审核通过的付款申请单交给行政经理
3	将审核的付款申请单提交财务	行政经理	1. 接收审核通过的付款申请单 2. 将收到的劳动保障监察行政处罚决定书和审核通过的付款申请单一并送至财务部出纳
4	接收审核付款申请单	出纳	1. 审核行政经理提交的劳动保障监察行政处罚决定书、付款申请单 2. 审核通过后提交财务经理审核
5	审核付款申请	财务经理	1. 审核出纳提交的劳动保障监察行政处罚决定书、付款申请单 2. 审核通过后交给出纳进行转账付款

续表

编号	活动名称	角色	活动描述—操作指导
6	转账付款	出纳	1. 接收财务经理审核通过的付款申请单 2. 根据付款申请单进行转账付款 3. 转账后查询网银，确认转账成果后到银行取业务回单
7	查询并打印业务回单	银行柜员	1. 根据出纳提供的信息查询并打印业务回单，打印两份 2. 将打印好的两份业务回单交给出纳
8	根据业务回单填写记账凭证	出纳	1. 取得银行业务回单 2. 将其中一份送至行政经理 3. 根据另一份劳动保障监察行政处罚决定书、付款申请单、银行业务回单填写记账凭证 4. 填写完成后将劳动保障监察行政处罚决定书、付款申请单、银行业务回单贴到记账凭证后面，并提交财务经理审核
9	审核记账凭证	财务经理	1. 审核出纳提交的记账凭证 2. 审核通过后返回出纳登记银行存款日记账
10	登记日记账	出纳	1. 接收财务经理审核通过的记账凭证 2. 根据记账凭证登记银行存款日记账 3. 登记完成后将凭证送至财务经理处登记明细账
11	登记明细账	财务经理	1. 接收出纳送来的记账凭证 2. 根据记账凭证登记明细账
12	登记总账	财务经理	根据记账凭证登记总账
13	接收银行付款回单并送至人社局（或社保中心）	行政经理	1. 接收出纳送来的银行业务回单 2. 将银行业务回单送至人社局（或社保中心）
14	接收银行付款回单并销案	社保公积金专员	1. 接收行政经理送来的银行业务回单 2. 核对金额无误后销案处理，并做好记录

（七）接收行政处罚并处理（工贸企业）

业务概述：接收社保公积金专员送达的劳动保障监察行政处罚决定书，根据劳动保障监察行政处罚决定书缴纳罚款。具体业务流程如表8-85所示。

表8-85 工贸企业接收行政处罚并处理的业务流程

编号	活动名称	角色	活动描述—操作指导
1	接收劳动保障监察行政处罚决定书	行政经理	1. 接收劳动保障监察行政处罚决定书 2. 根据劳动保障监察行政处罚决定书填写付款申请单并提交至总经理

编号	活动名称	角色	活动描述—操作指导
2	审核付款申请	总经理	1. 根据劳动保障监察行政处罚决定书审核行政经理提交的付款申请单 2. 将审核通过的付款申请单交给财务经理
3	审核付款申请	财务经理	1. 审核总经理提交的劳动保障监察行政处罚决定书、付款申请单 2. 审核通过后返回总经理进行转账付款
4	转账付款	总经理	1. 接收财务经理审核通过的付款申请单 2. 根据付款申请单进行转账付款 3. 转账后查询网银，确认转账成果后通知财务经理到银行取业务回单
5	查询并打印业务回单	银行柜员	1. 根据财务经理提供的信息查询并打印业务回单，打印两份 2. 将打印好的两份业务回单交给财务经理
6	取回银行业务回单	财务经理	1. 取得银行业务回单 2. 将其中一份送至行政经理 3. 将另一份送至总经理填写记账凭证
7	填写记账凭证	总经理	1. 接收财务经理提交的劳动保障监察行政处罚决定书、付款申请单、银行业务回单 2. 根据劳动保障监察行政处罚决定书、付款申请单、银行业务回单填写记账凭证 3. 填写完成后将劳动保障监察行政处罚决定书、付款申请单、银行业务回单贴到记账凭证后面，并提交财务经理审核
8	审核记账凭证	财务经理	1. 审核总经理提交的记账凭证 2. 审核通过后交给总经理登记银行存款日记账
9	登记日记账	总经理	1. 接收财务经理审核通过的记账凭证 2. 根据记账凭证登记银行存款日记账 3. 登记完成后将凭证送至财务经理处登记明细账
10	登记明细账	财务经理	1. 接收总经理送来的记账凭证 2. 根据记账凭证登记明细账
11	登记总账	财务经理	根据记账凭证登记总账
12	接收银行付款回单并送至人社局（或社保中心）	行政经理	1. 接收财务经理送来的银行业务回单 2. 将银行业务回单送至人社局（或社保中心）
13	接收银行付款回单并销案	社保公积金专员	1. 接收行政经理送来的银行业务回单 2. 核对金额无误后销案处理，并做好记录

（八）就业指导——职业规划（人社局）

业务概述：学习制作职业生涯规划文档，并组织企业培训学习。具体业务流程如表8-86所示。

表8-86　人社局指导职业规划的业务流程

编号	活动名称	角色	活动描述—操作指导
1	职业生涯规划的学习	社保公积金专员	职业生涯规划和自我管理的学习
2	职业生涯规划的培训讲解	社保公积金专员	1. 与主讲老师确认时间和培训方式 2. 组织各企业进行培训，讲解职业规划

（九）就业指导——简历制作（人社局）

业务概述：学习制作简历制作文档，并组织企业培训学习。具体业务流程如表8-87所示。

表8-87　人社局指导简历制作的业务流程

编号	活动名称	角色	活动描述—操作指导
1	简历制作的学习	社保公积金专员	简历制作的学习
2	简历制作的培训讲解	社保公积金专员	1. 与主讲老师确认时间和培训方式 2. 组织各企业进行培训，讲解简历制作

（十）就业指导——面试技巧（人社局）

业务概述：学习制作面试技巧文档，并组织企业培训学习。具体业务流程如表8-88所示。

表8-88　人社局指导面试技巧的业务流程

编号	活动名称	角色	活动描述—操作指导
1	面试技巧的学习	社保公积金专员	面试技巧的学习
2	面试技巧的培训讲解	社保公积金专员	1. 与主讲老师确认时间和培训方式 2. 组织各企业进行培训，讲解面试技巧

七、连锁

（一）门店借备用金（连锁）

业务概述：为方便门店收银找零，店长需借一定金额的备用金。具体业务流程如表 8-89 所示。

表 8-89　门店借备用金的业务流程

序号	操作步骤	角色	活动描述—操作指导
1	填写借款单	连锁东区店长	1. 去连锁仓储经理处领取借款单 2. 填写借款单，借款 500 元作为找零备用金
2	审核借款单	连锁仓储经理	1. 审核借款单填写的准确性 2. 审核借款业务的真实性 3. 审核无误后签字
3	支付现金	连锁总经理	1. 接收店长交给的已审核过的借款单 2. 支付现金 500 元给借款人

（二）门店销售收款（连锁）

业务概述：连锁门店日常销售，并进行销售收款。具体业务流程如表 8-90 所示。

表 8-90　门店销售收款的业务流程

序号	操作步骤	角色	活动描述—操作指导
1	选中零售订单	连锁东区店长	在 VBSE 系统中选中零售订单
2	零售门店出库	连锁东区店长	在 VBSE 系统中处理零售货物出库
3	零售收款	连锁东区店长	店长核对钱数，完成收款
4	开小票	连锁东区店长	1. 店长开小票，一式三联 2. 在每一联盖上现金收讫章 3. 认真核对商品名称、型号、数量和金额，然后交给顾客 4. 店长留一联，其他两联，一联给财务，一联给顾客
5	开发票	连锁总经理	依据小票开销售发票，认真核对顾客姓名、商品名称、型号、数量和金额
6	把货物交给顾客	连锁东区店长	把货物交给顾客
7	登记库存台账	连锁东区店长	依据销售小票，登记库存台账

（三）门店零售日结（连锁）

业务概述：门店一天营业结束后，要对现金、商品和小票进行对账，若没有问题则正常闭店。具体业务流程如表 8-91 所示。

表 8-91　门店零售日结的业务流程

序号	操作步骤	角色	活动描述—操作指导
1	整理商品陈列	连锁东区店长	在营业结束前30分钟开始整理门店商品陈列
2	现金验钞	连锁东区店长	进行现金验钞
3	核对现金、小票和商品	连锁东区店长	核对现金、小票和商品
4	现金封包	连锁东区店长	核对无误后对现金进行封包，店长签字
5	放入保险柜并登记签字	连锁东区店长	将现金总额放入保险柜，并在保险柜检查登记本上记录和签字
6	登记销售日报表	连锁东区店长	闭店前，店长登记当日的销售日报表

（四）门店上缴营业款（连锁）

业务概述：门店上缴上一天的营业款给连锁总部，分店与总店进行对账核算。具体业务流程如表 8-92 所示。

表 8-92　门店上缴营业款的业务流程

序号	操作步骤	角色	活动描述—操作指导
1	上缴营业款	连锁东区店长	在 VBSE 系统中上缴上一天的营业款给连锁总部
2	报送销售日报表和销售流水小票	连锁东区店长	同时向总部报送销售日报表和销售流水小票
3	归集门店营业款	连锁总经理	归集各个门店营业款
4	核对各门店营业收入	连锁总经理	核对各门店营业收入
5	核对门店明细核算	连锁总经理	核对门店明细核算，包括配货数量、销售数量、存货数量、售价金额
6	登记门店核算明细表	连锁总经理	登记门店核算明细表

（五）门店向总部请货（连锁）

业务概述：门店根据销售情况和库存情况向连锁总部主动提出补货申请。具体业务流程如表 8-93 所示。

表 8-93　门店向总部请货的业务流程

序号	操作步骤	角色	活动描述—操作指导
1	填制补货申请单	连锁东单店长	门店连锁东单店长根据日均销售量、库存下限、在途数量、补货周期及安全库存等因素在 VBSE 系统中填写补货申请单

续表

序号	操作步骤	角色	活动描述—操作指导
2	确认补货申请单	连锁仓储经理	1. 审核补货申请单内容填写的准确性和合理性 2. 在 VBSE 系统中确认补货申请
3	补货分类	连锁仓储经理	根据补货申请对补货情况进行分类（紧急、正常）

（六）总部请货分析（连锁）

业务概述：请货分析的目的是连锁总部通过监控各门店及时了解经营状况，最快获悉市场动向和顾客需求，合理调配库存、加快资金周转；根据各店请货情况和仓储中心的库存情况生成采购信息，降低库存量，减少资金占用量。具体业务流程如表 8-94 所示。

表 8-94 总部请货分析的业务流程

序号	操作步骤	角色	活动描述—操作指导
1	店长提供库存信息	连锁东区店长	提供门店库存结存信息
2	总经理提供库存信息	连锁总经理	汇总门店库存结存信息，提供仓储配送中心库存结存信息
3	请货分析	连锁仓储经理	针对各分店的请货量、请货品种及请货状态来分析哪些商品畅销、哪些商品滞销，查看商品数量能否满足请货需求。首先应该满足"紧急"请货商品；其次通过分析制定配送方案（包括配送中心配送方案和供应商配货方案）
4	填写配送通知单	连锁仓储经理	根据配送方案填写配送通知单
5	审核配送通知单	连锁总经理	审核配送通知单，签字确认
6	店长提供库存信息	连锁东区店长	提供门店库存结存信息

（七）向东区门店下达配送通知（连锁）

业务概述：总部通过请货分析等相关信息统筹生成配送通知单，并下达给仓储配送中心及门店；或者将需采购商品信息发送给采购员向供应商采购，并指定送货地点。具体业务流程如表 8-95 所示。

表 8-95 向东区门店下达配送通知的业务流程

序号	操作步骤	角色	活动描述—操作指导
1	下达配送通知单	连锁仓储经理	将配送通知单下达给门店店长

序号	操作步骤	角色	活动描述—操作指导
2	接收并确认配送通知单	连锁东区店长	1. 门店店长接收配送通知单 2. 根据补货申请单确认配送通知单内容 3. 签字确认
3	门店准备接货	连锁东区店长	准备按配送通知单接货

（八）向西区门店下达配送通知（连锁）

业务概述：总部通过请货分析等相关信息统筹生成配送通知单，并下达给仓储配送中心及门店；或者将需采购商品信息发送给采购员向供应商采购，并指定送货地点。具体业务流程如表8-96所示。

表8-96　向西区门店下达配送通知的业务流程

序号	操作步骤	角色	活动描述—操作指导
1	下达配送通知单	连锁仓储经理	将配送通知单下达给门店店长
2	接收并确认配送通知单	连锁西区店长	1. 门店店长接收配送通知单 2. 根据补货申请单确认配送通知单内容 3. 签字确认
3	门店准备接货	连锁西区店长	准备按配送通知单接货

（九）仓储中心配送出库（连锁）

业务概述：仓储配送中心按照配送通知单的要求进行拣货，把理好的货进行复核，并办理配送出库。具体业务流程如表8-97所示。

表8-97　仓储中心配送出库的业务流程

序号	操作步骤	角色	活动描述—操作指导
1	按照配送通知单的要求进行拣货	连锁仓储经理	按照配送通知单的要求进行拣货
2	把理好的货发送到发货区域	连锁仓储经理	把理好的货发送到发货区域
3	复核理货	连锁总经理	按照配送方案的要求对理好的货进行复核
4	填写配送出库单	连锁仓储经理	1. 填写配送出库单（一式两联） 2. 然后送交总经理审核

续表

序号	操作步骤	角色	活动描述—操作指导
5	审核配送出库单	连锁总经理	审核配送出库单的准确性和合理性，在出库单上签字
6	办理出库	连锁仓储经理	在 VBSE 系统中办理配送出库
7	登记库存台账	连锁仓储经理	仓储经理根据出库单登记库存台账

（十）门店到货签收（连锁）

业务概述：门店到货签收，并办理入库。具体业务流程如表 8-98 所示。

表 8-98　门店到货签收的业务流程

序号	操作步骤	角色	活动描述—操作指导
1	清点、检验配送货物	连锁东区店长	根据配送通知单清点、检验配送的货物
2	填写补货入库单	连锁东区店长	填写补货入库单（一式两联）
3	审核补货入库单	连锁东区店长	审核补货入库单的准确性和合理性，在入库单上签字
4	办理门店入库	连锁东区店长	在 VBSE 系统中办理门店入库
5	登记库存台账	连锁西区店长	根据补货入库单登记库存台账

（十一）仓储中心补货申请（连锁）

业务概述：仓储中心补货业务是依据仓储中心库存商品最小库存量编制补货申请表，提交给采购部门，作为采购计划的参考。具体业务流程如表 8-99 所示。

表 8-99　仓储中心补货申请的业务流程

序号	操作步骤	角色	活动描述—操作指导
1	填制仓储中心补货申请表	连锁仓储经理	1. 依据库存下限、在途数量、采购周期及安全库存等因素填写补货申请表 2. 补货申请表，一式两份
2	审核仓储中心补货申请表	连锁总经理	1. 审核补货申请表内容填写的准确性和合理性 2. 在补货申请表上签字确认

（十二）总部编制采购计划（连锁）

业务概述：连锁总部根据门店的销售情况、请货分析、仓储中心补货计划核对仓储中心库存及在途信息编制采购计划。具体业务流程如表 8-100 所示。

表 8-100　总部编制采购计划的业务流程

序号	操作步骤	角色	活动描述—操作指导
1	编制采购计划	连锁总经理	1. 根据门店的销售情况、请货分析、仓储中心补货计划核对仓储中心库存及在途信息编制采购计划 2. 初步填制采购计划表 3. 根据供应商的折扣等相关信息调整计划 4. 采购计划交采购员下发
2	分发采购计划	连锁仓储经理	1. 采购计划表一式两份 2. 分发采购计划表（仓储部、业务部各一份）

（十三）与制造业签订购销合同（连锁）

业务概述：与制造业签订购销合同。具体业务流程如表 8-101 所示。

表 8-101　与制造业签订购销合同的业务流程

序号	操作步骤	角色	活动描述—操作指导
1	填写购销合同，合同会签单	连锁仓储经理	1. 连锁仓储经理填写购销合同、合同会签单 2. 连锁仓储经理将购销合同和合同会签单送交总经理审核
2	审核购销合同和合同会签单	连锁总经理	1. 审核购销合同的条款、期限、付款信息等是否符合公司要求 2. 符合要求则在合同会签单上签字 3. 审核通过后在购销合同上盖章
3	合同存档	连锁总经理	1. 连锁总经理更新合同管理表——购销合同 2. 将盖章的合同交给制造业营销专员 3. 连锁总经理将合同会签单与一份制造业盖章的购销合同一起进行归档
4	购销合同登记	连锁总经理	连锁总经理更新购销合同执行情况表

（十四）与连锁企业签订购销合同（制造业）

业务概述：营销部为开展商业活动、保护公司利益，与连锁企业签订购销合同。具体业务流程如表 8-102 所示。

表 8-102　与连锁企业签订购销合同的业务流程

序号	操作步骤	角色	活动描述—操作指导
1	填写购销合同	销售专员	1. 销售专员根据销售计划与客户沟通销售合同细节内容 2. 填写购销合同，并要求连锁企业签字盖章，一式两份

续表

序号	操作步骤	角色	活动描述—操作指导
2	填写合同会签单	销售专员	1. 填写合同会签单 2. 将购销合同和合同会签单送交营销部经理审核
3	合同会签单签字	营销部经理	1. 接收销售专员交给的购销合同及合同会签单 2. 审核购销合同内容填写的准确性和合理性 3. 在合同会签单上签字确认
4	合同会签单签字	财务部经理	1. 接收销售专员交给的购销合同及合同会签单 2. 审核购销合同内容填写的准确性和合理性 3. 在合同会签单上签字确认
5	合同会签单签字	总经理	1. 接收销售专员交给的购销合同及合同会签单 2. 审核购销合同内容填写的准确性和合理性 3. 在合同会签单上签字确认
6	购销合同盖章	行政助理	1. 营销部经理把购销合同和合同会签单交给销售专员去盖章 2. 销售专员拿购销合同和合同会签单找行政助理盖章 3. 行政助理检查合同会签单是否签字 4. 行政助理给合同盖章 5. 行政助理将盖完章的购销合同交还销售专员
7	送还对方一份已签字盖章的合同	销售专员	销售专员把本企业已经签字盖章的购销合同送还对方一份

（十五）录入采购订单（连锁）

业务概述：连锁企业录入与制造业的采购订单。具体业务流程如表 8-103 所示。

表 8-103　录入采购订单的业务流程

序号	操作步骤	角色	活动描述—操作指导
1	在系统中录入采购订单	连锁仓储经理	根据连锁企业与制造业签订好的购销合同，将采购订单信息录入 VBSE 系统

（十六）确认连锁企业采购订单（制造业）

业务概述：确认连锁企业采购订单。具体业务流程如表 8-104 所示。

表 8-104　确认连锁企业采购订单的业务流程

序号	操作步骤	角色	活动描述—操作指导
1	确认采购订单	采购员	1. 在 VBSE 系统中确认连锁企业采购订单 2. 根据系统的采购订单信息填写销售订单、销售订单明细表

（十七）销售发货给连锁企业（制造业）

业务概述：制造业销售发货给连锁企业。具体业务流程如表 8-105 所示。

表 8-105　销售发货给连锁企业的业务流程

序号	操作步骤	角色	活动描述—操作指导
1	填制发货单	销售专员	1. 根据销售订单明细表和发货计划填制发货单 2. 报部门经理和财务部经理审核
2	审核发货单	营销部经理	1. 根据销售订单明细表审核发货单，确认客户名称、产品名称、型号等重要项的填写 2. 发货单签字，将审核完的发货单交还销售专员 3. 销售专员留存发货单第一联，将第二联送仓储部，第三联送财务部
3	审核发货单	财务部经理	审核发货单并签字
4	填制销售出库单	仓管员	1. 根据发货单填制销售出库单 2. 请销售专员签字 3. 提交至部门经理审批
5	审核销售出库单	仓储部经理	1. 仓储部经理审核销售出库单 2. 办理出库手续
6	登记库存台账	仓储部经理	根据出库单填写库存台账，登记完交仓管员留存备案
7	在系统中处理销售发货	仓储部经理	在 VBSE 系统中选择发货的订单并发货
8	发货单交给客户	销售专员	根据发货单进行销售发运，并将发货单第四联送交连锁客户
9	办理物流运输	物流业务经理	物流业务经理在 VBSE 系统中办理物流运输
10	开具增值税专用发票	出纳	1. 从销售专员处获取卖给该客户的销售价格 2. 根据销售出库单，结合销售价格，开具销售发票
11	填制收入记账凭证	财务会计	1. 根据开具的发票填制记账凭证 2. 将记账凭证交给财务经理审核
12	审核记账凭证	财务部经理	1. 接收财务会计交给的记账凭证，进行审核 2. 审核后交财务会计登记科目明细账

序号	操作步骤	角色	活动描述—操作指导
13	登记数量金额明细账	成本会计	1. 根据出库单填写存货明细账 2. 只填写数量，月末计算成本
14	登记明细账	财务会计	1. 接收财务部经理交给的记账凭证 2. 核对财务部经理是否已审核 3. 根据审核后的记账凭证登记科目明细账
15	登记总账	财务经理	1. 接收财务会计交给的记账凭证 2. 根据记账凭证登记科目总账

（十八）采购入库（连锁）

业务概述：接到制造业的货物，办理采购入库。具体业务流程如表8-106所示。

表 8-106 采购入库的业务流程

序号	操作步骤	角色	活动描述—操作指导
1	依据采购订单填写采购入库单	连锁仓储经理	连锁仓储经理依照确认的采购订单填写采购入库单
2	审核采购入库单	连锁总经理	审核采购入库单
3	VBSE 系统办理入库	连锁仓储经理	依据采购订单、采购入库单在 VBSE 系统中办理货物入库
4	登记库存台账	连锁仓储经理	依据采购入库单（存根联）信息登记到库存台账中
5	更新采购情况执行表	连锁总经理	根据入库信息更新采购合同执行情况表

（十九）向制造业支付货款（连锁）

业务概述：连锁仓储经理接到制造业的销售增值税专用发票，依据增值税发票信息提交付款申请并付款。具体业务流程如表8-107所示。

表 8-107 向制造业支付货款的业务流程

序号	操作步骤	角色	活动描述—操作指导
1	收到制造业开具的增值税专用发票	连锁仓储经理	1. 收到制造业开具的专用增值税发票 2. 在系统中录入付款申请表 3. 将发票和付款申请表提交给总经理审核

序号	操作步骤	角色	活动描述—操作指导
2	审核付款申请单	连锁总经理	1. 收到连锁仓储经理提交的发票和付款申请表 2. 审核付款申请表与发票信息是否一致，付款要求是否合理 3. 确认合理后，签字
3	办理网银付款（转账）	连锁总经理	对照付款申请表在系统中办理网银付款

（二十）回收连锁企业货款（制造业）

业务概述：出纳去银行取回连锁企业货款的电汇凭单，并交由财务部依据公司流程进行账务处理。具体业务流程如表 8-108 所示。

表 8-108　回收连锁企业货款的业务流程

序号	操作步骤	角色	活动描述—操作指导
1	到银行取回电子银行转账回单	出纳	1. 到银行取回电子银行转账回单 2. 将电子银行转账回单交给财务会计
2	编制记账凭证	财务会计	1. 接收出纳送来的银行进账单回单 2. 编制记账凭证 3. 将电汇回单粘贴到记账凭证后面 4. 将记账凭证交财务部经理审核
3	审核记账凭证	财务经理	1. 接收财务会计送来的记账凭证 2. 审核记账凭证的附件是否齐全、正确 3. 审核记账凭证的编制是否正确 4. 审核完毕后交出纳登记银行存款日记账
4	登记银行日记账	出纳	1. 根据审核后的记账凭证登记银行存款日记账 2. 登记完毕后交财务会计登记明细账
5	登记科目明细账	财务会计	1. 接收出纳送来的记账凭证 2. 核对财务部经理是否已审核 3. 根据审核后的记账凭证登记科目明细账
6	登记总账	财务经理	1. 接收出纳交给的记账凭证 2. 根据记账凭证登记科目总账

八、事务所

（一）承接物流企业代理记账业务（事务所）

业务概述：了解物流公司基本情况并确定服务项目及收费后承接物流企业代

理记账业务。具体业务流程如表 8-109 所示。

表 8-109　承接物流企业代理记账业务的业务流程

编号	活动名称	角色	活动描述—操作指导
1	与物流企业洽谈业务	项目经理	1. 物流企业财务经理与会计师事务所项目经理进行洽谈 2. 项目经理询问物流企业基本情况，了解委托目的 3. 确定服务项目及收费
2	签订代理记账合同	项目经理	项目经理与物流企业将业务达成一致，签署代理记账合同并签字盖章
3	建立客户档案	审计助理	登记客户的基本信息
4	办理物流企业财务资料移交手续	审计助理	1. 接受物流企业交来的财务资料 2. 填写"资料移交清单"并在接交人处签字
5	准备期初建账	审计助理	1. 将移交的资料进行整理并妥善保管 2. 熟悉物流企业业务常用的会计科目，准备期初建账

（二）承接连锁企业代理记账业务（事务所）

业务概述：了解连锁公司基本情况并确定服务项目及收费后承接连锁企业代理记账业务。具体业务流程如表 8-110 所示。

表 8-110　承接连锁企业代理记账业务的业务流程

编号	活动名称	角色	活动描述—操作指导
1	与连锁企业洽谈业务	项目经理	1. 连锁企业财务经理与会计师事务所项目经理进行洽谈 2. 项目经理询问连锁企业基本情况，了解委托目的 3. 确定服务项目及收费
2	签订代理记账合同	项目经理	项目经理与连锁企业将业务达成一致，签署代理记账合同并签字盖章
3	建立客户档案	审计助理	登记客户的基本信息
4	办理连锁企业财务资料移交手续	审计助理	1. 接受连锁企业交来的财务资料 2. 填写"资料移交清单"并在接交人处签字
5	准备期初建账	审计助理	1. 将移交的资料进行整理并妥善保管 2. 熟悉连锁企业业务常用的会计科目，准备期初建账

（三）委托会计师事务所承接审计业务（制造业）

业务概述：会计师事务所在承接审计业务后开展审计业务活动可分为三个阶段：计划审计工作阶段、审计实施工作阶段、审计终结阶段。在 VBSE 跨专业综合实训的审计活动中，业务流程基于制造业年终财务报表审计的情境。

在计划审计工作开展之前，注册会计师需要开展初步业务活动，评估承接业务风险，与客户签订业务约定书，完成审计业务的承接。

初步业务活动的目的是确定是否接受业务委托，如接受业务委托后，确保在计划审计工作时达到如下要求：①注册会计师已具备执行业务所需要的独立性和专业胜任能力；②不存在因管理层诚信问题而影响注册会计师承接或保持该项业务意愿的情况；③与被审计单位不存在对业务约定条款的误解。具体业务流程如表8-111所示。

表8-111　委托会计师事务所承接审计业务的业务流程

编号	活动名称	角色	活动描述—操作指导
1	委托审计	制造企业财务经理	制造企业财务部经理找会计师事务所就委托审计的目的、内容等进行洽谈，提出委托事务所进行年终财务报表审计的请求
2	与被审计单位面谈	会计师事务所项目经理	与制造企业财务部经理洽谈，初步了解制造企业委托审计的目标、范围和内容；项目经理对委托企业的情况进行详细调查和了解
3	评估并签订审计合同	会计师事务所项目经理	综合考虑客户情况及事务所人员能否胜任委托审计的业务，决定是否接受该项审计业务并签署审计合同

（四）总体审计策略制定与风险识别和评估（制造业）

业务概述：会计师事务所承接审计业务之后，应召开审计预备会议，并制定总体审计策略。根据批准后的总体审计策略，项目经理安排项目组成员与制造企业进行沟通，告知进驻的具体审计时间以及需要准备的审计资料。在办理完成审计资料交接的手续后，在规定的时间进驻制造企业，并对财务报表存在的重大错报风险进行初步识别、评估。具体业务流程如表8-112所示。

表8-112　总体审计策略制定与风险识别和评估的业务流程

编号	活动名称	角色	活动描述—操作指导
1	召开审计预备会议并记录会议内容	制造业财务经理	成立审计小组，召开项目预备会
2	制定总体审计策略	会计师事务所项目经理	根据会议讨论结果制定总体审计策略并编制"总体审计策略"工作底稿

续表

编号	活动名称	角色	活动描述—操作指导
3	通知制造企业审计时间及需要准备的资料	会计师事务所项目经理	电话通知制造企业审计的内容、时间安排等信息，并将审计资料清单内容告知制造业财务经理
4	整理和准备提交资料	制造企业财务经理	根据会计师事务所告知的审计资料清单内容准备相关资料
5	接收审计资料	会计师事务所审计助理	1. 审计助理接收制造企业财务经理提交的审计资料并在"审计资料交接清单"中"资料接交人"处签字 2. 制造企业财务经理向审计助理提交审计资料后在"审计资料交接清单"中"资料移交人"处签字 3. 双方各留存一份"审计资料交接清单"

（五）固定资产的实质性测试（事务所）

业务概述：项目经理在对制造业采购与付款内部控制测试的基础上，制定固定资产的实质性测试程序计划并实施实质性分析程序，分派注册会计师及审计助理对固定资产的增减变动以及账务处理、固定资产的所有权、累计折旧的计提合理性等实施审计程序，从而确定固定资产净值的审定数。在完成上述审计工作后，项目经理对注册会计师及审计助理编制的工作底稿进行现场复核。具体业务流程如表8-113所示。

表8-113 固定资产的实质性测试的业务流程

编号	活动名称	角色	活动描述—操作指导
1	制订固定资产实质性测试程序计划	会计师事务所项目经理	1. 确定审计目标与认定的对应关系 2. 选择计划执行的审计程序 3. 编制"固定资产实质性程序"工作底稿
2	编制固定资产明细表	会计师事务所审计师	1. 获取本期固定资产、累计折旧、固定资产减值准备等总账、明细账并复核是否一致 2. 编制"固定资产明细表"工作底稿
3	检查本期固定资产的增加	会计师事务所审计师	1. 检查固定资产明细账，抽取本期外购固定资产样本，追查至记账凭证，查看附件是否包含采购申请单、采购合同、采购发票、运费单等原始凭证 2. 检查采购申请单中是否有审批人签字 3. 重新计算固定资产的入账价值，确定是否与明细账一致 4. 检查会计凭证中的账务处理是否正确 5. 编制"固定资产增加检查情况表"工作底稿

编号	活动名称	角色	活动描述—操作指导
4	检查本期固定资产的减少	会计师事务所审计师	1. 抽查固定资产减少的记录样本，追查至固定资产减少的记账凭证 2. 查看附件中是否有固定资产减少的申请单、是否有审批人签字 3. 检查固定资产减少的账务处理是否正确 4. 编制"固定资产减少检查情况表"工作底稿
5	检查累计折旧的计算	会计师事务所审计助理	1. 检查固定资产明细账，按照分类折旧率和固定资产计提折旧的基数重新计算本期计提折旧额，并与累计折旧明细账核对 2. 将本期计提折旧额与成本计算单以及生产成本、制造费用、管理费用等明细账中的折旧额合计进行核对 3. 编制"折旧测算表"工作底稿 4. 编制"固定资产折旧分配检查表"工作底稿
6	固定资产的调整与审定	会计师事务所审计师	1. 将"固定资产监盘检查情况表""固定资产增加检查情况表""固定资产减少检查情况表""折旧测算表""固定资产折旧分配检查表"等工作底稿中需要进行账项调整的金额计入"固定资产审定表"工作底稿 2. 根据本期未审数、账项调整分录计算本期审定数，编制"固定资产审定表"工作底稿
7	复核工作底稿	会计师事务所项目经理	1. 审核"固定资产监盘检查情况表""固定资产增加检查情况表""固定资产减少检查情况表""折旧测算表""固定资产折旧分配检查表""固定资产所有权审查表"工作底稿 2. 在"固定资产审定表"复核人处签字

（六）存货的实质性测试（事务所）

业务概述：项目经理在对制造业生产与仓储内部控制测试的基础上，制订存货实质性测试程序计划，并分派注册会计师及审计助理对存货进行监盘、计价测试、产品生产成本的计算测试、存货盘点结果的核对等审计程序，从而确定存货的审定数。在完成上述审计工作后，项目经理对注册会计师及审计助理编制的工作底稿进行现场复核。具体业务流程如表8-114所示。

表 8-114 存货的实质性测试的业务流程

编号	活动名称	角色	活动描述—操作指导
1	制订存货实质性测试程序计划	会计师事务所项目经理	1. 确定审计目标与认定的对应关系 2. 选择计划执行的审计程序 3. 编制"存货实质性程序"工作底稿
2	编制主要存货明细表	会计师事务所审计师	1. 获取本期存货及总账、明细账并复核是否一致 2. 编制"主要存货明细表"工作底稿 3. 检查"主要存货明细表"中是否有异常或负数余额
3	实施存货监盘程序	会计师事务所审计师	1. 取得制造企业存货盘点计划 2. 观察制造企业人员是否遵循存货盘点计划准确记录存货的数量及状况 3. 从存货盘点记录中抽取部分原材料及产成品存货追查至存货实物 4. 从存货实物中抽取部分原材料及产成品存货追查至存货盘点记录 5. 编制"存货抽盘核对表"工作底稿
4	将存货明细表与盘点结果核对	会计师事务所审计助理	1. 从各类存货明细账中选取具有代表性的样本，与盘点记录核对 2. 从盘点记录选取具有代表性的样本，与各类存货明细账核对 3. 编制"存货明细账与监盘报告核对表"工作底稿
5	存货借方的截止测试	会计师事务所审计师	1. 在资产负债表日前存货明细账借方发生额中各选取适量样本，与入库记录（如入库单、购货发票、运输单据）核对，确定存货入库被记录在正确的会计期间 2. 在资产负债表日前的入库记录（如入库单或购货发票或运输单据）中各选取适量样本，与存货明细账的借方发生额进行核对，确定存货入库被记录在正确的会计期间 3. 在资产负债表日前后的制造费用明细账借方发生额中各选取适量样本，确定有无跨期现象 4. 编制"存货借方截止测试"工作底稿
6	存货贷方的截止测试	会计师事务所审计师	1. 在资产负债表日前存货明细账的贷方发生额中各选取适量样本，与出库记录（如出库单、销货发票或运输单据）进行核对，确定存货出库被记录在正确的会计期间 2. 在资产负债表日前后的出库记录（如出库单、销货发票或运输单据）中各选取适量样本，与存货明细账的贷方发生额进行核对，确定存货出库被记录在正确的会计期间 3. 编制"存货贷方截止测试"工作底稿

编号	活动名称	角色	活动描述—操作指导
7	存货的计价测试	会计师事务所审计助理	1. 存货明细表中选取适量样本，将其单位成本与购货发票核对，并确认存货成本中不包含增值税 2. 选取适量样本，复核发出存货的金额计算是否正确 3. 编制"存货计价测试表"工作底稿
8	产品生产成本计算的测试	会计师事务所审计师	1. 抽查成本计算单，检查直接材料、直接人工及制造费用的计算和分配是否正确，并与有关佐证文件（如领料记录、生产工时记录、材料费用分配汇总表、人工费用分配汇总表等）相核对 2. 获取完工产品与在产品的生产成本分配标准和计算方法，重新计算并确认生产成本计算的准确性 3. 编制"产品生产成本计算测试表"工作底稿 4. 编制"制造费用明细表"工作底稿
9	存货的调整与审定	会计师事务所项目经理	1. 将"主要存货明细表""存货抽盘核对表""存货明细账与监盘报告核对表""存货借方截止测试""存货贷方截止测试""存货计价测试表""制造费用明细表""产品生产成本计算测试表"等工作底稿中需要进行账项调整的金额计入"存货审定表"工作底稿 2. 根据本期未审数、账项调整分录计算本期审定数，编制"存货审定表"工作底稿
10	复核工作底稿	会计师事务所项目经理	1. 审核"存货抽盘核对表""存货明细账与监盘报告核对表""存货借方截止测试""存货贷方截止测试""存货计价测试表""制造费用明细表""产品生产成本计算测试表"工作底稿 2. 在上述工作底稿的复核人处签字

（七）应付账款的实质性测试（事务所）

业务概述：项目经理在对制造业采购与付款内部控制测试的基础上，制订应付账款的实质性测试程序计划，并分派注册会计师及审计助理对应付账款实施函证或替代测试、抽取凭证检查、查找未入账应付账款等审计程序，从而确定应付账款的审定数。在完成上述审计工作后，项目经理对注册会计师及审计助理编制的工作底稿进行现场复核。具体业务流程如表8-115所示。

表 8-115 应付账款的实质性测试的业务流程

编号	活动名称	角色	活动描述—操作指导
1	制订应付账款实质性测试程序计划	会计师事务所项目经理	1. 确定审计目标与认定的对应关系 2. 选择计划执行的审计程序 3. 编制"应付账款实质性程序"工作底稿
2	编制应付账款明细表	会计师事务所审计师	1. 获取本期应付账款总账、明细账并复核是否一致 2. 确定客户应付账款的账龄 3. 编制"应付账款明细表"工作底稿
3	检查本期应付账款的增减变动	会计师事务所审计助理	1. 抽取已偿付的应付账款样本若干,追查至银行对账单等其他原始凭证,确定其是否在资产负债表日前真实偿付 2. 抽取未偿付的应付账款若干笔,检查债务形成的原始凭证,如供应商发票、验收报告或入库单 3. 编制"应付账款检查情况表"工作底稿
4	查找未入账的应付账款	会计师事务所审计师	1. 以供应商发票、验收报告或入库单原始凭证为起点抽取若干笔业务 2. 追查至应付账款明细账,检查有无漏记 3. 编制"未入账应付账款汇总表"工作底稿
5	应付账款的函证或替代测试	会计师事务所审计助理	1. 从应付账面明细账中选取余额为前三名的应付账款,检查后附的原始凭证的完整性、记录的恰当性等 2. 编制"应付账款替代测试表"工作底稿
6	确定应收账款审定数	会计师事务所审计师	1. 将"应付账款检查情况表""应付账款替代测试表""未入账应付账款汇总表"等工作底稿中需要进行账项调整的金额记入"应付账款审定表"工作底稿 2. 根据本期未审数、账项调整分录计算本期审定数,编制"应付账款审定表"工作底稿
7	复核工作底稿	会计师事务所项目经理	审核"应付账款明细表""未入账应付账款汇总表""应付账款检查情况表""应付账款替代测试表"工作底稿并在复核人处签字

(八) 营业成本的实质性测试 (事务所)

业务概述:项目经理在对制造业生产与仓储内部控制测试的基础上,制定营业成本实质性测试程序计划,并分派注册会计师及审计助理对主营业成本实施实质性分析、抽查主营业务成本的计算及结转等审计程序,从而确定营业成本的审定数。在完成上述审计工作后,项目经理对注册会计师及审计助理编制的工作底稿进行现场复核。具体业务流程如表 8-116 所示。

表 8-116　营业成本的实质性测试的业务流程

序号	操作步骤	角色	活动描述—操作指导
1	制订营业成本实质性测试程序计划	会计师事务所项目经理	1. 确定审计目标与认定的对应关系 2. 选择计划执行的审计程序 3. 编制"营业成本实质性程序"工作底稿
2	编制主要营业成本明细表	会计师事务所审计助理	1. 获取本期主营业务成本及总账、明细账并复核是否一致 2. 编制"主营业务成本明细表"工作底稿
3	实施主营业务成本的实质性分析程序	会计师事务所审计师	1. 获取本期和上期主营业务成本明细账资料 2. 将本期和上期主营业务成本按月度进行比较分析 3. 将本期和上期主要产品单位成本进行比较分析 4. 编制"营业成本与上年度比较分析表"工作底稿 5. 编制"主要产品单位主营业务成本分析表"工作底稿
4	实施主营业务成本的倒扎测试	会计师事务所审计师	1. 获取本期原材料、生产成本、库存商品总账及明细账 2. 编制"主营业务成本倒扎表"工作底稿
5	抽查主营业务成本的计算与结转	会计师事务所审计助理	1. 获取本期主营业务成本明细账 2. 抽查主营业务成本，比较计入主营业务成本的品种、规格、数量和主营业务收入的口径是否一致 3. 检查主营业务成本的计算与结转是否正确、支持性文件，确定原始凭证是否齐全、记账凭证与原始凭证是否相符以及账务处理是否正确 4. 编制"抽查会计凭证记录"工作底稿
6	营业成本的调整与审定	会计师事务所审计师	1. 将"主营业务成本明细表""主营业务成本倒扎表""抽查会计凭证记录"等工作底稿中需要进行账项调整的金额计入"营业成本审定表"工作底稿 2. 根据本期未审数、账项调整分录计算本期审定数，编制"营业成本审定表"工作底稿
7	复核工作底稿	会计师事务所项目经理	1. 审核"主营业务成本明细表""营业成本与上年度比较分析表""主要产品单位主营业务成本分析表""主营业务成本倒扎表""抽查会计凭证记录"工作底稿 2. 在上述工作底稿的复核人处签字

（九）货币资金的实质性测试（事务所）

业务概述：项目经理在对制造业货币资金内部控制测试的基础上，制订货币资金实质性测试程序计划，并分派审计师及审计助理实施大额货币资金收支抽查、银行存款余额调节检查、银行存款的函证等审计程序，从而确定货币资金的审定数。在完成上述审计工作后，项目经理对审计师及审计助理编制的工作底稿进行现场复核。具体业务流程如表 8-117 所示。

表 8-117　货币资金的实质性测试的业务流程

序号	操作步骤	角色	活动描述—操作指导
1	制订货币资金实质性测试程序计划	会计师事务所项目经理	1. 确定审计目标与认定的对应关系 2. 选择计划执行的审计程序 3. 编制"货币资金实质性程序"工作底稿
2	编制货币资金明细表	会计师事务所审计助理	1. 获取本期库存现金、银行存款总账、明细账并复核是否一致 2. 编制"货币资金明细表"工作底稿
3	实施库存现金监盘	会计师事务所审计助理	1. 制订监盘计划，确定监盘时间 2. 将盘点金额与现金日记账余额进行核对 3. 编制"库存现金盘点表"工作底稿
4	检查银行对账单及余额调节表	会计师事务所审计师	1. 获取资产负债表日银行对账单，并与账面余额核对 2. 获取资产负债表日各银行存款余额调节表并进行汇总，检查调节表中加计数是否正确、调节后银行日记账余额与银行对账单余额是否一致 3. 复核余额调节表的调节事项性质和范围是否合理 4. 检查是否存在未入账的利息收入和利息支出 5. 检查是否存在其他跨期收支事项 6. 编制"银行存款余额调节汇总表"工作底稿 7. 编制"对银行存款余额调节表的检查"工作底稿
5	函证银行存款	会计师事务所审计助理	1. 获取银行存款、短期借款、长期借款明细账及总账，获取银行存款和银行借款的日期、金额、期限等信息 2. 编制"银行询证函"工作底稿 3. 持"银行询证函"到制造企业开户银行办理函证，并取得回执 4. 根据银行函证回执编制"银行存款函证结果汇总表"工作底稿
6	抽查大额货币资金收支凭证	会计师事务所审计助理	1. 抽取大额银行存款以及库存现金收支业务 2. 检查原始凭证是否齐全、记账凭证与原始凭证是否相符、账务处理是否正确、是否记录于恰当的会计期间等项内容 3. 编制"货币资金收支检查表"工作底稿
7	货币资金的调整与审定	会计师事务所审计师	1. 将"货币资金明细表""对银行存款余额调节表的检查""库存现金盘点表""对银行存款余额调节表的检查""抽查会计凭证记录"等工作底稿中需要进行账项调整的金额计入"货币资金审定表"工作底稿 2. 根据本期未审数、账项调整分录计算本期审定数，编制"货币资金审定表"工作底稿

序号	操作步骤	角色	活动描述—操作指导
8	复核工作底稿	会计师事务所项目经理	1. 审核"货币资金明细表""对银行存款余额调节表的检查""库存现金盘点表""对银行存款余额调节表的检查""货币资金收支检查表"工作底稿 2. 在上述工作底稿的复核人处签字

（十）营业收入的实质性测试（事务所）

业务概述：项目经理在对制造业销售与收款内部控制测试的基础上，制订营业收入的实质性测试程序计划，并分派注册会计师及审计助理对主营业务收入执行分析程序及其他细节测试程序，从而确定营业收入的审定数。在完成审计工作后，项目经理对注册会计师及审计助理编制的工作底稿进行现场复核。具体业务流程如表 8-118 所示。

表 8-118 营业收入的实质性测试的业务流程

序号	操作步骤	角色	活动描述—操作指导
1	制订营业收入实质性测试程序计划	会计师事务所项目经理	1. 确定审计目标与认定的对应关系 2. 选择计划执行的审计程序 3. 编制"营业收入实质性程序"工作底稿
2	分析全年各月主营业务收入变动情况	会计师事务所审计师	1. 获取本期利润表、主营业务收入总账、明细账以及上期各月主营业务收入数据 2. 利用分析程序计算变动额和变动比率 3. 编制"主营业务收入明细表"工作底稿
3	分析月度毛利率	会计师事务所审计师	1. 计算本年各期毛利和毛利率 2. 计算上年各期毛利和毛利率 3. 分析本年和上年的毛利率变动幅度，做出审计结论 4. 编制"月度毛利率分析表"工作底稿
4	分析业务/产品销售情况	会计师事务所审计助理	1. 计算本年各类收入/产品的毛利率 2. 计算上年各类收入/产品的毛利率 3. 分析本年和上年各类收入/产品的毛利率变动幅度，做出审计结论 4. 编制"产品销售分析表"工作底稿
5	执行营业收入细节测试	会计师事务所审计助理	1. 抽取若干张记账凭证，检查后附的原始凭证的完整性、记录的恰当性等 2. 编制"主营业务收入检查情况表"工作底稿

续表

序号	操作步骤	角色	活动描述—操作指导
6	执行主营业务收入的截止测试	会计师事务所审计师	1. 选取资产负债表日前、后若干发货单据，追查至发票、记账凭证及主营业务收入明细账，判断发货单据、发票以及记账凭证日期是否在同一会计期间 2. 选取资产负债表日前、后若干笔主营业务收入明细账记录，追查至发货单据、发票、记账凭证，判断发货单据、发票以及记账凭证日期是否在同一会计期间 3. 编制"主营业务收入截止测试"工作底稿
7	确定营业收入审定数	会计师事务所审计师	1. 将"主营业务收入截止测试"工作底稿中需要进行账项调整的收入计入"营业收入审定表"工作底稿 2. 根据本期未审数、账项调整分录计算本期审定数，编制"营业收入审定表"工作底稿
8	复核工作底稿	会计师事务所项目经理	审核"主营业务收入明细表""月度毛利率分析表""业务/产品销售分析表""主营业务收入检查表""主营业务收入截止测试""营业收入审定表"工作底稿并在复核人处签字

（十一）应收账款的实质性测试（事务所）

业务概述：项目经理在对制造业销售与收款内部控制测试的基础上，制订应收账款的实质性测试程序计划，并分派注册会计师及审计助理对应收账款和坏账准备的计提实施函证、替代测试、抽取凭证检查等审计程序，从而确定应收账款的审定数。在完成上述审计工作后，项目经理对注册会计师及审计助理编制的工作底稿进行现场复核。具体业务流程如表8-119所示。

表8-119　应收账款的实质性测试的业务流程

序号	操作步骤	角色	活动描述—操作指导
1	制订应收账款实质性测试程序计划	会计师事务所项目经理	1. 确定审计目标与认定的对应关系 2. 选择计划执行的审计程序 3. 编制"应收账款实质性程序"工作底稿
2	编制应收账款明细表	会计师事务所审计助理	1. 获取本期应收账款总账、明细账并复核是否一致 2. 确定客户应收账款的账龄 3. 请制造企业财务经理标识重要的欠款单位 4. 编制"应收账款明细表"工作底稿

序号	操作步骤	角色	活动描述—操作指导
3	函证应收账款	会计师事务所审计师	1. 将客户按应收账款余额特征进行分层，确定函证样本数量、选取函证对象 2. 选择函证的方式和时间 3. 编制"应收账款函证结果汇总表"工作底稿
4	应收账款的替代测试	会计师事务所审计助理	1. 抽取未函证应收账款若干笔，检查后附的原始凭证的完整性、记录的恰当性等 2. 编制"应收账款替代测试表"工作底稿
5	坏账准备计算的测试	会计师事务所审计师	1. 明确制造企业坏账准备的计提政策和会计核算要求，评价其恰当性 2. 在确认应收账款账面余额的基础上，按照恰当的方法重新计算坏账准备本期应计提的金额 3. 编制"应收账款坏账准备计算表"工作底稿
6	确定应收账款审定数	会计师事务所审计师	1. 将"应收账款函证差异调整表""应收账款替代测试表""应收账款坏账准备计算表"等工作底稿中需要进行账项调整的金额计入"应收账款审定表"工作底稿 2. 根据本期未审数、账项调整分录计算本期审定数，编制"应收账款审定表"工作底稿
7	复核工作底稿	会计师事务所项目经理	审核"应收账款明细表""应收账款函证结果汇总表""应收账款函证差异调整表""应收账款替代测试表""应收账款坏账准备计算表"工作底稿并在复核人处签字

（十二）审计结束前的工作（事务所）

业务概述：审计实质性测试工作结束后，会计师事务所项目经理应制订业务完成阶段的审计计划、汇总已更正错报以及列报和披露、评价识别出的错报、编制试算平衡表、与治理层进行沟通，最后评价审计结果，形成审计意见。具体业务流程如表8-120所示。

表8-120　审计结束前的工作的业务流程

序号	操作步骤	角色	活动描述—操作指导
1	制订业务完成阶段的审计计划	会计师事务所项目经理	1. 确定业务完成阶段的主要工作及每项工作的具体执行人 2. 编制"业务完成阶段审计工作"工作底稿

续表

序号	操作步骤	角色	活动描述—操作指导
2	汇总已更正错报以及已更正列报和披露	会计师事务所审计助理	1. 编制"错报累计和评价表"工作底稿 2. 将审计过程的所有工作底稿中已更正的错报进行汇总，编制"已更正错报汇总表"工作底稿 3. 将已更正的列报和披露进行汇总，编制"已更正的列报和披露错报汇总表"工作底稿
3	汇总未更正错报以及未更正列报和披露错报	会计师事务所审计师	1. 将识别出的影响本期财务报表的未更正错报进行汇总，编制"未更正错报汇总表"工作底稿 2. 将未更正的列报和披露进行汇总，编制"未更正的列报和披露错报汇总表"工作底稿
4	评价识别出的错报	会计师事务所审计师	1. 评价识别出的错报对审计的影响 2. 编制"评价识别出的错报"工作底稿
5	编制试算平衡表	会计师事务所审计师	1. 编制"资产负债表试算平衡表"工作底稿 2. 编制"利润表试算平衡表"工作底稿
6	与管理层和治理层进行沟通	会计师事务所项目经理	1. 就审计中发现的与董事会监督财务报告过程责任相关的重大事项与制造企业总经理进行面谈 2. 编制"与治理层的沟通函"工作底稿 3. 制造企业总经理在"与治理层的沟通函"中签署意见
7	评价审计结果，形成审计意见	会计师事务所项目经理	1. 认知审计意见类型的种类 2. 初步确定拟出具的审计报告意见
8	获取管理层声明书并确定日期	会计师事务所审计助理	1. 向制造企业总经理提交"未分组错报汇总表""未更正的列报和披露错报汇总表"以及"管理层声明书" 2. 制造企业审核后盖章 3. 接收盖章后的管理层声明书
9	复核审计工作底稿	会计师事务所项目经理	1. 复核"错报累计和评价表""已更正错报汇总表""已更正的列报和披露错报汇总表""未更正错报汇总表""未更正的列报和披露错报汇总表""资产负债表试算平衡表""利润表试算平衡表" 2. 在复核人处签字

（十三）出具审计报告（事务所）

业务概述：审计外勤工作结束后，会计师事务所项目经理召开项目总结会议，讨论审计中发现的重大问题，形成审计结论；逐级对审计工作底稿进行复核；出具审计报告并逐级复核签发，将审计报告给制造企业。具体业务流程如表8-121所示。

表 8-121 出具审计报告的业务流程

序号	操作步骤	角色	活动描述—操作指导
1	召开审计项目总结会	会计师事务所项目经理	1. 确定会议召开的时间和地点以及参加的人员 2. 确定会议的主要议题
2	撰写审计报告初稿	会计师事务所审计师	1. 确定审计意见类型 2. 编写审计报告
3	工作底稿的一级复核	会计师事务所审计师	1. 接收全部审计工作底稿并复核 2. 在"业务复核核对表"中记录并在项目经理复核签字处签字并签署复核日期 3. 将工作底稿及"业务复核核对表"提交项目经理复核
4	工作底稿的二级复核	会计师事务所项目经理	1. 接收全部审计工作底稿并复核 2. 在"业务复核核对表"的部门经理复核签字处签字并签署复核日期 3. 将工作底稿及"业务复核核对表"提交项目质量控制部复核
5	出具审计报告	会计师事务所审计师	1. 根据复核意见修改审计报告措辞 2. 出具审计报告 3. 填写"审计报告复核签发单"中的审计报告以及主送和报送单位的信息 4. 将审计报告及"审计报告复核签发单"提交项目经理进行审核
6	项目经理复核审计报告	会计师事务所项目经理	1. 接收并审核审计报告 2. 在"审计报告复核签发单"的项目负责人意见处签署"同意"并签字
7	将审计报告送达制造企业	会计师事务所审计助理	1. 填写"业务报告客户签收单"相关信息并在事务所经办人处签字 2. 将经过复核同意签发的审计报告送达制造企业 3. 请制造企业人员接收审计报告并在"业务报告客户签收单"签字
8	制造企业接收审计报告	制造企业财务经理	1. 接收审计报告 2. 在"业务报告客户签收单""接收单位经办人"处签字

（十四）审计工作底稿整理归档（事务所）

业务概述：审计工作完成后，将所有审计工作底稿进行归类、编号、整理，装订后移交档案室进行保管。具体业务流程如表 8-122 所示。

表8-122 审计工作底稿整理归档的业务流程

序号	操作步骤	角色	活动描述—操作指导
1	整理审计工作底稿	会计师事务所审计助理	1. 复核被审单位相关信息 2. 按照审计工作底稿目录对工作底稿进行分类和编号 3. 对工作底稿进行归纳整理
2	填写审计工作底稿索引目录	会计师事务所审计助理	将对应的工作底稿页码填写在"审计工作底稿目录"中
3	装订审计工作底稿	会计师事务所审计师	将编制好的审计工作底稿目录以及分类编号的工作底稿一并装订成册
4	审计档案归档保管	会计师事务所审计师	将装订好的审计档案归入档案室进行保管

（十五）办理审计收费（事务所）

业务概述：会计师事务所在完成审计工作后，按照审计业务约定书的约定向制造企业开具发票、收取审计费用并办理存入银行的相关手续。具体业务流程如表8-123所示。

表8-123 办理审计收费的业务流程

序号	操作步骤	角色	活动描述—操作指导
1	为制造企业开具审计收费发票	会计师事务所项目经理	1. 开具增值税专用发票 2. 安排审计助理将增值税专用发票送至制造企业财务部
2	将开具的发票送达制造企业	会计师事务所审计助理	将服务业发票送至制造企业财务部的财务会计

（十六）物流企业代理记账收费（事务所）

业务概述：为物流企业开具增值税专用发票，交至物流企业，物流企业根据收到的增值税专用发票向会计师事务所支付代理记账费用款项。具体业务流程如表8-124所示。

表8-124 物流企业代理记账收费的业务流程

序号	操作步骤	角色	活动描述—操作指导
1	为物流企业开具代理记账发票	会计师事务所项目经理	1. 开具增值税专用发票 2. 安排审计助理将增值税专用发票送至物流企业

序号	操作步骤	角色	活动描述—操作指导
2	办理网银转账	物流总经理	1. 收到会计师事务所的增值税专用发票，随即在 VBSE 系统中办理网银转账 2. 到银行打印业务回单

（十七）连锁企业代理记账收费（事务所）

业务概述：为连锁企业开具增值税专用发票，交至连锁企业，连锁企业根据收到的增值税专用发票向会计师事务所支付代理记账费用款项。具体业务流程如表 8-125 所示。

表 8-125　连锁企业代理记账收费的业务流程

序号	操作步骤	角色	活动描述—操作指导
1	为连锁企业开具审代理记账发票	会计师事务所项目经理	1. 开具增值税专用发票 2. 安排审计助理将增值税专用发票送至连锁企业
2	办理网银转账	连锁总经理	1. 收到会计师事务所的增值税专用发票，随即在 VBSE 系统中办理网银转账 2. 到银行打印业务回单

（十八）物流企业月末账务处理（事务所）

业务概述：审计助理根据物流企业移交的资料、原始凭证编制记账凭证并根据记账凭证登记总分类账。具体业务流程如表 8-126 所示。

表 8-126　物流企业月末账务处理的业务流程

序号	操作步骤	角色	活动描述—操作指导
1	编制记账凭证	审计助理	根据物流企业发生经济业务的原始凭证，填写记账凭证
2	登记总账	审计师	依据记账凭证登记总分类账

（十九）连锁企业月末账务处理（事务所）

业务概述：审计师根据连锁企业移交的资料、原始凭证编制记账凭证并根据记账凭证登记总分类账。具体业务流程如表 8-127 所示。

表 8-127 连锁企业月末账务处理的业务流程

序号	操作步骤	角色	活动描述—操作指导
1	编制记账凭证	审计助理	根据连锁企业发生经济业务的原始凭证，填写记账凭证
2	登记总账	审计师	依据记账凭证登记总分类账

（二十）为物流企业编制财务报表（事务所）

业务概述：根据总分类账数据，审计助理编制利润表和资产负债表。具体业务流程如表 8-128 所示。

表 8-128 为物流企业编制财务报表的业务流程

序号	操作步骤	角色	活动描述—操作指导
1	编制利润表	审计助理	根据损益账户明细账本期发生额编制利润表
2	编制资产负债表	审计助理	根据资产、负债、所有者权益类账户的期末余额直接或计算、分析填列资产负债表

（二十一）为连锁企业编制财务报表（事务所）

业务概述：根据总分类账数据，审计师编制利润表和资产负债表。具体业务流程如表 8-129 所示。

表 8-129 为连锁企业编制财务报表的业务流程

序号	操作步骤	角色	活动描述—操作指导
1	编制利润表	审计师	根据损益账户明细账本期发生额编制利润表
2	编制资产负债表	审计师	根据资产、负债、所有者权益类账户的期末余额直接或计算、分析填列资产负债表

（二十二）收到审计费用发票并支付（制造业）（事务所）

业务概述：制造企业按照货币资金内部控制的要求，办理付款申请、付款审批、支付复核、办理支付、登记账簿等业务。具体业务流程如表 8-130 所示。

表 8-130 制造业企业收到审计费用发票并支付的业务流程

序号	操作步骤	角色	活动描述—操作指导
1	填写支出凭单	制造企业财务会计	1. 根据收到的审计费用发票填写支出凭单 2. 将填写的支出凭单提交财务部经理审核并签字

序号	操作步骤	角色	活动描述—操作指导
2	审核支出凭单	制造企业财务部经理	1. 审核支出凭单填写准确性 2. 审核支出凭单附件的合法性和真实性 3. 审核资金的使用的合理性 4. 审核无误签字后交财务会计去出纳处办理付款手续
3	办理网银转账	制造企业出纳	1. 审核支出凭单的完整性和真实性 2. 根据审核后的支出凭单在 VBSE 系统中办理转账 3. 到银行打印业务回单
4	填制记账凭证	制造企业财务会计	1. 根据转账业务回单编制记账凭证 2. 将记账凭证送财务部经理审核
5	审核记账凭证	制造企业财务部经理	1. 接收财务会计交来的记账凭证 2. 审核记账凭证填写的准确性 3. 审核无误签字后交出纳登记银行日记账
6	登记银行存款日记账	制造企业出纳	1. 依据审核的记账凭证登记银行存款日记账 2. 登记后将记账凭证返还财务会计
7	登记科目明细账	制造企业财务会计	1. 根据审核后的记账凭证登记科目明细账 2. 记账后在记账凭证上签字或盖章
8	登记总分类账	制造企业财务部经理	1. 根据审核后的记账凭证登记总账 2. 记账后在记账凭证上签字或盖章

九、物流

（一）与制造业签订运输合同（物流）

业务概述：物流企业与制造业签订运输合同（物流）。具体业务流程如表 8-131 所示。

表 8-131　与制造业签订运输合同的业务流程

编号	活动名称	角色	活动描述—操作指导
1	填写运输合同	物流业务经理	1. 物流业务经理根据运输计划与客户沟通运输合同细节内容 2. 起草约束合同，一式两份
2	填写合同会签单	物流业务经理	1. 填写合同会签单 2. 将运输合同和合同会签单提交给物流总经理审核

续表

编号	活动名称	角色	活动描述—操作指导
3	合同会签单签字	物流总经理	1. 接收物流业务经理送来的运输合同及合同会签单 2. 审核运输合同的准确性和合理性 3. 在合同会签单上签字 4. 在运输合同上签字 5. 物流总经理签完返还给物流业务经理
4	运输合同盖章	物流业务经理	1. 接收物流总经理返还的合同会签单及运输合同 2. 在运输合同上盖章
5	把运输合同送给对方	物流业务经理	业务经理把运输合同送给制造业

（二）与经销商签订运输合同（物流）

业务概述：物流企业与经销商签订运输合同（物流）。具体业务流程如表8-132所示。

表8-132 与经销商签订运输合同的业务流程

编号	活动名称	角色	活动描述—操作指导
1	填制运输合同	物流业务经理	1. 物流业务经理根据运输计划与客户沟通运输合同细节内容 2. 起草约束合同，一式两份
2	填写合同会签单	物流业务经理	1. 填写合同会签单 2. 将运输合同和合同会签单提交给物流总经理审核
3	合同会签单签字	物流总经理	1. 接收物流业务经理送来的运输合同及合同会签单 2. 审核运输合同的准确性和合理性 3. 在合同会签单上签字 4. 在运输合同上签字 5. 物流总经理签完返还给物流业务经理
4	运输合同盖章	物流业务经理	1. 接收物流总经理返还的合同会签单 2. 运输合同盖章
5	把运输合同送给对方	物流业务经理	物流业务经理把运输合同送给经销商

（三）受理制造业运输订单（物流）

业务概述：受理制造业下达的运输订单。具体业务流程如表8-133所示。

表8-133　受理制造业运输订单的业务流程

编号	活动名称	角色	活动描述—操作指导
1	接收确认运输订单	物流业务经理	1. 接收制造业提交的运输订单 2. 确认运输订单并签字
2	线路规划车辆调度	物流业务经理	根据运输订单安排线路，调配车辆

（四）去工贸企业取货并开发票（物流）

业务概述：去工贸企业取货并开具增值税专用发票。具体业务流程如表8-134所示。

表8-134　去工贸企业取货并开发票的业务流程

编号	活动名称	角色	活动描述—操作指导
1	下达取货命令	物流总经理	1. 根据运输订单下达取货命令 2. 将取货命令下达给物流业务经理
2	填制运单	物流业务经理	1. 接收物流总经理取货命令 2. 根据运输订单填写运单
3	填制运输发票	物流业务经理	根据运单填制增值税专用发票
4	发车取货	物流业务经理	带齐单据，发车取货

（五）装车发运给制造业（物流）

业务概述：货物装车并送货。具体业务流程如表8-135所示。

表8-135　装车发运给制造业的业务流程

编号	活动名称	角色	活动描述—操作指导
1	点验托运货物	物流业务经理	与工贸企业进行货物交接，点验托运货物
2	确认运单信息并签字	物流业务经理	请工贸企业确定运单信息并签字
3	装车作业	物流业务经理	安排装卸工货物装车
4	送货作业	物流业务经理	在运单上签字后根据规划好的线路运输送货

（六）送货到制造业（物流）

业务概述：送货到制造业并卸货，开增值税专用发票交给制造业。具体业务流程如表 8-136 所示。

表 8-136　送货到制造业的业务流程

编号	活动名称	角色	活动描述—操作指导
1	车辆到达卸车前检查	物流业务经理	车辆到达制造业，卸车前检查车辆
2	安排卸货货物交接	物流业务经理	安排装卸工卸货，与制造业货物交接，请制造业清点货物数量，检查货物质量，合格后制造业在运单上签字确认留存
3	增值税专用发票交制造业	物流业务经理	开增值税专用发票交给制造业

（七）收到制造业运费业务回单（物流）

业务概述：收到制造业运费业务回单。具体业务流程如表 8-137 所示。

表 8-137　收到制造业运费业务回单的业务流程

编号	活动名称	角色	活动描述—操作指导
1	查询网银	物流总经理	1. 查询网银确认收到运费 2. 到银行打印业务回单
2	银行打印收款业务回单	银行柜员	1. 根据物流总经理提供的信息查询流水 2. 打印回单并交给物流总经理

（八）受理经销商运输订单（物流）

业务概述：受理经销商下达的运输订单。具体业务流程如表 8-138 所示。

表 8-138　受理经销商运输订单的业务流程

编号	活动名称	角色	活动描述—操作指导
1	接收确认运输订单	物流业务经理	1. 接收经销商提交的运输订单 2. 确认运输订单并签字
2	线路规划车辆调度	物流业务经理	根据运输订单安排线路，调配车辆

（九）去制造业取货并开发票（物流）

业务概述：去制造业取货并开具增值税专用发票。具体业务流程如表 8-139 所示。

表 8-139　去制造业取货并开发票的业务流程

编号	活动名称	角色	活动描述—操作指导
1	下达取货命令	物流总经理	1. 根据运输订单下达取货命令 2. 将取货命令下达给物流业务经理
2	填制运单	物流业务经理	1. 接收物流总经理取货命令 2. 根据运输订单填写运单
3	填制增值税专用发票	物流业务经理	根据运单填制增值税专用发票
4	发车取货	物流业务经理	带齐单据，发车取货

（十）装车发运给经销商（物流）

业务概述：货物装车并送货。具体业务流程如表 8-140 所示。

表 8-140　装车发运给经销商的业务流程

编号	活动名称	角色	活动描述—操作指导
1	点验托运货物	物流业务经理	与制造业进行货物交接，点验托运货物
2	确认运单信息并签字	物流业务经理	请制造业确定运单信息并签字
3	装车作业	物流业务经理	安排装卸工货物装车
4	送货作业	物流业务经理	在运单上签字后根据规划好的线路运输送货

（十一）送货到经销商（物流）

业务概述：送货到经销商并卸货，开增值税专用发票交给经销商。具体业务流程如表 8-141 所示。

表 8-141　送货到经销商的业务流程

编号	活动名称	角色	活动描述—操作指导
1	车辆到达卸车前检查	物流业务经理	车辆到达经销商，卸车前检查车辆
2	安排卸货货物交接	物流业务经理	安排装卸工卸货，与经销商货物交接，请经销商清点货物数量，检查货物质量，合格后经销商在运单上签字确认留存
3	增值税专用发票交经销商	物流业务经理	开增值税专用发票交给经销商

（十二）收到经销商运费业务回单（物流）

业务概述：收到经销商运费业务回单。具体业务流程如表8-142所示。

表8-142　收到经销商运费业务回单的业务流程

编号	活动名称	角色	活动描述—操作指导
1	收到运费业务回单	物流总经理	1. 查询网银确认收到运费 2. 到银行打印业务回单
2	到银行打印收款业务回单	银行柜员	1. 根据物流总经理提供的信息查询流水 2. 打印回单并交给物流总经理

第九章　操作流程指导及相关单据

　　虚拟商业社会环境课程具有业务多、内容杂的特点，在企业模拟经营过程中产生的相关单据有近 500 种，学生理解难度大。为了让学生厘清业务与相关单据的关系、正确使用好单据体验实训的操作过程，表 9-1 列出了所有组织所发起的任务中产生的相关单据与教学指导资源。其中 dj 开头的为单据编与名称，res 开头的为相关任务中的 PPT 教学资源，教学资源可以在系统中的资源库查找。为了提升实验课程的教学效果，建议学生从体验中学习企业相关规则以避免对资源过度依赖。

表 9-1　自主经营任务及系统自带教学资源

序号	所属组织	任务编号	学生任务名称	发起角色	教学资源与单据
1	经销商	rw20027	与制造业签订购销合同（经销商）	经销商采购经理	dj0047——合同管理表 res0103、dj0001——填写合同会签单 res0099、dj0006——填写购销合同 res0068——购销合同业务讲解 dj0018——采购合同执行情况表 dj0046——公章、印鉴、资质使用申请表
2	制造业	rw10053	与经销商签订购销合同（制造业）	制造业销售专员	res0103、dj0001——填写合同会签单 res0099、dj0006——填写购销合同 res0068——购销合同业务讲解
3	经销商	rw20028	录入采购订单（经销商）	经销商采购经理	—
4	制造业	rw10054	确认经销商的采购订单（制造业）	制造业销售专员	—

续表

序号	所属组织	任务编号	学生任务名称	发起角色	教学资源与单据
5	制造业	rw10067	下达发货通知给经销商（制造业）	制造业销售专员	dj0012——发货单
6	经销商	rw20038	接到发货通知单（经销商）	经销商采购经理	dj0012——发货单
7	经销商	rw20039	向物流下达运输订单（经销商）	经销商仓储经理	dj0012——发货单 受理运输订单讲解
8	物流企业	rw40014	受理经销商运输订单（物流）	物流业务经理	受理运输订单讲解 物流调度讲解
9	物流企业	rw40015	去制造业取货并开发票（物流）	物流总经理	取货业务讲解 dj0089——增值税专用发票 dj0198——运单
10	制造业	rw10068	给经销商办理出库并开发票（制造业）	制造业仓储员	dj0026——销售出库单 res0130、dj0064——填写账簿（三栏式总分类账） dj0070——数量金额明细账 dj0066——记账凭证 dj0089——增值税专用发票 dj0028——库存台账
11	物流企业	rw40016	装车发运给经销商（物流）	物流业务经理	包装与装卸搬运管理 装车发运讲解
12	物流企业	rw40017	送货到经销商（物流）	物流业务经理	送货业务讲解
13	经销商	rw20045	到货并办理入库（经销商）	经销商仓储经理	dj0153——采购入库单 res0107、dj0028——填写库存台账 dj0012——发货单 dj0198——运单
14	经销商	rw20046	收到运输费发票并支付（经销商）	经销商仓储经理	dj0064——三栏式总分类账（明细账） res0118、dj0080——填写转账支票 res0109、dj0067——填写日记账 res0104、dj0066——填写记账凭证 dj0316——总分类账 dj0071——支票登记簿 dj0089——增值税专用发票

序号	所属组织	任务编号	学生任务名称	发起角色	教学资源与单据
15	经销商	rw20047	收到制造业发票并支付（经销商）	经销商采购经理	dj0064——三栏式总分类账（明细账） res0109、dj0067——填写日记账 res0104、dj0066——填写记账凭证 dj0316——总分类账 dj0089——增值税专用发票
16	物流企业	rw40018	收到经销商运费业务回单（物流）	物流总经理	——
17	制造业	rw10075	收到经销商货款银行回单（制造业）	制造业出纳	dj0064——三栏式总分类账（明细账） dj0067——日记账 dj0066——记账凭证
18	制造业	rw10051	与工贸企业签订购销合同（制造业）	制造业采购员	dj0047——合同管理表（线下） dj0018——采购合同执行情况表 dj0001——合同会签单 res0068——购销合同业务讲解 res0099、dj0006——填写购销合同
19	工贸企业	rw30017	与制造业签订购销合同（工贸企业）	工贸企业业务经理	dj0047——合同管理表 res0103、dj0001——填写合同会签单 res0099、dj0006——填写购销合同 res0068——购销合同业务讲解 dj0045——公章、印鉴、资质证照使用登记表（线下） dj0147——销售合同执行情况表（线下）
20	制造业	rw10052	录入采购订单（制造业）	制造业采购员	dj0019——采购订单
21	工贸企业	rw30018	确认制造业的采购订单（工贸企业）	工贸企业业务经理	——
22	工贸企业	rw30024	准备发货并通知制造业取货（工贸企业）	工贸企业业务经理	dj0012——发货单
23	制造业	rw10069	接到发货单准备取货（制造业）	制造业采购员	——
24	制造业	rw10070	向物流下达运输订单（制造业）	制造业仓储员	dj0199——运输订单
25	物流企业	rw40009	受理制造业运输订单（物流）	物流业务经理	物流调度讲解 受理运输订单讲解

序号	所属组织	任务编号	学生任务名称	发起角色	教学资源与单据
26	物流企业	rw40010	去工贸企业取货并开发票（物流）	物流总经理	取货业务讲解 dj0089——增值税专用发票 dj0198——运单
27	工贸企业	rw30025	给制造业办理出库并开发票（工贸企业）	工贸企业业务经理	dj0014——销售发货明细表 dj0069——多栏式明细账 dj0089——增值税专用发票 dj0308——应交增值税多栏式明细账 dj0012——发货单 dj0316——总分类账 res0104、dj0066——填写记账凭证 res0123——销售发货讲解 dj0070——数量金额明细账 dj0026——销售出库单 dj0028——库存台账
28	物流企业	rw40011	装车发运给制造业（物流）	物流业务经理	dj0198——运单
29	物流企业	rw40012	送货到制造业（物流）	物流业务经理	送货业务讲解
30	制造业	rw10076	到货并办理入库（制造业）	制造业仓储经理	dj0028——库存台账 res0130、dj0064——填写账簿（三栏式总分类账） dj0018——采购合同执行情况表 dj0070——数量金额明细账 res0107、dj0028——填写库存台账 res0104、dj0066——填写记账凭证 dj0069——多栏式明细账 dj0198——运单
31	制造业	rw10077	收到运输费发票并支付（制造业）	制造业仓储员	dj0064——三栏式总分类账（明细账） res0109、dj0067——填写日记账 res0104、dj0066——填写记账凭证 dj0316——总分类账 dj0089——增值税专用发票

序号	所属组织	任务编号	学生任务名称	发起角色	教学资源与单据
32	制造业	rw10078	收到工贸企业发票并支付（制造业）	制造业采购员	dj0064——三栏式总分类账（明细账） dj0070——数量金额明细账 res0109、dj0067——填写日记账 dj0316——总分类账 dj0066——记账凭证 dj0089——增值税专用发票
33	物流企业	rw40013	收到制造业运费业务回单（物流）	物流总经理	——
34	工贸企业	rw30029	收到制造业货款银行回单（工贸企业）	工贸企业财务经理	dj0064——三栏式总分类账（明细账） res0109、dj0067——填写日记账 res0104、dj0066——填写记账凭证 dj0316——总分类账 dj0066——记账凭证
35	工贸企业	rw30019	下达采购订单（工贸企业）	工贸企业业务经理	——
36	工贸企业	rw30030	支付虚拟工贸企业货款（工贸企业）	工贸企业业务经理	dj0064——三栏式总分类账（明细账） dj0089——增值税专用发票 res0104、dj0066——填写记账凭证 res0109、dj0067——填写日记账 dj0316——总分类账
37	工贸企业	rw30026	到货并办理入库（工贸企业）	工贸企业业务经理	dj0153——采购入库单 res0031——如何办理采购入库 dj0018——采购合同执行情况表 dj0319——库存台账
38	经销商	rw20025	申请和办理市场开拓（经销商）	经销商营销经理	res0085——市场开拓业务流程讲解（无此资源，待补充）
39	经销商	rw20026	收到市场开拓费发票（经销商）	经销商营销经理	dj0089——增值税专用发票 dj0080——转账支票 res0104、dj0066——填写记账凭证 dj0064——三栏式总分类账（明细账） dj0316——总分类账

序号	所属组织	任务编号	学生任务名称	发起角色	教学资源与单据
40	经销商	rw20067	支付市场开拓费（经销商）	经销商营销经理	res0118、dj0080——填写转账支票 res0109、dj0067——填写日记账 dj0082——中国工商银行进账单 res0104、dj0066——填写记账凭证 dj0064——三栏式总分类账（明细账） dj0316——总分类账
41	经销商	rw20030	申请和办理广告投放（经销商）	经销商营销经理	hd0038——投放广告业务讲解 dj0004——广告预算申请表
42	经销商	rw20031	收到广告费发票（经销商）	经销商营销经理	dj0064——三栏式总分类账（明细账） res0118、dj0080——填写转账支票 res0109、dj0067——填写日记账 res0104、dj0066——填写记账凭证 dj0316——总分类账 dj0089——增值税专用发票
43	经销商	rw20068	支付广告投放费用（经销商）	经销商营销经理	res0118、dj0080——填写转账支票 res0104、dj0066——填写记账凭证 res0109、dj0067——填写日记账 dj0064——三栏式总分类账（明细账） dj0316——总分类账
44	经销商	rw20036	查看虚拟销售订单（经销商）	经销商营销经理	——
45	综合服务公司	rw90010	组织经销商竞单（服务公司）	服务公司总经理	——
46	经销商	rw20037	查看竞单结果（经销商）	经销商营销经理	——
47	经销商	rw20040	给虚拟经销商发货（经销商）	经销商营销经理	dj0012——发货单
48	经销商	rw20041	给虚拟经销商办理出库并开发票（经销商）	经销商仓储经理	dj0026——销售出库单 dj0319——库存台账 dj0070——数量金额明细账 dj0316——总分类账 dj0012——发货单 dj0089——增值税专用发票 dj0064——三栏式总分类账（明细账） res0104、dj0066——填写记账凭证

序号	所属组织	任务编号	学生任务名称	发起角色	教学资源与单据
49	经销商	rw20044	收到虚拟经销商货款（经销商）	经销商营销经理	dj0064——三栏式总分类账（明细账） res0109、dj0067——填写日记账 res0104、dj0066——填写记账凭证 dj0316——总分类账
50	制造业	rw10107	申请和办理市场开拓（制造业）	制造业市场专员	dj0089——增值税专用发票
51	制造业	rw10108	收到市场开拓费发票（制造业）	制造业市场专员	dj0064——三栏式总分类账（明细账） res0118、dj0080——填写转账支票 dj0067——日记账 res0109、dj0067——填写日记账 res0104、dj0066——填写记账凭证 dj0089——增值税专用发票
52	制造业	rw10139	支付市场开拓费（制造业）	制造业市场专员	dj0064——三栏式总分类账（明细账） res0118、dj0080——填写转账支票 res0130、dj0064——填写账簿（三栏式总分类账） res0109、dj0067——填写日记账 dj0071——支票登记簿 dj0089——增值税专用发票
53	制造业	rw10109	申请和办理广告投放（制造业）	制造业市场专员	hd0038——投放广告业务讲解 dj0004——广告预算申请表 dj0089——增值税专用发票
54	制造业	rw10110	收到广告费发票（制造业）	制造业市场专员	dj0089——增值税专用发票
55	制造业	rw10140	支付广告投放费用（制造业）	制造业市场专员	dj0089——增值税专用发票
56	制造业	rw10111	查看虚拟销售订单（制造业）	制造业销售专员	—
57	综合服务公司	rw90034	组织制造业竞单（服务公司）	服务公司总经理	—
58	制造业	rw10112	查看竞单结果（制造业）	制造业销售专员	—
59	制造业	rw10113	给虚拟经销商发货（制造业）	制造业销售专员	res0123——销售发货讲解 dj0012——发货单 dj0009——销售订单汇总表

续表

序号	所属组织	任务编号	学生任务名称	发起角色	教学资源与单据
60	制造业	rw10114	给虚拟经销商办理出库并开发票（制造业）	制造业仓管员	res0126——增值税抵扣联认证业务讲解 dj0014——销售发货明细表 res0123——销售发货讲解 res0104、dj0066——填写记账凭证 dj0012——发货单 dj0089——增值税专用发票 dj0026——销售出库单 res0107、dj0028——填写库存台账
61	制造业	rw10141	收到虚拟经销商货款（制造业）	销售专员	res0130、dj0064——填写账簿（三栏式总分类账） res0109、dj0067——填写日记账 res0104、dj0066——填写记账凭证
62	制造业	rw10056	整理销售需求（制造业）	制造业销售专员	dj0009——销售订单汇总表
63	制造业	rw10057	编制主生产计划（制造业）	制造业生产计划员	dj0050——主生产计划表 res0018——编制主生产计划讲解 dj0051——主生产计划计算表
64	制造业	rw10058	编制物料净需求计划（制造业）	制造业生产计划员	dj0052——物料需求计划计算表 dj0053——物料净需求计划表
65	制造业	rw10063	派工领料——车架	制造业生产计划员	dj0319——库存台账 dj0057——领料单 dj0055——派工单 res0027——生产领料 dj0025——材料出库单 res0028——生产派工讲解
66	制造业	rw10064	派工领料——童车	制造业生产计划员	dj0319——库存台账 dj0057——领料单 dj0055——派工单 res0027——生产领料 dj0025——材料出库单 res0028——生产派工讲解
67	制造业	rw10073	车架完工入库（制造业）	制造业车间管理员	dj0023——生产入库单 res0032——如何办理完工入库 dj0054——完工单

续表

序号	所属组织	任务编号	学生任务名称	发起角色	教学资源与单据
68	制造业	rw10074	整车完工入库（制造业）	制造业车间管理员	dj0023——生产入库单 res0032——如何办理完工入库 dj0056——生产执行情况表 dj0054——完工单 dj0058——完工送检单 dj0028——库存台账
69	制造业	zj10080	报送车间电费并收到服务公司的发票（制造业）	制造业车间管理员	res0126——增值税抵扣联认证业务讲解 res0130、dj0064——填写账簿（三栏式总分类账） res0104、dj0066——填写记账凭证 dj0089——增值税专用发票
70	制造业	zj10081	支付车间电费（制造业）	制造业车间管理员	——
71	制造业	rw10133	购买仓库（制造业）	制造业采购员	dj0001——合同会签单
72	制造业	rw10134	支付购买仓库款（制造业）	制造业采购经理	dj0064——三栏式总分类账（明细账） res0104、dj0066——填写记账凭证 dj0316——总分类账 dj0089——增值税专用发票
73	经销商	rw20064	购买仓库（经销商）	经销商采购经理	dj0089——增值税专用发票 dj0047——合同管理表 res0103、dj0001——填写合同会签单 res0099、dj0006——填写购销合同 res0068——购销合同业务讲解
74	经销商	rw20065	支付购买仓库款（经销商）	经销商采购经理	dj0064——三栏式总分类账（明细账） res0118、dj0080——填写转账支票 res0109、dj0067——填写日记账 res0104、dj0066——填写记账凭证 dj0316——总分类账 dj0089——增值税专用发票
75	工贸企业	rw30044	购买仓库（工贸企业）	工贸企业业务经理	dj0089——增值税专用发票

序号	所属组织	任务编号	学生任务名称	发起角色	教学资源与单据
76	工贸企业	rw30045	支付购买仓库款（工贸企业）	工贸企业业务经理	dj0064——三栏式总分类账（明细账） res0118、dj0080——填写转账支票 dj0067——日记账 res0109、dj0067——填写日记账 res0104、dj0066——填写记账凭证 dj0089——增值税专用发票 dj0080——转账支票
77	综合服务公司	rw90038	回收仓库销售款	服务公司业务员	res0118、dj0080——填写转账支票 dj0083——中国工商银行进账单
78	制造业	rw10131	购买厂房（制造业）	制造业采购员	—
79	制造业	rw10132	支付购买厂房款（制造业）	制造业采购经理	res0118、dj0080——填写转账支票 res0130、dj0064——填写账簿（三栏式总分类账） res0104、dj0066——填写记账凭证 dj0316——总分类账 dj0089——增值税专用发票
80	综合服务公司	rw90037	回收厂房销售款	服务公司业务员	res0118、dj0080——填写转账支票 dj0083——中国工商银行进账单
81	制造业	rw10119	购买设备（制造业）	制造业采购员	dj0089——增值税专用发票
82	制造业	rw10120	支付设备购买款（制造业）	制造业采购经理	res0130、dj0064——填写账簿（三栏式总分类账） res0104、dj0066——填写记账凭证 dj0316——总分类账 dj0089——增值税专用发票
83	综合服务公司	rw90040	回收设备销售款（服务公司）	服务公司业务员	res0118、dj0080——填写转账支票 dj0083——中国工商银行进账单
84	制造业	rw10121	出售设备（制造业）	制造业采购员	res0103、dj0001——填写合同会签单 res0099、dj0006——填写购销合同
85	综合服务公司	rw90035	支付设备回购款	服务公司总经理	res0118、dj0080——填写转账支票
86	制造业	rw10137	回收设备销售款（制造业）	制造业采购员	res0118、dj0080——填写转账支票 res0130、dj0064——填写账簿（三栏式总分类账） res0109、dj0067——填写日记账 res0104、dj0066——填写记账凭证 dj0316——总分类账

续表

序号	所属组织	任务编号	学生任务名称	发起角色	教学资源与单据
87	制造业	rw10115	招聘生产工人（制造业）	制造业人力资源部经理	—
88	制造业	rw10116	解聘生产工人（制造业）	制造业人力资源部经理	—
89	制造业	rw10127	办理产品研发（制造业）	制造业生产计划经理	—
90	制造业	rw10049	申请和办理 ISO9000 认证（制造业）	制造业生产计划经理	res0017、ISO9000——质量管理体系基础知识 dj0089——增值税专用发票
91	制造业	rw10050	收到 ISO9000 认证发票（制造业）	制造业生产计划员	dj0064——三栏式总分类账（明细账） dj0067——日记账 res0104、dj0066——填写记账凭证 dj0071——支票登记簿
92	制造业	rw10138	支付 ISO9000 认证费（制造业）	制造业生产计划员	res0118、dj0080——填写转账支票 res0130、dj0064——填写账簿（三栏式总分类账） res0117、dj0071——填写支票领用登记簿 dj0083——中国工商银行进账单 dj0089——增值税专用发票
93	制造业	rw10129	办理 3C 认证（制造业）	生产计划部经理	dj0089——增值税专用发票
94	制造业	rw10130	支付 3C 认证款（制造业）	制造业采购经理	res0118、dj0080——填写转账支票 res0130、dj0064——填写账簿（三栏式总分类账） res0104、dj0066——填写记账凭证 dj0316——总分类账 dj0089——增值税专用发票
95	综合服务公司	rw90039	回收 3C 认证款	服务公司业务员	res0118、dj0080——填写转账支票 dj0083——中国工商银行进账单
96	物流企业	rw40007	与制造业签订运输合同（物流）	物流业务经理	dj0001——合同会签单 dj0197——运输合同
97	制造业	rw10055	与物流公司签订运输合同（制造业）	制造业仓储员	dj0047——合同管理表 res0130、dj0064——填写账簿（三栏式总分类账） dj0197——运输合同

序号	所属组织	任务编号	学生任务名称	发起角色	教学资源与单据
98	物流企业	rw40008	与经销商签订运输合同（物流）	物流业务经理	res0103、dj0001——填写合同会签单 dj0197——运输合同
99	经销商	rw20029	与物流公司签订运输合同（经销商）	经销商仓储经理	dj0047——合同管理表 res0103、dj0001——填写合同会签单 dj0046——公章、印鉴、资质使用申请表 dj0197——运输合同
100	制造业	rw10082	核算薪酬（制造业）	人力资源助理	—
101	制造业	rw10046	发放薪酬（制造业）	制造业人力资源助理	res0118、dj0080——填写转账支票 res0109、dj0067——填写日记账 res0119——支票结算业务讲解 res0117、dj0071——填写支票领用登记簿 dj0002——支出凭单 res0124——薪酬核算业务讲解 res0030——"五险一金"缴纳与核算1
102	制造业	rw10117	申报"五险一金"增（减）员（制造业）	制造业人力资源助理	—
103	制造业	rw10062	扣缴制造业"五险一金"	制造业出纳	res0130、dj0064——填写账簿（三栏式总分类账） res0104、dj0066——填写记账凭证 dj0316——总分类账 dj0067——日记账 res0030——"五险一金"缴纳与核算1
104	制造业	rw10047	申报个人所得税（制造业）	制造业人力资源助理	res0143——个人所得税业务讲解
105	制造业	rw10071	缴纳个人所得税（制造业）	制造业出纳	dj0064——三栏式总分类账（明细账） dj0089——增值税专用发票 dj0067——日记账 res0109、dj0067——填写日记账 res0104、dj0066——填写记账凭证 dj0066——记账凭证

序号	所属组织	任务编号	学生任务名称	发起角色	教学资源与单据
106	经销商	rw20022	发放薪酬（经销商）	经销商行政经理	dj0064——三栏式总分类账（明细账） res0118、dj0080——填写转账支票 res0109、dj0067——填写日记账 res0104、dj0066——填写记账凭证 res0119——支票结算业务讲解 res0117——填写支票领用登记簿 dj0002——支出凭单 res0030——"五险一金"缴纳与核算 dj0316——总分类账
107	经销商	rw20049	核算薪酬（经销商）	经销商行政经理	dj0064——三栏式总分类账（明细账） res0104、dj0066——填写记账凭证 dj0316——总分类账 res0124——薪酬核算业务讲解
108	经销商	rw20035	扣缴经销商"五险一金"	经销商出纳	dj0316——总分类账 res0030——"五险一金"缴纳与核算1 res0109、dj0067——填写日记账 res0104、dj0066——填写记账凭证 dj0064——三栏式总分类账
109	经销商	rw20023	申报个人所得税（经销商）	经销商财务经理	res0143——个人所得税业务讲解
110	经销商	rw20042	缴纳个人所得税（经销商）	经销商财务经理	dj0064——三栏式总分类账（明细账） res0089、dj0094——税收通用缴款书 res0109、dj0067——填写日记账 res0104、dj0066——填写记账凭证 dj0316——总分类账
111	工贸企业	rw30032	核算薪酬（工贸企业）	工贸企业行政经理	dj0064——三栏式总分类账（明细账） res0130、dj0064——填写账簿（三栏式总分类账） res0104、dj0066——填写记账凭证 dj0316——总分类账 dj0066——记账凭证 res0124——薪酬核算业务讲解

序号	所属组织	任务编号	学生任务名称	发起角色	教学资源与单据
112	工贸企业	rw30014	发放薪酬（工贸企业）	工贸企业行政经理	dj0064——三栏式总分类账（明细账） res0118、dj0080——填写转账支票 res0130、dj0064——填写账簿（三栏式总分类账） res0109、dj0067——填写日记账 res0104、dj0066——填写记账凭证 res0119——支票结算业务讲解 dj0002——支出凭单 res0030——"五险一金"缴纳与核算1
113	工贸企业	rw30023	扣缴工贸企业"五险一金"	工贸企业财务经理	dj0064——三栏式总分类账（明细账） res0109、dj0067——填写日记账 res0104、dj0066——填写记账凭证 dj0316——总分类账 res0030——"五险一金"缴纳与核算1
114	工贸企业	rw30015	申报个人所得税（工贸企业）	工贸企业行政经理	res0143——个人所得税业务讲解
115	工贸企业	rw30027	缴纳个人所得税（工贸企业）	工贸企业财务经理	——
116	制造业	rw10122	申领增值税发票（制造业）	制造业出纳	发票领用表样式
117	制造业	rw10123	购买支票（制造业）	制造业出纳	res0130、dj0064——填写账簿（三栏式总分类账） res0109、dj0067——填写日记账 res0104、dj0066——填写记账凭证 dj0316——总分类账
118	经销商	rw20062	申领增值税发票（经销商）	经销商出纳	——
119	经销商	rw20063	购买支票（经销商）	经销商出纳	dj0064——三栏式总分类账（明细账） res0109、dj0067——填写日记账 res0104、dj0066——填写记账凭证 dj0316——总分类账
120	工贸企业	rw30042	申领增值税发票（工贸企业）	工贸企业财务经理	——

序号	所属组织	任务编号	学生任务名称	发起角色	教学资源与单据
121	工贸企业	rw30043	购买支票（工贸企业）	工贸企业财务经理	dj0067——日记账 dj0064——三栏式总分类账（明细账） res0109、dj0067——填写日记账 res0104、dj0066——填写记账凭证 dj0316——总分类账
122	制造业	rw10072	缴纳企业增值税（制造业）	制造业财务经理	dj0064——三栏式总分类账（明细账） dj0089——增值税专用发票 dj0067——日记账 res0109、dj0067——填写日记账 res0104、dj0066——填写记账凭证 dj0316——总分类账 dj0066——记账凭证
123	制造业	rw10079	认证增值税抵扣联（制造业）	制造业财务会计	dj0089——增值税专用发票 dj0152——认证结果通知书
124	制造业	rw10048	申报企业增值税（制造业）	制造业财务经理	res0127——增值税纳税申报业务讲解 res0108、dj0092——填写企业增值税纳税申报表
125	经销商	rw20048	认证增值税抵扣联（经销商）	经销商财务经理	res0126——增值税抵扣联认证业务讲解 dj0152——认证结果通知书
126	经销商	rw20024	申报企业增值税（经销商）	经销商财务经理	res0127——增值税纳税申报业务讲解 res0108、dj0092——填写企业增值税纳税申报表
127	经销商	rw20043	缴纳企业增值税（经销商）	经销商财务经理	dj0064——三栏式总分类账（明细账） res0089、dj0094——税收通用缴款书 res0109、dj0067——填写日记账 res0104、dj0066——填写记账凭证 dj0316——总分类账 dj0069——多栏式明细账
128	工贸企业	rw30030	认证增值税抵扣联（工贸企业）	工贸企业财务经理	res0126——增值税抵扣联认证业务讲解 dj0152——认证结果通知书
129	工贸企业	rw30016	申报企业增值税（工贸企业）	工贸企业财务经理	res0127——增值税纳税申报业务讲解 res0108、dj0092——填写企业增值税纳税申报表

序号	所属组织	任务编号	学生任务名称	发起角色	教学资源与单据
130	工贸企业	rw30028	缴纳企业增值税（工贸企业）	工贸企业财务经理	res0130、dj0064——填写账簿（三栏式总分类账） res0109、dj0067——填写日记账 res0104、dj0066——填写记账凭证 dj0064——三栏式总分类账（明细账） res0089、dj0094——税收通用缴款书 dj0316——总分类账
131	制造业	rw10083	计提折旧（制造业）	制造业财务会计	res0104、dj0066——填写记账凭证 dj0316——总分类账 dj0066——记账凭证 dj0069——多栏式明细账
132	制造业	rw10084	销售成本核算（制造业）	制造业财务会计	dj0064——三栏式总分类账（明细账） dj0026——销售出库单 dj0070——数量金额明细账 res0104、dj0066——填写记账凭证 dj0316——总分类账 dj0066——记账凭证
133	制造业	rw10085	成本核算（制造业）	制造业成本会计	dj0064——三栏式总分类账（明细账） dj0070——数量金额明细账 res0104、dj0066——填写记账凭证 dj0316——总分类账 dj0066——记账凭证
134	制造业	rw10086	期末账务处理（制造业）	制造业成本会计	dj0064——三栏式总分类账（明细账） hd0061——期末账务处理 res0130、dj0064——填写账簿（三栏式总分类账） dj0070——数量金额明细账 dj0316——总分类账 dj0066——记账凭证 dj0069——多栏式明细账
135	制造业	rw10088	编制利润表（制造业）	制造业财务经理	dj0064——三栏式总分类账（明细账） dj0070——数量金额明细账 dj0316——总分类账 hd0054——编制利润表讲解 dj0069——多栏式明细账

序号	所属组织	任务编号	学生任务名称	发起角色	教学资源与单据
136	制造业	rw10087	编制资产负债表（制造业）	制造业财务经理	dj0064——三栏式总分类账（明细账） dj0070——数量金额明细账 dj0316——总分类账 hd0054——编制资产负债表讲解
137	经销商	rw20050	计提折旧（经销商）	经销商财务经理	dj0316——总分类账 res0044——累计折旧讲解 res0104、dj0066——填写记账凭证 dj0064——三栏式总分类账（明细账）
138	经销商	rw20051	存货核算（经销商）	经销商财务经理	dj0064——三栏式总分类账（明细账） res0104、dj0066——填写记账凭证 dj0316——总分类账
139	经销商	rw20052	期末账务处理（经销商）	经销商财务经理	dj0064——三栏式总分类账（明细账） res0104、dj0066——填写记账凭证 dj0316——总分类账
140	经销商	rw20054	编制利润表（经销商）	经销商财务经理	hd0054——编制利润表讲解
141	经销商	rw20052	编制资产负债表（经销商）	经销商财务经理	hd0053——编制资产负债表讲解
142	工贸企业	rw30033	计提折旧（工贸企业）	工贸企业财务经理	dj0064——三栏式总分类账（明细账） res0130、dj0064——填写账簿（三栏式总分类账） res0044——累计折旧讲解 res0104、dj0066——填写记账凭证 dj0316——总分类账
143	工贸企业	rw30034	存货核算（工贸企业）	工贸企业财务经理	dj0064——三栏式总分类账（明细账） res0107、dj0028——填写库存台账 res0104、dj0066——填写记账凭证 dj0316——总分类账
144	工贸企业	rw30035	期末账务处理（工贸企业）	工贸企业财务经理	hd0061——期末账务处理 res0104、dj0066——填写记账凭证 dj0316——总分类账 dj0069——多栏式明细账
145	工贸企业	rw30037	编制利润表（工贸企业）	工贸企业财务经理	hd0054——编制利润表讲解
146	工贸企业	rw30036	编制资产负债表（工贸企业）	工贸企业财务经理	hd0053——编制资产负债表讲解

序号	所属组织	任务编号	学生任务名称	发起角色	教学资源与单据
147	工商局	zj90062	行政管理检查（工商局）	工商专员	res0232——工商行政检查（工商局）工商行政处罚决定书——样本
148	制造业	zj90068	企业年度报告公示（制造业）	—	res0235、zj90068——企业年度报告公示（制造业）
149	经销商	zj90069	企业年度报告公示（经销商）	—	res0235、zj90068——企业年度报告公示（制造业）
150	工贸企业	zj90070	企业年度报告公示（工贸企业）	—	res0235、zj90068——企业年度报告公示（制造业）
151	物流企业	zj90071	企业年度报告公示（物流）	—	res0235、zj90068——企业年度报告公示（制造业）
152	服务公司	zj90072	企业年度报告公示（服务公司）	—	res0235、zj90068——企业年度报告公示（制造业）
153	制造业	zj90079	接收工商行政处罚并处理（制造业）	制造业行政助理	—
154	经销商	zj90080	接收工商行政处罚并处理（经销商）	经销商行政经理	—
155	工贸企业	zj90081	接收工商行政处罚并处理（工贸企业）	工贸企业行政经理	—
156	人社局	zj90092	下达社保稽查通知书（人社局）	社保公积金专员	res0242——社保稽查（人社局）社保稽核通知书
157	人社局	zj90093	社保稽查（人社局）	社保公积金专员	社会保险稽核报告稽核整改意见书
158	人社局	zj90094	行政处罚（人社局）	社保公积金专员	—
159	制造业	zj90095	接收社保行政处罚并处理（制造业）	制造业行政助理	—
160	商贸企业	zj90096	接收社保行政处罚并处理（经销商）	经销商行政经理	—
161	工贸企业	zj90097	接收社保行政处罚并处理（工贸企业）	工贸企业行政经理	—
162	税务局	zj90053	税务稽查（税务局）	税务专员	res0203——税务稽查（税务局）
163	制造业	zj90054	接收税务行政处罚并处理（制造业）	制造业行政助理	—
164	商贸企业	zj90055	接收税务行政处罚并处理（经销商）	制造业行政助理	—

序号	所属组织	任务编号	学生任务名称	发起角色	教学资源与单据
165	工贸企业	zj90056	接收税务行政处罚并处理（工贸企业）	工贸企业行政经理	—
166	工贸企业	zj30046	申请抵押贷款（工贸企业）	工贸财务经理	—
167	工贸企业	zj30047	签订抵押贷款合同并放款（工贸企业）	工贸财务经理	—
168	工贸企业	zj30048	贷款还款（工贸企业）	工贸总经理	—
169	经销商	zj20070	申请抵押贷款（经销商）	经销商财务经理	—
170	经销商	zj20071	签订抵押贷款合同并放款（经销商）	经销商财务经理	—
171	经销商	zj20072	贷款还款（经销商）	经销商出纳	—
172	制造业	zj10142	申请抵押贷款（制造业）	制造业财务经理	—
173	制造业	zj10143	签订抵押贷款合同并放款（制造业）	制造业财务经理	—
174	制造业	zj10144	贷款还款（制造业）	制造业出纳	—
175	会计师事务所	zj91008	承接物流企业代理记账业务（事务所）	项目经理	hd0104、zj91008——与物流企业签订代理记账业务
176	会计师事务所	zj91009	承接连锁企业代理记账业务（事务所）	项目经理	hd0105、zj91009——与连锁企业签订代理记账业务
177	制造业	zj91010	委托会计师事务所承接审计业务（制造业）	制造企业财务经理	hd0106、zj91010——如何承接审计业务
178	制造业	zj91011	总体审计策略制定与风险识别和评估（制造业）	制造企业财务经理	—
179	会计师事务所	zj91012	汇总识别风险与设计进一步审计程序方案（事务所）	项目经理	—
180	会计师事务所	zj91013	固定资产的实质性测试（事务所）	项目经理	hd0109、zj91013——固定资产的实质性测试
181	会计师事务所	zj91014	存货与生产循环内控测试（事务所）	审计师	—

续表

序号	所属组织	任务编号	学生任务名称	发起角色	教学资源与单据
182	会计师事务所	zj91015	存货的实质性测试（事务所）	项目经理	hd0111、zj91015——存货的实质性测试
183	会计师事务所	zj91016	应付账款的实质性测试（事务所）	项目经理	hd0112、zj91016——应付账款的实质性测试
184	会计师事务所	zj91017	营业成本的实质性测试（事务所）	项目经理	hd0113、zj91017——营业成本的实质性测试
185	会计师事务所	zj91018	货币资金循环内部控制测试（事务所）	注册会计师	—
186	会计师事务所	zj91019	货币资金的实质性测试（事务所）	项目经理	—
187	会计师事务所	zj91020	销售与收款循环内部控制测试（事务所）	注册会计师	—
188	会计师事务所	zj91021	营业收入的实质性测试（事务所）	项目经理	—
189	会计师事务所	zj91022	应收账款的实质性测试（事务所）	项目经理	hd0118、zj91022——应收账款的实质性测试
190	会计师事务所	zj91023	采购与付款循环内部控制测试（事务所）	注册会计师	—
191	会计师事务所	zj91024	审计结束前的工作（事务所）	项目经理	hd0120、zj91024——审计结束前的工作（事务所）
192	会计师事务所	zj91025	出具审计报告（事务所）	项目经理	hd0121、zj91025——出局审计报告（事务所）
193	会计师事务所	zj91026	审计工作底稿整理归档（事务所）	审计助理	hd0122、zj91026——审计工作底稿整理归档（事务所）
194	会计师事务所	zj91027	办理审计收费（事务所）	项目经理	dj0089——增值税专用发票
195	制造业	zj91037	收到审计费用发票并支付（制造业）	制造企业财务会计	—
196	会计师事务所	zj91028	物流企业代理记账收费（事务所）	项目经理	dj0089——增值税专用发票
197	会计师事务所	zj91029	连锁企业代理记账收费（事务所）	项目经理	dj0089——增值税专用发票
198	会计师事务所	zj91030	物流企业月末账务处理（事务所）	审计助理	hd0124、zj91030——物流企业月末账务处理（事务所）

序号	所属组织	任务编号	学生任务名称	发起角色	教学资源与单据
199	会计师事务所	zj91031	连锁企业月末账务处理（事务所）	审计助理	hd0125、zj91031——连锁企业月末账务处理（事务所）
200	会计师事务所	zj91032	为物流企业编制财务报表（事务所）	审计助理	hd0126、zj91032-1——为物流企业编制利润报表（事务所） hd0127、zj91032-2——为物流企业编制资产负债表（事务所）
201	会计师事务所	zj91033	为连锁企业编制财务报表（事务所）	审计师	hd0129、zj91033-2——为连锁企业编制资产负债表（事务所） hd0128、zj91033-1——为连锁企业编制利润报表（事务所）
202	会计师事务所	zj90078	企业年度报告公示（会计师事务所）	——	——
203	连锁	rw8001101	门店借备用金（连锁）	连锁东区店长	hd0089——门店备用金借款 res0105、dj0003——填写借款单
204	连锁	rw8001301	门店销售收款（连锁）	连锁东区店长	hd0090——门店销售收款
205	连锁	rw8001501	门店零售日结（连锁）	连锁东区店长	hd0091——门店零售日结
206	连锁	rw8001701	门店上缴营业款（连锁）	连锁东区店长	hd0092——门店上缴营业款
207	连锁	rw8001901	门店向总部请货（连锁）	连锁东区店长	——
208	连锁	——	总部请货分析（连锁）	连锁东区店长	hd0094——总部请货分析 dj0319——库存台账
209	连锁	——	向东区门店下达配送通知（连锁）	连锁仓储经理	hd0095——向门店下达配货通知
210	连锁	——	向西区门店下达配送通知（连锁）	连锁仓储经理	hd0095——向门店下达配货通知
211	连锁	——	仓储中心配送出库（连锁）	连锁仓储经理	hd0096——仓储中心配送出库
212	连锁	——	门店到货签收（连锁）	连锁东区店长	hd0097——门店到货签收
213	连锁	——	仓储中心补货申请（连锁）	连锁仓储经理	hd0098——仓储中心补货申请

序号	所属组织	任务编号	学生任务名称	发起角色	教学资源与单据
214	连锁	—	总部编制采购计划（连锁）	连锁总经理	hd0099——总部编制采购计划
215	连锁	—	与制造业签订购销合同（连锁）	连锁仓储经理	dj0047——合同管理表 res0103、dj0001——填写合同会签单 dj0018——采购合同执行情况表 res0099、dj0006——填写购销合同 res0068——购销合同业务讲解
216	制造业	—	与连锁企业签订购销合同（制造业）	销售专员	dj0047——合同管理表 res0103、dj0001——填写合同会签单 res0099、dj0006——填写购销合同 res0068——购销合同业务讲解
217	连锁	—	录入采购订单（连锁）	连锁仓储经理	dj0019——采购订单
218	制造业	—	确认连锁企业采购订单（制造业）	采购员	—
219	制造业	—	销售发货给连锁（制造业）	销售专员	dj0014——销售发货明细表 dj0026——销售出库单 res0123——销售发货讲解 res0104、dj0066——填写记账凭证 dj0012——发货单 dj0089——增值税专用发票
220	连锁	—	采购入库（连锁）	连锁仓储经理	dj0153——采购入库单 res0031——如何办理采购入库 dj0018——采购合同执行情况表 dj0319——库存台账
221	连锁	—	向制造业支付货款（连锁）	连锁仓储经理	dj0089——增值税专用发票
222	制造业	—	回收连锁企业货款（制造业）	出纳	—
223	连锁	—	企业年度报告公示（连锁）	—	—
224	国贸	—	国贸贸易洽谈	—	贸易洽谈讲解 dj0271——建交函 dj0272——询价函 dj0273——发盘函

序号	所属组织	任务编号	学生任务名称	发起角色	教学资源与单据
225	国贸	—	国贸出口合同签订		res0103、dj0001——填写合同会签单 dj0274——销售合同 出口合同签订
226	国贸	—	国贸催证、审证、改证		催证、审证、改证讲解 dj0276——信用证 dj0275——信用证通知书
227	国贸	—	国贸开商业发票和装箱单		dj0277——商业发票 dj0278——装箱单 开商业发票和装箱单讲解
228	国贸	—	国贸订舱		订舱讲解 dj0282——配舱回单 dj0281——大副收据 dj0279——订舱委托书 dj0280——装货单
229	国贸	—	国贸仓储配送中心备货		—
230	国贸	—	国贸商检		商检讲解 dj0285——品质证 dj0284——出境货物报检单
231	国贸	—	国贸投保		投保讲解 dj0286——投保单
232	国贸	—	国贸支付保险费获得签发保险单		res0118、dj0080——填写转账支票 dj0287——保险单 res0117、dj0071——填写支票领用登记簿 支付保险费获得签发保险单讲解
233	国贸	—	国贸出口收汇核销单申领与备案		dj0288——核销单申请书 dj0289——出口收汇核销单 出口收汇核销单申领与备案讲解
234	国贸	—	国贸报关		报关讲解 dj0290——出口货物报关单
235	国贸	—	国贸装船		装船讲解 dj0280——装货单

序号	所属组织	任务编号	学生任务名称	发起角色	教学资源与单据
236	国贸	—	国贸支付海运费换取清洁海运提单		res0118、dj0080——填写转账支票 dj0291——海运提单 res0117、dj0071——填写支票领用登记簿 支付海运费换取清洁海运提单
237	国贸	—	国贸制单		制单 dj0292——汇票
238	国贸	—	国贸货款议付和信用证下一步处理		dj0293——结汇水单 货款议付和信用证下一步处理
239	国贸	—	国贸外汇核销		外汇核销 dj0289——出口收汇核销单
240	国贸	—	与制造业签订购销合同		dj0047——合同管理表 res0103、dj0001——填写合同会签单 dj0018——采购合同执行情况表 res0099、dj0006——填写购销合同 res0068——购销合同业务讲解
241	制造业	—	与国贸企业签订购销合同		dj0047——合同管理表 res0103、dj0001——填写合同会签单 res0099、dj0006——填写购销合同 res0068——购销合同业务讲解
242	国贸	—	录入采购订单		dj0019——采购订单
243	制造业	—	确认国贸企业采购订单		—
244	制造业	—	销售发货给国贸		dj0064——三栏式总分类账（明细账） dj0014——销售发货明细表 dj0026——销售出库单 dj0319——库存台账 dj0070——数量金额明细账 res0123——销售发货讲解 res0104、dj0066——填写记账凭证 dj0012——发货单 dj0089——增值税专用发票
245	国贸	—	采购入库		dj0153——采购入库单 res0031——如何办理采购入库 dj0018——采购合同执行情况表 dj0319——库存台账

序号	所属组织	任务编号	学生任务名称	发起角色	教学资源与单据
246	国贸	—	向制造业支付货款	—	dj0089——增值税专用发票
247	制造业	—	回收国贸企业货款	—	dj0064——三栏式总分类账（明细账） res0109、dj0067——填写日记账 res0104、dj0066——填写记账凭证
248	国贸	—	企业年度报告公示（国贸）	—	res0235、zj90068——企业年度报告公示
249	招投标	—	签订招标委托合同	—	res0081、dj0192——委托招标代理合同 招投标业务讲解
250	招投标	—	制作招标文件	—	res0060——编制招标文件讲解 招标文件
251	招投标	—	发布招标公告	—	招标公告讲解 招标公告样例
252	制造业	—	提交资格预审（制造业）	—	资格预审文件 资质文件样本
253	招投标	—	审核资格预审	—	—
254	招投标	—	出售招标文件	—	—
255	制造业	—	购买招标文件（制造业）	—	—
256	制造业	—	制作投标文件（制造业）	—	投标文件
257	招投标	—	组织开标会	—	组织开标会议讲解
258	制造业	—	参加开标会（制造业）	—	—
259	招投标	—	定标并发出中标订单	—	dj0190——开标评分表 dj0194——中标通知书 定标讲解
260	制造业	—	给招标客户发货（制造业）	—	—
261	制造业	—	给招标客户办理出库（制造业）	—	—
262	制造业	—	收到招标客户货款（制造业）	—	—

续表

序号	所属组织	任务编号	学生任务名称	发起角色	教学资源与单据
263	招投标	—	结算招标代理费	—	—
264	制造业	—	制订战略与计划（制造业）	—	—
265	制造业	—	经营分析与总结（制造业）	—	—
266	经销商	—	制订战略与计划（经销商）	—	—
267	经销商	—	经营分析与总结（经销商）	—	—
268	工贸企业	—	制订战略与计划（工贸企业）	—	—
269	工贸企业	—	经营分析与总结（工贸企业）	—	—
270	连锁	—	制订战略与计划（连锁）	—	—
271	连锁	—	经营分析与总结（连锁）	—	—
272	国贸	—	制订战略与计划（国贸）	—	—
273	国贸	—	经营分析与总结（国贸）	—	—

参考文献

［1］陈阳，张桂华．地方普通高校发展与改革研究［M］．北京：中国书籍出版社，2014.

［2］丁钢．教育与日常实践［M］．北京：教育研究出版社，2004.

［3］管培俊．高校人事制度改革与教师队伍建设［M］．北京：北京师范大学出版社，2015.

［4］蒋辉，欧阳胜．基于"双创"背景下民族地区高校文科专业实践教学研究［J］．教育文化论坛，2017，9（1）：76-82.

［5］冷志明．民族地区高等商科人才培养模式改革研究［J］．民族教育研究，2008（2）：84-86.

［6］欧阳胜．基于创业实践的商科人才培养模式研究——以民族地区为例［J］．当代教育实践与教学研究，2020（8）：156-157.

［7］斯晓夫，王颂，傅颖．创业机会从何而来：发现，构建还是发现+构建？——创业机会的理论前沿研究［J］．管理世界，2016（3）：115-127.

［8］徐绪卿．我国民办高校内部管理体制改革和创新研究［M］．北京：中国社会科学出版社，2012.

［9］席升阳．我国大学创业教育的观念、理念与实践［M］．北京：科学出版社，2008.

［10］余丽．反思性学习在教师发展中的作用的研究［M］．广州：华南师范大学出版社，2003.

［11］易开刚．商科人才的企业社会责任教育：理念、困境与对策［J］．教育研究，2012（1）：152-157.

［12］郑旭煦．大众化教育下高校教学改革探索与实践［M］．成都：西南财经大学出版社，2013．

［13］赵海峰．应用型本科院校的商科人才培养模式［J］．高等教育研究，2012（4）：88-92．